《跨湖桥文化论集》编委会

跨湖桥文化論集

范奖伦题

林华东　任关甫　主编

人民出版社

◎ 2001年跨湖桥遗址第二次发掘现场

◎ 2002年3月跨湖桥遗址学术研讨会开幕式

◎ 周红英副区长在"2001年度全国十大考古新发现"领奖台上

◎ 跨湖桥遗址出土的独木舟

◎ 侈口卵形陶釜

◎ 绳纹小陶釜

◎ 折肩扁腹双耳陶罐

◎ 太阳纹彩陶片

◎ 跨湖桥遗址出土陶器（一）

◎ 跨湖桥遗址出土陶器（二）

目 录

跨湖桥文化专论

相关论述及其他

跨湖桥文化专论

跨湖桥遗址的发现与发掘

施加农（萧山博物馆）

　　跨湖桥遗址的发现与发掘，如惊雷一声，打破了浙江近二十年史前考古工作的沉闷局面。但在当时，这个有着8000年历史理应让人惊喜的年代数据，似乎给人更多的是一种诧异。"浙江7000年"这已经是考古界近二十年的固定概念，突然出现的8000年遗址，如同天外来客，令人诧异。文化面貌十分独特，工艺技术较为先进的跨湖桥遗址，带给人们的竟是重重疑团。由此也注定了跨湖桥遗址命运的曲折与坎坷。

一、第一次发现和发掘跨湖桥遗址时其年代问题曾遭怀疑

　　1990年5月30日，萧山市文物管理委员会办公室接到广播电视大学萧山分校巫灵霄老师打来的电话，说是有位叫郑苗的学生在湘湖捡到了出土文物。市文管办施加农、倪秉章二人即刻前往电大。我们找到了那位学生的班主任胡建功先生，并说明了来意。胡老师即刻找来了那位学生郑苗，并将采集的石斧、石凿、骨器、木器等史前出土文物拿给我们看。经动员后，郑苗表示愿意将出土文物上交给国家。据郑苗讲述，他在读小学五年级时就知道湘湖中有出土文物，地点在杭州砖瓦厂以西的500米处。他曾看到过有石斧、石凿、骨针、骨哨等文物，1989年还曾发现过一只小木船。为此，我们当即与郑苗约定，请他带我们去现场查看。

　　6月1日下午，市文管办施加农、倪秉章二人与郑苗一起前往湘湖进行调查。我们在城厢砖瓦厂取土工地现场发现了大量的黑陶片、兽骨、鹿角、木器残件等文物，遗址的大部分已遭破坏，但在剖面还留有厚2米，宽30米左右的文化层堆积，说明这是一处新石器时代文化遗址。郑苗还动员其在萧山中学上学的好友王巍，将同是在跨湖桥采集到的骨耜、骨钉、木勺等十余件文物上交到萧山市文管办。萧山市文管办对电大以及电大学生郑苗、萧中学生王巍主动报告并上交出土文物的行为进行了表彰和奖励。

　　骨耜是耜耕农业出现的标志。但我们发现这个遗址出土的骨耜为肩部钻孔插

柄式，与余姚河姆渡遗址捆绑式的骨耜存在着明显的不同。从出土文物的特征分析，与萧山境内已发现的其他史前遗址出土文物也有着很大的差异，可能是一处非常特殊的史前文化遗址。毫无疑问，这是一个重要的发现。很快我们就将此事反映到浙江省文物考古研究所。6月14日，浙江省文物考古研究所派芮国耀、杨楠二位考古人员由施加农陪同前往遗址现场进行了仔细地考察。当天就决定进行考古发掘，并要求城厢湘湖砖瓦厂立即停止遗址范围内的取土。经商议，厂方同意出资3万余元考古发掘经费，同时将考古发掘方案报请国家文物局审批。由于遗址的位置处在以古湘湖跨湖桥而得名的跨湖桥自然村中，考古人员就把遗址定名为"跨湖桥遗址"。1990年10月10日，跨湖桥遗址第一次抢救性考古发掘正式开始，12月11日结束。

第一次考古发掘队由浙江省考古所与萧山市文管办组成，芮国耀先生任领队。共开5米×5米探方13个，包括扩方在内，实际发掘面积330平方米。出土有陶器、石器、木器和骨角器等百余件文物以及大量的黑陶、彩陶碎片和骨角器残件，还发现了灰坑、建筑遗迹、橡子窖藏等遗迹。由于遗址的文化面貌十分独特，与已发现的浙江境内其他遗址的面貌完全不同，陶器、石器等文物的加工似乎比较先进。但没有发现三足器，釜、罐类器均为圜底形的，显得非常原始。这些现象给考古人员带来了很大的疑惑。为了弄清遗址的年代问题，必须借助自然科学的测试手段。经国家海洋局第二海洋研究所碳14对4个碳素标本的测定，其年代在8000—7000年之间，明显早于河姆渡遗址④层及罗家角④层，是浙江省境内当时发现的最早的新石器时代遗址。若真是这样，我们萧山的历史就要追溯到8000年前的新石器时代的早期了，就连浙江的文明史也要改写了。

一时间，对跨湖桥遗址的年代问题在省考古界内部引起了很大的争议。争议的焦点，是对碳14测定单位所测定数据的准确性是否可靠，有许多专家持有疑问，认为遗址的出土文物比较先进，其年代只能与河姆渡遗址相仿，甚至于晚于河姆渡，对跨湖桥遗址的年代问题基本予以否定。由此，跨湖桥遗址的第一次发现和发掘，均未作公开的宣传报道，自然也就未能引起世人的关注。当时申报市级文物保护单位也未被批准，遗址的发掘区域任由砖瓦厂取土毁坏，留下的是说不尽的遗憾，令人扼腕痛心。

二、第二次发现和发掘使得遗址的文化面貌更加清晰

2000年，浙江省文物考古研究所的蒋乐平先生有一浦阳江流域史前遗址调

查的研究课题。萧山博物馆的工作人员经与蒋先生商量，在萧山境内调查时要求再到跨湖桥去寻找新的遗址点。12 月下旬，考古人员来到跨湖桥。经过几天的调查，在 1990 年挖掘的遗址以东约 300 米处打探方，终于在距地表 2 米多深处发现了厚达 1 米多的文化堆积层。跨湖桥遗址又一次被发现。

但是，在兴奋之余，我们又感到万分地焦急。因为此时的城厢湘湖砖瓦有限公司推土机还在遗址附近隆隆地来回取土，正逐步向遗址逼近。公司罗经理告诉我们，过了春节，他们就要开挖"遗址"范围内的泥土，要不然，公司就会停产，200 来号人要靠这里吃饭。而公司又是刚刚转资，是靠银行的 200 万元的贷款在维持生产。情况十分危急，我们不能眼看着已发现的遗址再次被毁，必须进行抢救性考古发掘。为此，我们一方面向公司负责人交代了文物保护的有关政策，要求公司方未经文物部门同意情况下不得在遗址范围内取土；另一方面我们立即向上级主管部门汇报，并向萧山区政府申请考古发掘的经费。

此事引起了萧山区政府分管领导的高度重视。周红英副区长召集文化、建设、土管、财税、交通等部门的负责人，亲自到跨湖桥遗址现场听取博物馆施加农对遗址情况的介绍以及对遗址发掘的必要性等情况的汇报。随后，萧山区政府就下拨了考古发掘的专项经费。

在一切前期工作就绪之后，第二次跨湖桥遗址考古发掘与 2001 年 5 月初开始，至 7 月下旬结束。由省考古所与萧山博物馆联合组成考古队，蒋乐平先生任领队，本次发掘面积 300 平方米，出土了大量文物，有石器、木器、骨（角）器、陶器，还有植物编织物、稻谷颗粒、纺织线等珍贵物的发现。

浙江省境内当时最早的新石器时期文化遗址被再一次证实。

为了使碳 14 测定的数据更具可靠性，考古人员把跨湖桥遗址第二次考古发掘出土的标本送请北京大学考古系进行碳 14 测定。2001 年年底，北京大学对跨湖桥遗址出土的 11 个标本经碳 14 年代测定，与 1990 年发掘品测定的年代基本相当，也在 8000—7000 年之间。

至此，跨湖桥遗址引起了各界的广泛关注，遗址的重要性也引起了省内外考古界的重视，初步认定跨湖桥遗址是一种独特的文化类型，即"跨湖桥类型"，并有确立"跨湖桥文化"的可能性。为此，2002 年 3 月 26 日至 28 日萧山区政府、浙江省考古所联合召开了第一次"跨湖桥遗址考古学术研讨会"。

严文明、张忠培等来自国内的四十多位考古专家出席了会议。与会人员对跨湖桥遗址新颖独特的文化面貌感到非常惊异，也有的专家对遗址的年代问题提出了疑议，众说纷纭，莫衷一是。对此，严文明先生提出以下几个论点："一是跨湖桥遗址的陶器、石器等遗物的工艺水平虽然在表面上看比较先进，但同时又有很原始的特征，如：没有发现三足陶器，石器也无钻孔技术；二是遗址内出土大量的动物遗骨表明，跨湖桥人的生活来源主要还是依靠狩猎与采集为主，稻谷类还只是作为一种生活补充；三是跨湖桥遗址距离河姆渡遗址、马家浜遗址及良渚遗址都很近，但是互相之间都没任何关系。因此，这是一个崭新的发现。我们不能带着既有的眼光来看待一个崭新的发现。"由此，会议对跨湖桥遗址的重要性予以充分地肯定，认定这是一个独特的文化类型，即"跨湖桥类型"。但跨湖桥遗址目前发现的只是一处孤立的遗址，若要命名为文化，还必须找到同类型的其他遗址，基本了解遗址的来龙去脉及分布范围，才能真正确定为文化。此次会议虽然没能实现"跨湖桥文化"的命名，但与会的考古界专家学者对跨湖桥遗址有了比较全面的了解，这为遗址列为 2001 年度全国十大考古新发现奠定了基础。

2002 年 4 月 12 日，在由国家文物局主办，中国考古学会、中国文物报社、文物天地杂志社承办的"2001 年全国十大考古新发现"的评选活动中，跨湖桥遗址一举被评为"2001 年全国十大考古新发现"。这是跨湖桥遗址考古取得的十分重要的阶段性成果。

三、第三次发掘，出土了国内最早的独木舟及相关遗迹

为了进一步发掘跨湖桥遗址的整体面貌，探索其文化内容的独特性，浙江省考古所与萧山博物馆联合于 2002 年 10 月至 12 月间对遗址进行了第三次抢救性考古发掘，仍由蒋乐平先生任领队。发掘的地点在 2001 年发掘探方的东南侧，面积在 300 平方米左右。此次发掘是列入年初工作计划的一项任务，是继 2001 年考古发掘工作的继续。然而，出乎意料的是，在发掘过程中，我们不仅又发现了人工培植的稻谷颗粒，还发现了独木舟和相关遗迹。独木舟残长 5.6 米，宽 0.53 米，舟的两侧有若干木桩，有数片木桨，还有许多经人为加工的尚未使用的木料以及当时的湖泊遗迹。很明显，此独木舟的存在并不是一种孤立的现象，它与湖泊、木桨等遗物是一种相互关联的密不可分的共存关系。总之，这是一处保存相对完整的遗迹，而且是一处非常重要、有着重大考古研究价值的遗迹。这个遗迹的发现，弥补了跨湖桥遗址二、三期发掘区内仅有遗物而无遗迹的空白。对于独木舟的年代问题，根据独木舟所处的地层关系，是在最早的第⑨层，应该是在遗址的早期阶段，即：8000 年左右。但为了慎重起见，考古人员把独木舟

的标本和遗址第⑨层的陶片标本分别请北京大学和上海博物馆做了碳14测定和热释光测定。两不同标本的两种不同方法所测定的数据结果基本一致，其年代都在8000年上下。这就意味着跨湖桥遗址的独木舟是目前发现的国内最早的独木舟了。这一发现将改写中国古代交通史，也将改变国外学者认为独木舟起源于南部非洲的定论。这一发现也引起了国内考古界和古船史界的强烈反响。它也充分说明了在远古时期的萧山，其经济文化曾经是当时非常领先的区域之一。

四、下孙遗址的发现给"跨湖桥文化"的命名提供了基本条件

考古学家根据跨湖桥遗址的文化性质，认定它是一种单独的文化类型，但由于跨湖桥遗址仅仅是一个单独的遗址，缺乏旁证材料，在对遗址的分布范围、来龙去脉等等问题尚未调查清楚之前，命名文化的条件不够成熟，必须要在找到一个与跨湖桥遗址同时代的，其文化类型又是相同的遗址才能正式命名"文化"。因此，对跨湖桥文化遗址的进一步调查，是摆在考古人员面前的一项重要课题。自2002年5月起，省考古所与萧山博物馆在湘湖境内以及所前、石岩等地进行了大规模的考古调查。功夫不负有心人，2003年5月，根据一位姓倪的市民提供的线索，终于于5月10日在湘湖村的下孙自然村找到跨湖桥遗址同类型的文化遗址——下孙遗址。

2003年6、7月间，省考古所和萧山博物馆对下孙遗址联合进行了考古试掘，试掘范围达60余平方米。初步探明了下孙遗址虽然也遭受了"湘湖砖瓦厂"的破坏，但保留面积还有5000平方米左右，而且保存情况比较好。在这里发现了许多灰坑和柱洞。

由于下孙遗址正好处在当时萧山的一项"西水东引"工程的规划范围内，必须对遗址进行抢救性发掘，同时，也可进一步弄清遗址的基本面貌。2003年11月省考古所与萧山博物馆组成联合考古队，由蒋乐平先生任领队。至2004年1月结束。发掘面积在600平方米左右，共发现灰坑、柱洞等遗迹近70处。并出土了石器、陶器等文物，同时也发现了稻谷颗粒等植物遗物。下孙遗址的面貌比较特殊，其文化层仅10多厘米厚。遗址上层覆盖着一层黄砂及海洋贝类遗骸，有些木质文物上还布满了一种叫做"船蛆"的海洋生物。遗址的上层覆盖的表土有非常明显的层次，每层在1厘米左右、厚达1米以上。是明显的海相沉积现象。由此也清楚地表明，下孙遗址是在遭受海水入侵后而废弃的。海相沉积的上部又是厚厚的湖相沉积，无任何后期人类活动的痕迹。这与跨湖桥遗址的状况完

全一致。

下孙遗址出土陶器的数量较少，陶器的保存状况明显不如跨湖桥遗址好，显得较为粗糙。但其造型特点与跨湖桥遗址基本相同，应该属于同类型文化。但为了慎重起见，考古人员又将出土的标本做了碳14年代数据测定，其结果在8000年上下，与跨湖桥遗址年代相当。毫无疑问，下孙遗址与跨湖桥遗址同属于"跨湖桥类型"。

因此说，下孙遗址的发现与发掘，为"跨湖桥文化"的命名提供了重要的依据。

2004年12月16日，萧山区政府与浙江省考古所召开了第二次跨湖桥遗址考古学术研讨会。在这次会上与会的专家学者们对跨湖桥文化的概念已经有了一个非常统一的认识。在第二天举行的新闻发布会暨《跨湖桥》考古报告首发仪式上，严文明先生代表与会的专家学者向新闻媒介宣告了"跨湖桥文化"的诞生。

跨湖桥遗址从最初的发现、发掘，到跨湖桥文化的命名，整整经历了十三年的漫长历程，对于遗址的年代、性质及浙江史前史的地位等问题至此终于有了一个比较完整的定位。"跨湖桥文化"是继"良渚文化"、"河姆渡文化"和"马家浜文化"之后，浙江省境内又一个新石器时期考古学文化概念，实现了浙江史前考古的重大突破。跨湖桥文化遗址距离河姆渡、马家浜都很近，但其面貌又如此迥异，它的发现表明，浙江省境内新石器时代文化的情况绝非以前认识的那么简单，而是有多个源流谱系组成。因此，跨湖桥遗址的发现与发掘，对浙江省史前考古学今后的深入发展具有里程碑意义。

关于跨湖桥遗址第二次、第三次发掘区性质的探讨

施加农（萧山博物馆）

2001 年 5 月至 7 月和 2002 年 10 月至 12 月先后对跨湖桥遗址进行了两次发掘。这两处发掘地是紧密相连的同一个遗址区，其中 2001 年共发掘 10 米×10 米探方 2 个、10 米×8 米探方 2 个、10 米×6 米探方 1 个，编号依次为 T0510、T0511、T0410、T0411、T0611。另有 T0610、T0612 因文化层稀薄放弃发掘。2002 发掘共布 10 米×10 米探方 4 个，编号为 T0412、T0512、T0513、T0613；7 米×7.8 米探方 1 个，编号为 T0409，后向东扩方 3 米。根据发掘情况，这两次发掘的探方已经处于遗址的边缘位置，遗址的中心应该在发掘区的西北面，所以，探方越往东南面，遗址的堆积层就越稀薄。而遗址西北面原遗址的中心区域，除 1990 年进行了第一次发掘外，其余部分被砖瓦厂取土时毁坏。因此，大部分遗址的地层关系已经不复存在，而且，第二、三次发掘区域与第一次发掘区域间隔有数十米的距离，两者出现了长距离的断层。

在《跨湖桥》考古报告中采取了分编亚层的方法，选择了 T4010 号探方和 T0510 号探方北壁剖面及 T0513 号探方、T0512、T0512、T0511、T0510 号探方剖面介绍了地层堆积情况，现摘录如下：

（一）T0410、T0510 北壁剖面。第①层：淤土，包含少量现代人类活动遗物。已遭砖瓦厂取土破坏，参考邻近地层作假设性复原，厚约 20 厘米。第②A层：厚度约 335—435 厘米，残厚 1—200 厘米。层理状平行堆积，含细沙纯净青灰土，海相沉积。第②B 层：厚 20—30 厘米。纯利净青灰色淤土。沼泽相沉积。第③层：厚 1—10 厘米。土色褐灰，略粘。包含物多为碎木屑。覆盖整个发掘区，由西向东略倾斜，趋于消失。第④层：厚 1—25 厘米。西端被破坏。出土较多的陶器、石器、骨器及动植物残骸。向东倾斜、消失。T0511 号探方发现陶釜与动物骨头共存现象。第⑤A 层：厚 1—25 厘米。土色黑，沙性，有机物丰富，西头被破坏，向东倾斜、消失。出土陶器、石器、骨器及动植物残骸。第⑥A层：厚 1—24 厘米。土色棕褐，较松软，沙性。向东倾斜、消失。出土陶器、石器、骨器、木器及动植物残骸。第⑦A 层：厚 1—25 厘米。土色灰黑，杂橡子

壳。出土陶器、石器、骨器、木器、动物头骨及鹿角较多。向东倾斜、消失。第⑧A层：厚1—28厘米。黑褐色土。分布于中部，出土陶器、石器、骨器、木器及动植物残骸。T0410号探方西北部发现密集的橡子壳；T0411发现三堆动物骨头。第⑨A层：厚1—9厘米。灰褐色土，质松。分布于西部，向东倾斜、消失。陶片稀少，层中夹有由西向东倾斜分布的草木灰。

以下为湖相沉积。

湖Ⅲ层：厚10—30厘米。土色浅灰，略黏。出土陶器、石器、木器。数量较少。发现较多的龟壳。湖Ⅳ层：厚10—45厘米。深灰色，陶片及动植物残骸稀少，出土木板及篾编簸箕等特殊物品。湖Ⅴ层：厚30—200厘米（钻探获得）。为纯净的湖相沉积，包含少量的有机质。以下为含铁质的淡黄色生土，生土面从西向东变深。

（二）T0510、T0511、T0512、T0513东壁剖面。第①层：表土，包含少量现代人类活动遗物。已遭砖瓦厂取土破坏，参考临近地层作假设性复原，厚约20厘米。第②A层：厚度约345—445厘米，残厚1—280厘米。海相沉积，堆积呈层理状，纯净青灰土，含细沙。第②B层：厚20—30厘米。纯净青灰色淤土。沼泽相沉积。第③层：厚1—10厘米。土色青灰，夹杂褐斑。略粘。西端被破坏，包含物多为碎木屑。覆盖整个发掘区，由北向南倾斜，南端消失。第④层：厚1—30厘米。北端被破坏，向南倾斜、消失。出土陶器、石器、骨器及动植物残骸。第⑤C层：厚1—15厘米。土色黑，结构松散，含木屑、炭粒、石块。出土陶器、石器、骨器及动植物遗骸。发现可拼接陶釜在原地破碎现象。第⑥B层：厚1—30厘米。土色浅棕色，分布于中南部。含碎木、橡子、石块。出土骨器、木器、陶器。并发现小孩头骨残块。第⑥B层、⑦层下发现草木灰、烧土面遗迹。第⑧C层：厚1—12厘米。灰绿色淤土，含大量的动物肋骨、脊椎骨、龟壳、木片碎屑和红烧土，出土陶器、石器、骨器、木器。第⑨C层：厚1—20厘米。灰褐色土，质松，含有较多的橡子壳、动物肢骨、鹿角、烧过的树根、木屑等，分布于北部。出土骨器、木器、石器、陶器。

以下为湖相沉积。

湖Ⅲ层：厚1—40厘米。土色灰黑，向南变浅灰，略黏。出土陶器、石器、骨器、木器，数量由北向南逐渐减少，趋于消失。湖Ⅳ层：厚1—45厘米。北端隆凸，向南倾斜，土质，北端土色黑褐，有机质丰富，土色向南变淡，南部已呈比较纯净的深灰色。陶器、石器、骨器、木器、等遗物集中在北部，南部稀少。

湖Ⅴ层：厚1—230厘米。为纯净的湖相沉积，包含少量的有机质。以下为含铁质的淡黄色生土。生土面从北向南变深，北端处在湖岸位置。

上述情况说明以下几个问题：

第一，发掘地遗址的地形全都是由西北向东南倾斜的，如跨湖桥遗址湖岸堆积剖面图（见下图"图一"：跨湖桥遗址湖岸堆积剖面图。引自《跨湖桥》考古报告第41页），其西北面虽然已被砖瓦厂取土毁坏，但地层的落差是非常明显的。根据浙江省地质大队所作的跨湖桥遗址区域更新世晚期及全新世地质剖面情况调查显示，其中的"18—26层为晚期更新世地层，其顶界面的铁质风化壳向西、北逐渐抬升，在遗址的中心位置与文化层直接叠压。"（见下图"图二、图三"：跨湖桥遗址2001年、2002年发掘区地层剖面图。引自《跨湖桥》考古报告第22页）这就说明，当时跨湖桥人把相对高的台地作为他们生活的中心区。1990年发掘的遗址区就在这个区域范围，遗址内发现的建筑遗存，说明这里是当时人们的居住区。而跨湖桥第二、第三次发掘的遗址区因地层相对低落而处于当时人们生活的边缘地带。

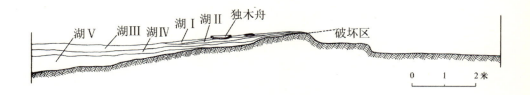

图一　跨湖桥遗址湖岸堆积剖面图

第二，第二、第三次发掘区的东南部是一处低洼地带，常年积水，形成天然的水域，即所谓的"湖泊"。而独木舟及相关遗迹所处的位置则是介于湖泊与湖岸之间滩涂上。可能是湖泊的东南面都是低洼地带，再向东南面则是背阴的山体。所以这一地域除了独木舟及相关遗迹之外没有发现任何重要的遗址痕迹，只有在第⑦层和第⑧层才发现一些草木灰和红烧土等零星的人类活动痕迹。

这就是说，在第二次和第三次的整个发掘区只有独木舟及相关遗址和第⑦层和第⑧层属于明显的原始堆积外，其余的都是情况不明的堆积层。问题是，在第⑦层和第⑧层以上没有任何重要遗迹的地方为何有那么多的遗物出土呢？这似乎是一种非常独特的现象，但究竟为何性质的遗存，一直没有明确的定论。曾经有人把这处发掘地定为大型的垃圾坑，遗址中那么多的遗物是当时人们当作垃圾倾倒的遗留物。理由是江南地区的一些史前遗址中很多都存在有这种现象，而且至今当地人还有把垃圾倾倒河湖中的习惯。而对这一解释，笔者一直持有怀疑，因此，有必要对这块发掘地的性质作些探讨。

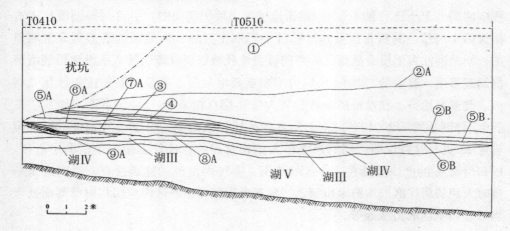

图二　跨湖桥遗址 2001 年、2002 年发掘区地层剖面图
T0410、T0510 北壁

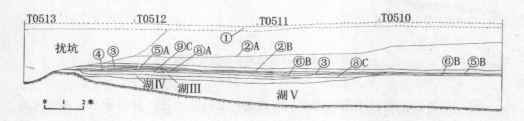

图三　跨湖桥遗址 2001 年、2002 年发掘区地层剖面图
T0510、T0512、T0513 东壁

据统计，第二次发掘地的 300 多平方米内，除了上万块陶片和大量的动物遗骨外，还出土可复原的陶器 120 多件，其中有些陶器还比较完整，如储存稻谷颗粒的一件陶罐基本完整，陶罐的底部发现有一定数量的稻谷。出土的三枚骨针不仅完好如初，且光亮如新，另外还有完整的匕、匙、哨、双尖器、复合器等骨器。发现完整的石锛木柄从小到大有 5—6 件，似乎是成套的。此外还有柄型器、镞、锥、双尖头器、镖钉型器、叉型器、长方形盘等等木质类文物以及大量的釜、锛、凿等石器。在这些文物中，完整器占有很大的比例。很多遗物从面貌上观察，都还是可以使用的。而第三次发掘的地块虽然在第⑨层发现了独木舟和较大面积的与独木舟相关的遗迹，并探明"湖岸线"。但除此之外，没发现任何其他遗迹。出土遗物的数量及种类则与第二次发掘地基本相同，尤其是能复原的陶器比第二次发掘的数量还要多。其他如石器、木器、骨角器等也都有完整器出土，同时也发现了一定数量的水稻颗粒。经有关专家鉴定，这些水稻颗粒基本都是经过人工驯化栽培的水稻。

这么多完整器和水稻颗粒的出土，不得不让我们思考一个问题，即：在远古的跨湖桥文化时期，经济生活还很原始的情况下，人们怎么可能这么奢侈地把尚可使用的物品作为垃圾扔掉呢？怎么可能把非常稀缺的经过辛勤种植的稻谷作为废物扔进垃圾坑？而且还把存放着稻谷的完整陶罐也作为垃圾倾倒掉了。更为离奇的是在第三次发掘区的第⑥层里，还发现了一块小孩的头盖骨。这些现象告诉我们，如果我们把这里定为是当时的垃圾坑的话，这显然是不合常理的。因此，我们可以肯定地说，这里不会是一处生活垃圾坑，或者说这不是一处纯粹的垃圾坑。

那么，这块发掘地究竟是一处什么性质的遗址呢？为什么在这面积不大的范围内出土了这么多的遗物，无论是较为完整的器皿，小孩的头盖骨，可以食用的稻谷等植物，还是大量的被废弃的动物遗骸，以及不计其数的碎陶片，可以说是非常密集地堆叠在遗址狭小的范围内的。在层层叠压的层面里又没有任何明显遗迹存在，只有在第三次发掘区域的第⑥B层和⑦层下发现草木灰、烧土面遗迹，第⑧C层发现了红烧土，第⑨C层的北部发现了烧过的树根、木屑这些人类活动的痕迹。但这些痕迹都无法说明是什么功能性质的遗迹，唯有独木舟及相关遗存是真正意义上的遗迹。而独木舟及相关遗迹是处在发掘区的第⑨层，也就是遗址的最底层。我们虽然一时无法明确解释独木舟及相关遗迹的功能与性质，但这是一处具有特别意义的遗迹是不容质疑的。而且从迹象上分析，独木舟及相关遗迹绝对不像是一处已经被人废弃的遗迹。在发掘的过程中，我们能看到在独木舟两侧竖插着两排木桩，舟底部横架着三根木头。舟的西北部发现一件木质锛柄，东南面有一块方形的磨石，可能是磨制石器用的。两侧散落摆放着两片木桨和劈开的木料。尤其是当时的地面上散落着一层颜色鲜黄的木屑，仿佛刚从木料上劈下来似的。给人感觉这里像是刚刚工作过的木工场地。只可惜，当初布满鲜黄色木屑的现场无法完整地保存。在独木舟东南约 3 米开外，还发现了像是当代的蓆子样的禾科类编织物，且颜色鲜黄，如同是当代人刚扔掉似的。种种迹象表明，这处遗迹无疑是一种工厂作坊性质的遗迹，而且，很有可能在整个遗址的被海水淹没之前还在运作。绝对不是被当时的人们所废弃的，把这样重要的遗迹当作垃圾倾倒场，给人造成了错觉。

因此，对这两处发掘区的性质的定位问题必须审慎考虑，也很有必要作重新深入细致的探讨。这也许对跨湖桥遗址的深入研究有一定的作用。

根据遗址当时的地形分析，笔者初步认为遗址的第二次与第三次发掘区的大部分堆积很有可能是一种次生堆积，是受海水入侵后将遗址西北面地势较高的当时人们生活区的物品冲向了地势较低的遗址区域而形成的。理由是：

第一，第二、三次发掘区域处在当时人们整个活动区的东南面，它的西北面是第一次发掘区，另外，根据当时砖瓦厂工人讲述，他们在遗址区的北面取土施工时曾发现过有大型的木头、有鹅卵石铺的路，工人们经常在挖取的土壤中发现有很多石器、木器、动物遗骨、鹿角等遗物，因为这些遗物夹杂在泥土中不能用于制作砖瓦，所以他们必须经过筛选，且其数量非常之多。因此可以肯定地说，当时人们活动的中心区域是在第二、三次发掘地的西北部。据现场调查判断，遗址的范围可能有 10000 平方米以上，极有可能是一处原始聚落。

第二，第二、三次发掘地的原始地标高度与第一次发掘地的标高度的落差在 1—2 米左右，亦即第一次发掘地高，第二、三次发掘地低。处于聚落的边缘，再往东南是低洼的湿地，不适宜人类居住活动。可能是当时人们驾舟出行、捕鱼的地点。湿地再往东南则被大山挡住。

第三，跨湖桥遗址的西面距离钱塘江不足 3 公里，遗址的北部虽然有山体阻挡着，但山体北面的山麓在清代乾隆年间之前还是钱塘江滩，乾隆年间才被泥沙淤积逐渐改道，钱塘江才完全由西北面出海①，形成现在的地貌形势。可以想象，在 7000 多年前的"卷转虫海侵"② 来临之时，海水应该是从北面直接入侵，然后经遗址北部山脉的东西两侧侵入南面遗址区，尤其以遗址区西部即濒临钱塘江一侧的进水量必然是最大方向。当先期汹涌的海水入侵时，跨湖桥人在无法抗拒的情况下只能弃家远逃，任由海水洗劫自己的家园。因此，大量的生活与生产工

---

① 据民国《萧山县志稿》卷一。
② 陈桥驿：《越族的发展与流散》，《东南文化》1989 年第 6 期。

具被海水由地势较高的遗址中心地带顺势冲向地势低洼的聚落边缘区域应该是符合常理的。所以我们对在遗址的第⑦以上没有任何遗迹存在，却有数量奇多的且保存较为完好的遗物出现，还有小孩头盖骨、盛放稻谷和植物的陶罐发现等现象也就不足为怪了。

　　上述观点是因为对第二、三次遗址发掘区的性质问题存在着许多特殊的现象而产生了疑问所作出的初步推断。这一推断也许有不成熟的方面，尚需作深入的研究才能得出较为准确的结论。譬如，在现在保存的遗址堆积层中按层次取出标本再次做碳14年代数据测定，彻底弄清遗址年代的前后关系。如果上下层的年代搞混了，那么笔者的推断就成立。如果上下层的年代关系是由下而上，由早到晚这么按顺序排列的，这就说明笔者的推断是错误的。这样的话，对遗址的性质问题又要从另一个角度去审视并作重新研究了。

我参加的 1990 年跨湖桥遗址发掘

方向明（浙江省文物考古研究所）

　　1990—1991 年我参加了芮国耀先生领队的萧山跨湖桥遗址发掘和整理；1997 年在瑶山发掘时写就《试论跨湖桥遗址》一文刊发在次年《东方博物》第二辑（主要因为与当时在省博周新华的私交）；2004 年受蒋乐平之托、并得到领队芮国耀的认可，在昆山发掘期间整理完成了 1990 年地层堆积和遗迹的部分（后收入《跨湖桥》报告）；2004 年 12 月当我有幸参加《跨湖桥》报告的首发式和学术讨论会，最后一个发言，主要就报告 1990 年的相关内容作了勘误（2002 年 2 月因为随王明达先生到台北故宫做良渚石器鉴定事宜未参加那年举行的跨湖桥学术研讨会）；在蒋乐平领队的后面几次跨湖桥发掘整理期间，多次随曹锦炎先生以及所里业务同事去参观学习。

　　以上这些便是我与参与跨湖桥遗址发掘和研究的主要经历。本文是我对于当时参加发掘和整理的回忆和感慨，由于最近野外任务重，根本没有时间再去核对当时的野外图纸、单项遗迹小结、野外正片等等，只是再向蒋乐平借要了当时的"发掘日记"，并参考了自己零星的工作记录，就匆匆写就此稿。

一、从名山后到跨湖桥

　　参加 1990 年跨湖桥的发掘纯粹是突然。记得 1989 年从中山大学毕业后得知还需要在家里待到九月才能报到就曾经非常的紧张，甚至如热锅上的蚂蚁般地给考古所写信以表明对于工作的迫切和热情，现在的吴志强副局长（时任考古所办公室主任）那时还回了信，告诉我也可以直接到慈城去找考古队体会一下，不过终究也还是没有去。分配落实后，先和陈云根在吴家埠工作站为老董的事情值班了月余，听说原先像我们那样的人是要到"基层"去"锻炼"的，据说当时领导回应，马上要去乡下田野考古了，所以我没有了多数同学的那段经历。吴家埠回来后，工作行程安排很快，我和陈云根被安排到王海明负责的奉化名山后遗址，我清晰地记得大家还帮忙从所里和院子里的文物局办公室抬出河姆渡发掘资料，据说是要到工地上做报告去（后来事实也是如此，大家曾在刘军副所长和吴汝祚先生的住房内一起看河姆渡那些密密麻麻的木桩的分布规律，我还对王利华的木器制图佩服的不得了）。

名山后试掘的小探方和剖面是蒋乐平做的，王海明先生是第一次做领队。我们先后在村北取土的低洼地进行了布方发掘，然后移至村所在的高墩，尽管那时的情绪十分低落，难得闻到酒味（这与大四时我们几个晚上常常在东校门就着花生喝珠江啤聊天有极大的反差），但是发掘热情高涨，不但没有偷懒的想法，而且工作紧张有序。如曾经为清理时不慎将墓葬中陶罐口沿一角弄出的缺疤感到难为情，也曾经为生土面上怎么会冒出那么多的洞又不知所然而沮丧。王海明要求很严格，身体力行（到目前在野外他还保持着这样的工作劲头，很值得大家尊敬），民工都不敢有懈怠，同事清理柱洞时坐在畚箕上还被批评，大家吃着糟糕的食物而晚上还不时需要绘图和谈论学术问题（实习的王宁远那张打点砺石图印象最深了，我和蒋乐平晚上下盘棋都被王海明批评业务时间不抓紧）。我曾十分幼稚地与师长们一起讨论作为人类学的考古学是如何的等等（其实我心里已经明白，我要做的考古学就是田野考古学而不是其他什么考古学）。名山后发掘结束后的1989年年终，刘军和王明达先生反馈领导们对我的意见，记得是说工作认真努力，是好的，但政治上要上进。

1990年的4—6月，我又参加了名山后的整理，主要是摸陶片，包括分类、拼对和统计，似乎只有一次代替做过正式的考古器物图。不知不觉，我也感到团体性质的存在，大体知道现在所参加的是钱塘江南岸的考古工作，王明达先生他们是"北岸"的。

蒋乐平是我在中大时未曾谋面（高我两届四年）的师兄，名山后发掘整理后，作为当时钱塘江南岸的另外一位刚刚获得领队资质的专业人员，他要负责象山塔山的发掘。蒋乐平已经通知我，塔山发掘的工地帐目由我负责（那时大家习惯刚进所的负责帐目）。1990年9月4日下午考古室安排人事，把我从塔山调往萧山跨湖桥，而陈云根则到丁品主持的庙前。呵呵，我们提出的要求，领导们居然满足了（当然，后来一直满足着，却也是在意料之中的）。

当时芮国耀和牟永抗先生等在考古所的二楼，而我们大部分在拥挤的一楼（吴志强主任二楼的办公室加阳台之下的一楼，大家以门口办公桌的任世龙先生为代表挤了十人），他刚刚读完吉大的研究生班和完成考古领队培训班，我们那时政治会议多，所以并不熟悉。1990年10—12月，我在跨湖桥从事了愈两月有意义的发掘工作。

二、发掘和整理

关于跨湖桥遗址发掘的缘起和总体过程，自然应以领队芮国耀的记录为准，我写的只是作为当时参加者的点滴回忆。

发掘区位于砖瓦厂取土所形成大凹坑的南部，当时的挖泥和晾坯非常繁忙，发掘区就选择在一块得以腾空的晾坯地，北部就挨着取土所造成的断崖。1990年10月9日我们正式进点，其实下午就开始布方了（简报写作10月10日，我也忘记是什么原因）。但马上发现表土实在太厚，次日就动用推土机推表土了。

参加1990年跨湖桥发掘的有萧山博物馆的老倪（倪秉章先生，他每天从城厢镇来回，不但给我们工地搞了台黑白电视，而且还常常负责做我们的信史）、已到文物局工作的徐新民、我的同事赵晔和孟国平以及现在还在继续考古的马竹山。

工地共布5米×5米探方十三个，我就负责T202和T402的发掘（图一：1990年度跨湖桥发掘布方图，由西向东，引自《跨湖桥》彩版二）。

12月13日工地挖掘工作结束，记得芮国耀还关照老倪，隔墚基本上没有彻底打掉（为整体了解土台和砾石面曾局部打掉了一些），如果推土的时候最好来看看，有遗物是一定要收集的。

（一）璜形器（璜形管）——发现2件就不是孤例了

1990年在T302和T202各出土璜和"璜形管"一件。

经翻阅我的T202的发掘日记，1990年10月24日，因雨停工；25日，"今日清除昨雨所成方内淤泥，东隔墚塌，②层中出露一璜形器，编号T202②：6，坐标4.01×2.00－0.70"。当时的标高都以探方的西南角为基点，这个基点的高程数据只是探方平面下挖时大致丈量，误差自然很大，不过还是可以作为参考的依据（我们在1995年普安桥发掘时才体会到水准仪的好处）。

T302由徐新民负责，1990年10月17日的发掘日记似乎看出当天T302的发掘才刚刚开始动手，因为该页记载了探方所在位置、面积等，往往当是首页，"去表土层，厚约75厘米，土质很黏，为灰色淤泥，此表土层在整个发掘区去掉一定深度表土层算起。去掉表土层后，露出灰黑色土层，杂有少量红烧土粒，另有小木条及炭灰，出有少量陶片，整个灰黑色土层西北高、东南低。出有一件玉璜，坐标为2.00×0.50－0.80"。

图一　1990 年度跨湖桥发掘布方图，由西向东，引自《跨湖桥》彩版二

其实我自己很长一段时间里对于第②层堆积是很有怀疑的，这在 10 月 16 日我写的 T202 发掘日记中可以反映出来，"取表土，为青紫色泥，质黏、较纯，夹少量蚌壳，似为河塘淤泥，揭去该层后，暴露黑色含沙质土层②层，杂质较多，计有腐朽木条、碎小陶片、砂石、蚌壳，该土层面因为较硬和含沙质，估计为河塘底，整个面呈西低东高趋势"。

这种怀疑，也如同当时觉得简报中的所谓Ⅲ式凸棱或结合镂孔的豆柄形态，如采：1，T202②：34（简报图一二·7、8），难道也会那么早？是一样的心情，当然后者在公布简报时我们也没有回避。

璜的起源、璜与管珠和玦的关系问题还未有合理的答案（大多数的学者也不怎么关心），不过认为"石璜在河姆渡文化似乎经历由平直到弯曲的形态发展过程"，显然不太符合事实，就我们目前所知，浑球形的管珠和球管形的玦是河姆渡文化早期管珠和玦的主要形态，就河姆渡遗址第一、二期所公布的玦和管珠以及所谓的"璜"看，部分"璜"显然是为玦改制①，而跨湖桥的这件"璜形管"形制不同于管也不完全同于璜，T202②：6 系孔通侧呈"凸"字形，显然是串系

---

① 浙江省文物考古研究所：《河姆渡——新石器时代遗址考古发掘报告》，文物出版社 2003 年版，第 79 页图四八、页 263 图一八〇。

时磨损所致，也说明弧曲朝下，这样的穿孔，还保证了玉件的完整性，视之为"璜"，也无妨。这类所谓的"璜形器"或许是一类我们目前还未知的早期玉器。

　　幸运的是，2001—2002 年跨湖桥第二、三次发掘又获"璜形器"1 件（T0512 湖Ⅳ：1），淡青色萤石，截面呈椭圆状，对钻穿孔，长 2 厘米、截面径 0.6—1.2 厘米①。湖Ⅳ—湖Ⅰ、独木舟遗迹以及第一次发掘区域报告者认为属于遗址的第一阶段，约 8200—7500 年。这样一来，早先的那类璜形器在地层上得到了确认（图二：1990 年度跨湖桥出土的璜和璜形管，1/2 为邓聪博士拍摄；② 采自《跨湖桥》）。

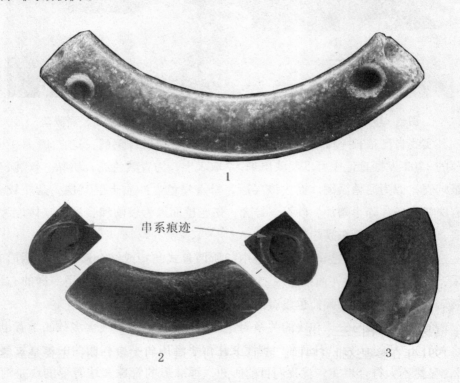

1

串系痕迹

2　　　　　　　　　　　　　　3

图二　萧山跨湖桥出土的三件璜形器
1. 90T302②：1　2. 90T202②：6　3. 01 – 02T0512 湖Ⅳ：1

---

① 浙江省文物考古研究所、萧山博物馆：《跨湖桥》，文物出版社 2004 年版，第 168—169 页，图版三五·7、8。

② 杨建芳：《长江流域玉文化》，湖北教育出版社 2006 年版，第 16 页。

杨建芳先生将它定名为"石曲管"3也有道理，至于另外那一件，我赞同王海明的疑惑，还有待我们进一步的研究。

（二）建筑遗迹B（土台）在性质和分期上意义十分重要

马竹山负责的T302就紧邻在我的东边，记得当时推土机恰好也就推到局部红烧土的层面上，后来我的探方往下继续发掘，芮国耀和他就常常在那约仅1米见方的红烧土面琢磨，尤其是揭了一层又一层时，而且这一烧土层面的垂直相对固定，不跳出马竹山管理的5米×5米内（实际是4米×4米），当在小坑中掏出完整鹿角时更是想入非非。芮国耀最后将这一遗迹命名为"建筑遗迹B"，简报为"叠压在⑥呈下，其下叠压⑦层。……该遗迹厚约105厘米，可分为12小层，各小层土质土色接近，基本为灰褐色，质较硬，……各层层面均有大致呈圆形的直径约100厘米的红烧土烧结面"（简报第7页）。2004年整理时，因为意识到遗址的分期与这一建筑遗迹B（土台）之间存在着密切的联系，我对照原始资料进行了再次的核对，"土台……，高约1.6米，在T203范围内，堆积共分为19个小层，除第①小层外，每小层均有一个浅坑结构的烧土面，其中⑮、⑲小层烧土面较模糊"。

如果没有2004年的再次整理，我是没有时间去考虑建筑B土台子意义的（关于台子的问题，还可以插一句，在1989年名山后发掘的最后一批探方，有一贯穿东西的沟状遗迹，下午收工时王海明经常带着饥肠辘辘的我们兜地层，而不得其解，后来所里一帮人难得来参观，就有同事提醒王海明，那条沟可能就是土台子的界限，由此可见，在钱塘江南岸的史前聚落中，也存在除了河姆渡营建模式之外的营建模式），现在看来，建筑遗迹B很有可能就是当时发掘区所揭露的局部聚落的中心遗迹（图三：1990年度以建筑遗迹B为主体的其他相关迹象，采自《跨湖桥》图二三、二一）。

1991年在整理这批资料时，我们注意到了遗物的大致分期，主要是豆盘类的特征较为明显，但是没有写进简报中，在我写的《试论跨湖桥遗址》中，就提到"尽管遗址出土遗物不甚丰富，陶器复原率较低，但仍可大致以⑥层为界分为早晚两段。早段为⑨—⑦层，晚段为⑥—②层。主要体现在一些陶器器形的变化和细部特征的演进上，如釜类器从丰肩到折肩，盘外撇的圈足根部由内敛向外展的发展，装饰上也日渐多彩"（P52）。

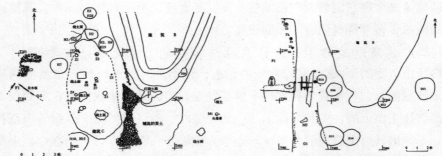

跨湖桥 1990 年度发掘区②层下主要遗迹平面图　　跨湖桥 1990 年度发掘区⑤层下—③层下主要遗迹平面图

图三　1990 年度以建筑遗迹 B 为主体的其他相关迹象

不久，王海明撰文将跨湖桥分为三期，"我们发现文化面貌及其显现内涵特征自下而上具有强烈的继承性和连贯性，发展脉络清晰，它们是连续发展的整体，属于同一文化。……我们试将跨湖桥遗址第九至第二文化层分层三期：一期 第九—第七文化层；二期 第六—第三文化层，建筑遗迹 B；三期 第二文化层，建筑遗迹 A"①。王海明在另一篇论文中，再次提纲挈领地将遗址分为三期，不过从原先文章附中的"萧山跨湖桥遗存也可看成马家浜文化跨湖桥类型"②，到"跨湖桥遗址新石器时代文化遗存是河姆渡文化的一个地方类型"③ 来看，也说明跨湖桥的发掘确实已搅动了江北马家浜、江南河姆渡的简单认识层面。

1999 年出版的纪念我所建所二十周年文集上，蒋乐平代表河姆渡文化课题组执笔了《二十年来河姆渡文化的认识与探索》，文中提到了对于跨湖桥文化的质疑，"是一种对学术负责的态度"、不过"鉴于跨湖桥遗址对迄今为止的浙江史前文化未见直接影响，在本篇中我们不准备作进一步讨论"④。时间未过十年，这一讨论就突然加快了步伐。

随着新世纪之后的浦江上山、嵊州小黄山等发掘，这一简单的模式似乎已经被彻底打破了。

---

① 王海明：《二论萧山跨湖桥新石器时代文化遗存》，浙江省博物馆编：《东方博物》第四辑，浙江大学出版社 1999 年版，第 19—20 页。

② 同上，第 27 页。

③ 王海明：《河姆渡遗址与河姆渡文化》，《东南文化》2000 年第 7 期。

④ 河姆渡文化课题组：《二十年来河姆渡文化的认识与探索》，浙江省文物考古研究所编：《纪念浙江省文物考古研究所建所二十周年论文集》，西泠印社 1999 年版，第 14 页。

（三）灰坑清理遭受的挫折

在跨湖桥野外发掘期间，除了建筑遗迹 B 留下了操作上的诸多遗憾之外，便是以我探方清理的那些以 H3 为代表的灰坑单元了。在简报中，由于篇幅、当时习惯的原因，未进行发掘过程的介绍。在《跨湖桥》页 34—38，报告了这些灰坑单元的堆积，但我未解释这些"套接"灰坑的发掘过程。

如 H1 和 H23，1990 年 11 月 6 日记录，"由于烧制，底稍凹凸不平，（坑口）圆形、近圆底，坑壁明显，局部烧过，包含物较少，有陶片、碎骨、砾石、灰烬等，土质偏灰黄，杂质多，砂性。性质疑为烧坑类"，至 12 月 6 日，"（探）方北发现 H23，北壁剖面如下所示，H1 和 H23 疑为一坑"。

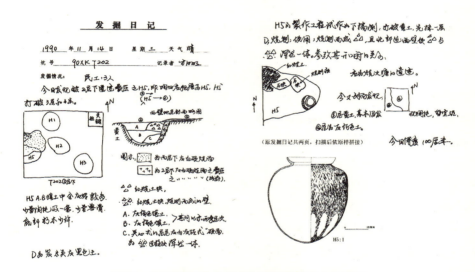

图四　跨湖桥 1990 年度 H5 的记录及出土的陶釜

又如 H5 和 H21，1990 年 11 月 14 日确认，堆积剖面颇为复杂，而 H21 的确认也到了 12 月 4 日（图四：跨湖桥 1990 年度 H5 的记录及出土的陶釜，采自 1990 年发掘日记和简报图一〇·9）。关于 H5 顺带又一提，H5 陶釜经过马竹山的精心修复，复原了当时总共两件陶釜复原器中的一件，H5 陶釜的腹底留有椭圆形印痕的卵蛋形深腹釜，而在当时，文化面貌已在争论、认识还在彷徨的阶段那也是很令人高兴的事，记得当时一完成，马竹山就迫不及待地告诉芮国耀了。在之后发掘中，考古队修复了想当数量的完整器，竖立了想当完整的器物群，我们第一次在萧山祈园寺参观学习时都有恍然大悟的感觉，原来完整器是这样的。

这么多的灰坑套接现象绝非偶然，这是1990年跨湖桥发掘的重要发现之一，不过后来几次发掘却再也没有发现了。

（四）关于太阳纹的彩绘陶

彩绘陶其实在工地发掘之初就有了，1990年10月16日T202取表土的当天，我就记录有"夹砂黑陶豆把片，饰红衣，上描三横道白色描绘"，还作了草图，当然那时丝毫没有重视。

那片太阳纹的陶片是哪天发现的，我都没有作记录，但是发现的过程还清晰记得，当时民工将陶片清洗后放在我们二楼楼梯西侧的房间中，当我看到了这片后来编号T202②：9的太阳纹彩绘片时，彩绘的标本还不止这一件，很令人惊讶，马上告诉了芮国耀，应当说从那天开始我们大家就很关注彩绘陶片的出土了。

蒋乐平引述我的回忆关于陶片是我们亲自洗的有误，不过民工用"砖瓦厂烧窑自然提供的充裕的热水"、"在这之前，他们已经对普遍发现的菱格交叉的纲式绳纹表示关注，感觉到具有特色，彩陶的发现，并且占有一定的数量，对遗址的感觉就开始发生变化"①，确是真实的。

这也是简报公布了多数的彩陶纹样后，我又觉得不过瘾，在论文中又进行了补充。当然蒋乐平后来告诉我那个被我们视之为宝贝的具象太阳纹原来是呈圆周状布列在罐肩部的，这才总算明白了它们的整体是什么。

顺便还可以提到对于这一话题的关心，应该是在整理结束后，有天牟永抗先生在环城西路考古所的二楼，提问我跨湖桥除了那个具象的太阳还有太阳呢，我居然百思不解，后来他直接提醒，那就是那些盘圈足部位的镂孔刻划结合彩绘的放射线图案。在后来发现的那些所谓罐肩部的"米字纹"彩绘等，就是明证，如T0411⑧A：117罐（《跨湖桥》P102）。俯视呈圆周状的弦纹和波折线成为了等分布列太阳纹的陪衬，在T0511⑤A：11罐上，后者还描绘呈连续的"十字纹"（《跨湖桥》P106）。可见多种形式的太阳纹是跨湖桥的装饰主题纹饰，当时我将河姆渡1973年T16第④层发现的那件彩陶与此作比较是完全合理的，将那片彩陶视之为受到跨湖桥的影响也应该可以成立（图五：跨湖桥陶器太阳纹的主题以及与河姆渡彩绘陶片的比较，采集《跨湖桥》、《河姆渡》）。

---

① 蒋乐平：《跨湖桥文化》，http：//www.zjcnt.com/zt/khq/index.htm，浙江文化信息中心，2004年。

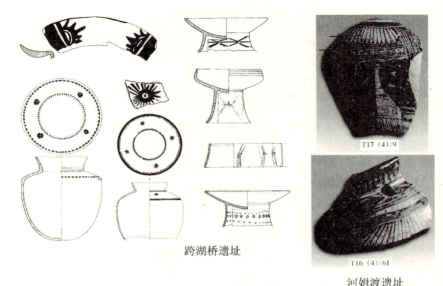

跨湖桥遗址

T17 (4):9

T16 (4):61

河姆渡遗址

图五 跨湖桥陶器太阳纹的主题以及与河姆渡彩绘陶片的比较

（五）整理和认识

1991年3月12日，我们到吴家埠开始对跨湖桥进行整理，记得次日刘军、王明达先生还陪毛昭晰先生来吴家埠看跨湖桥的遗物，尤其是那件 T402⑥：10 "桨形器"，毛先生爱不释手，还不小心将中间的隔挡搞断了，这件木器是我 T402 探方 11 月 27 日出土的，心疼了好多天。

这件木器的功能，到目前为止还不清楚（图六：跨湖桥"桨形器"的出土情况，采自1990年11月27日发掘日记）。

关于碳14标本的送检，当时或许考虑收费和时间的原因，一段时间内考古所的标本都到位于杭州西溪河下的国家海洋二所进行检测。1991年9月23日，我随芮国耀去海洋二所送标本，当时记录每件标本250元，可能总共送了两次，计四件标本。得到数据的时间可能在次年（我暂时没有时间核对），我们从遗址三足器的阙如已经意识到年代不会迟于马家浜文化晚期或河姆渡第三期，而黑陶和绳纹应该属于河姆渡文化系统（在吴家埠整理期间，我问牟永抗先生，釜的陶片似乎夹碳又不夹碳到底怎么回事？他让我放到煤球炉中去烧烧，那时也没有烧出所以然来），但是陶釜的折肩、整体的卵形以及绳纹的交叉显然又与河姆渡文化明显有别（1990年12月1—4日，在跨湖桥发掘期间，刘军副所长和吴汝祚先生还在工地呆过几天，具体说了什么意见我都忘记了，但是有一点可以明确，那就是与河姆渡是不同的，两位先生在工地上显现的多是彷徨的心情），豆盘、豆盘圈足的太阳纹刻划以及罐的双肩更是不消说了，尤其是后者，是牟永抗提醒应该从整个长江中下游新石器时代文化大背景中去看这个遗址。所以在得到这个碳14 数据时，既感到不意外，又感到问题的严重，如果我的描述没有错误的话，就好像蒋乐平第一次偷偷告诉我上山万年的数据一样的感觉，他的感觉或许也是如此。

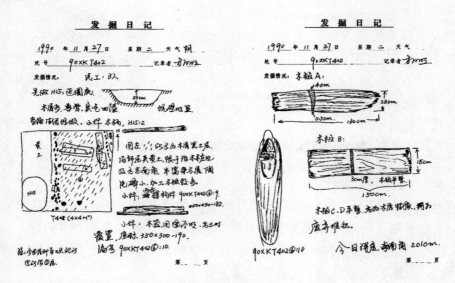

图六　跨湖桥"桨形器"的出土情况

不过，一石并未激起多大的浪花，但是争论的双方还局限在考古所的范围内，王海明是主张这个年代和文化属性需要再研究考虑的代表之一。1997 年写就的《试论跨湖桥遗址》当然只是一篇习作，主要是将遗址的独特文化面貌和年代的可能性表达出来，当然在论述与河姆渡、马家浜之间的关系上认识非常暧昧。记得有次在瑶山发掘期间的晚餐上，芮国耀批评写作这样的论文时对这一问题需要十分的明确，我曾幼稚地辩解，就如同将前河姆渡文化、马家浜文化的分布当作钱塘江南北两岸的各自"文化圈"（那时受到就学时容观琼先生讲授的《人类学概论》影响还颇深），而跨湖桥也应该是一个文化圈，它和前两者均存在密切的联系，但是我不想再多说什么，其实那时也说不上什么，蒋乐平早先的关于当时"并没有超越固有的认识轨道"的评价一定程度上自然是对的。

文章刊发后，牟永抗先生有次曾对我说，你写的东西就是存在这个毛病，那时与他关系不像现在随和，我也不敢问他这个毛病是什么。

1995—1998 年，所里安排我参加中日合作桐乡普安桥遗址的发掘，在发掘的初始阶段，跨湖桥自然先成为我们和赵辉老师聊天谈话的主要内容，记得赵老师还在吴家埠工作站看了我们发掘的标本，同意我们关于将跨湖桥放在整个长江中下游地区新石器时代考古学文化大背景下的认识。那些年，可能考古所的经济略微有些起色，再测试一下年代至少成为芮国耀和我认为可以打动大家的较为令人信服的手段（在某种程度上，只有绝对年代才能使这一话题变成重要的主题），芮国耀很幸运地从吴家埠库房的角落里翻腾出还未被扔掉的已经干涸的橡子（2000 年期间，所里某些领导或许看到陶片袋也烂了，不好看了，还曾经梦想处理掉跨湖桥的陶片袋，我曾说，虽然陶片袋朽烂了，但是好歹也是七八千年的陶片，你再去找来看看？就当采集的好了，这个事情就没有了下文，至于跨湖桥后来的发掘自然是另外一回事了），我们也还曾经幼稚地提出，不要做常规（好像感觉那个落伍了、误差很大），做贵一些的加速器（好像一个标本要贵 500 元）。这个橡子标本应该在 1995—1996 年由赵老师带到北京大学的，但是当时等待都是好慢好慢，记得 2000 年元旦，与赵老师通电话时，他告诉我跨湖桥碳 14 数据因为种种原因北大还未有做（丁品的庙前 1988—1989 年发掘数据，社科院考古所也是好慢好慢之后才给了他的）。

三、余论

1991 年完成跨湖桥发掘报告之后，或许是因为所里穷，稿子就一直放着，终于过了几年，说是所里要再出了，我们就计划到萧山整理一下早先的跨湖桥采集物，然后要去看看遗址。

1996 年 11 月 13 日，我随芮国耀去萧山文管会，先与老倪寒暄一番，然后进入由施加农掌管的库房进行绘图，芮国耀拍照，我大约绘制了 20 余件标本，午餐时另有方副主任在场，餐后我们和施加农至跨湖桥，"原来的发掘处已荡然无存，后在剖面上发现一处残存，堆积还算理想"、"非常想把这个遗址搞清楚"。回来后，芮国耀就向刘军所长汇报，跨湖桥还有残留，还值得挖，刘军所长说好的、好的，但是终久没有下文（蒋乐平对此写道："1996 年，芮国耀与方向明一起重回跨湖桥遗址，他们得到了刘军所长的支持，想对跨湖桥遗址再作一次发掘。他们似乎需要证明什么，但最后竟未能了却这桩说不清道不明的心愿"）。

　　1997 年 1 月 7 日，我在良渚塘山金村段发掘，王海明、蒋乐平到吴家埠，午餐后大家又讨论起跨湖桥的问题，王海明认为偏晚主要是基于口沿部位的制作特征和过程，又认为交叉绳纹可能是绳索捆扎所致，陶片的火候也较高。此后一段时间内，王海明都提醒我，有关跨湖桥陶釜口沿内凹面的问题，因为那时名山后中晚阶段陶釜口沿的基本特征，我听了多次，好像是有那么回事（如 4 月的某天，我对他这一点的提醒没有表示异议）。

　　1999 年度庙前第五次发掘期间，当时还在萧山博物馆的王屹峰和朱倩到工地参观，说搞到钱了，跨湖桥可以挖了，希望老芮和我们一起去挖。那已是江南、江北好久的事了，我们笑笑作罢了。

　　2000 年庙前第五、第六次发掘之后，我的主要精力放在了配合芮国耀《瑶山》报告的玉器线图最后上墨和马上开始的反山玉器制图、《庙前》报告的出版上了，随之又是 2004—2006 年湖州昆山发掘以及《昆山》报告的出版，想被蒋乐平牵着鼻子走都难，因为根本没有时间去考虑早已远离研究视野的跨湖桥。也因为如此，将来有机会再整理一下当年发掘、整理记录，我愿意修正那些有出入的过程，也愿意将现在一些晦涩或不妥的文字进行订正。

　　最后，我愿意引用王海明的一段话，并认为那是十分的中肯，可能读起来都沉重得很（当然比跨湖桥沉重的事情多了去了，大家可以回忆严文明先生在纪念良渚发现七十周年时，所痛心疾首地指出浙北地区由于土地平整使得良渚遗址所遭受的毁灭性破坏，所以这段话同样也适用），当时"面对这一全新的文化遗存，我们更多的是关注文化面貌'先进性'和 14C 测年'古老'之间的矛盾现象和年代问题，而没有深入次思考其中的深层原因。更没有象当年河姆渡遗址发掘时那样邀请各路专家现场研讨指导，对该遗址所显露的重要文化信息缺乏学术敏感和洞察力，表现为集体无意识。认识上的局限决定了遗址的命运，长达 10 年时间的放任取土，几乎将遗址完全毁灭"①。

---

　　① 王海明：《浙江早期新石器时代文化遗存的探索与思考》，刊宁波市文物考古研究所、宁波市文物保护管理所编：《宁波文物考古研究文集》，科学出版社 2008 年版，第 16 页。又王海明：《浙江早期新石器时代文化遗存的探索与思考》，载《庆祝何炳棣先生九十华诞论文集》，三秦出版社 2008 年版，第 353 页。

跨湖桥独木舟三题

蒋乐平（浙江省文物考古研究所）

2002 年 11 月，位于中国东南沿海的浙江省跨湖桥新石器时代遗址发现一条独木舟。对独木舟舟体的木质标本进行碳 14 年代测定，距今年代近 8000 年。这一测定与跨湖桥遗址的地层年代相符合①。

从迄今所掌握的资料看，这是现今中国发现的年代最早的独木舟。这一独木舟受到国内外研究者的关注，作为发掘者，在完成发掘报告后，没有忘记进一步的设疑与分析，兹就独木舟遗迹、舟体的状态和功能谈点认识，以求证于方家。

一、独木舟遗迹

所谓遗迹，指独木舟保存环境和共存迹象。这一点，报告已经作详细的报道，这里再作一提挈。

独木舟置于岸边，被桩木固定，周围有木料、木桩、木作工具、木桨毛坯等，结论是这是一处与制作、修理有关的独木舟工场。

独木舟置放在岸边，这是对独木舟所在位置的重要判断。

岸边的判断，根据是地形、遗迹分布及硅藻分析。第一，在独木舟所在的 T0512 西北侧、T0513 北侧及其延伸方向，有一道地形上的"梁"，这道"梁"的西、北边，遗址已被工场取土破坏、暴露出黄泥生土；"梁"的东、南一边，地势呈倾斜、急剧下降的趋势。这一地形符合西北是高亢岸陆、东南为低洼水域的基本特征。第二，沿岸一线，遗物分布十分稠密，在视觉上可以看见黑黑的一条"带"，而这一"带"的东南，除了独木舟遗迹周围，遗物稀薄，呈现一种以青淤泥为主色调的一片"湖"色，反映生活主体区域止于岸边、无法进入"水域"的逻辑特征。进一步的推测是，这黑"带"不过是人们向岸堤外侧倾倒的垃圾堆积，实际的岸堤要更加高亢。第三，在"湖泊"中，发现 14 个属的硅藻化石，以淡水水域为主要生息环境者为主体，占 89.6%，具体有美舟藻（Calo-

---

① 浙江省文物考古研究所、萧山博物馆：《跨湖桥》，文物出版社 2004 年版。

neis spp）、桥弯藻（Cymbella spp）、井字藻（Eunotagramma spp）、异极藻（Gomphoneis spp）、舟形藻（Nivicula spp）、菱形藻（Nitzchia spp）、羽纹藻（Pinnularia spp）、双菱藻（Surirella spp）、Seminavis spp 双眉藻（Amphora spp）等。以海水、海岸、内湾、深海类域为主要生息环境的硅藻占 10.4%。内有小环藻（Cyclotella spp）、卵形藻（Cocconeis spp）、海链藻（Thalassiosira spp）、双壁藻属（Diploneis smith）等属。

那么，独木舟被遗弃时是"泡"在近岸的水中的吗？不是。在独木舟所在的"湖Ⅳ"层阶段，湖岸边缘因水位下降、湖泥淤积或兼而有之的原因，已经干涸，因此才有独木舟工场存在的可能。需要说明的是，从"湖Ⅰ"到"湖Ⅳ"，人工遗物尽管稀少，但一直存在，并有愈晚愈多的趋势，反映该区域逐渐淤积、逐渐接纳人类活动的过程，从"湖Ⅳ"层以上的⑨C层开始，完全成为遗址活动区。

从上分析，独木舟的位置在村落东南边缘、靠近水域、已经干涸的河（湖）滩上。

独木舟被桩木固定。这里牵涉固定状态的判断及固定的原因。

独木舟的周围，分布着有规律的柱桩与柱洞。远岸一侧，紧挨船体，布列 10 个木桩；近岸一侧仅在中部发现一个木桩，另外还发现柱洞 3 个。另外舟体完整一端底部还垫有一根横木，舟体中部，也有一根横木板、舟体中部偏南，还发现有一块上部平整的大石块紧枕船底。这些遗迹现象说明独木舟被有意识固定着。

为什么要固定呢？必须从遗迹现象作分析。

独木舟的东南侧有一堆木料，木料分剖木与整木两类。五根剖木，与独木舟平行放置，略有交错；树皮尚未去掉，截面多呈扇形，显见源于同一整木，经检测为松木；破裂面呈自然裂痕，未修削。长度最长为 280 厘米。一根整木，长 250 厘米、直径约 22—26 厘米，两端截面隆凸不整，从许多错杂相切的断面分析，当为锋利石器砍断。其他还有板状等木料都带有不同程度的截、剖痕迹。独木舟的两侧，还各发现一支木桨，1 号木桨位于西侧，保存较差，已开裂，长 140 厘米，桨板宽 22 厘米，厚 2 厘米，桨柄宽 6 厘米、厚约 4 厘米；2 号木桨（东南侧）保存完整，长 140 厘米，桨板宽 16 厘米，厚 2 厘米，桨柄宽约 6—8 厘米，厚约 4 厘米，柄部有一方孔，宽 1.8 厘米，长 3.3 厘米，凿穿，孔沿及孔壁光整，无磨损痕迹。

木堆及独木舟周围发现砺石、三个锛柄和多个石锛。另外，在船的侧舷，还发现数片石锛的锋部残片。

独木舟的固定、锛柄、石锛、砺石、石锛残片的散布，是石锛这一木加工工具的使用状态的写照，旁边的木料为之旁证。这是我们将独木舟遗迹解释为一处与独木舟有关的木加工场的主要理由。

那么，这一木加工场与独木舟构成怎样的联系呢？这必须从独木舟的状态进行分析。

二、独木舟状态

这是一艘残损的独木舟（一端被砖瓦厂取土挖失）。残长 5.6 米，一端保存基本完整，保存 1 米左右宽的侧舷。船头宽 29 厘米，离船头 25 厘米处，船体宽度呈一定的弧线增至 52 厘米，这也是舟体的基本宽度。船头下底面以圆弧的形式上翘，上部保留 10—13 厘米宽的残损的"甲板"，与侧舷齐平。在船舷完好位置所能测量的船体最大深度（距船头 1 米处）为 15 厘米。船体较薄，底部与侧舷厚度均为 2.5 厘米左右。值得注意的是，所剩舟体其余部位（长约 4.5 米）的侧舷以整齐的形式残去，残面与木料纵向的纹理基本吻合。仔细观察残面的延伸，刚好处在侧舷内收的位置（圆角或接近直角），从这一现象推知，独木舟的深度是比较平均的。

船体内外面均光滑平整，未发现制作工具的痕迹，侧舷上端亦磨成圆角，推知这是一条使用过的旧船。内面发现多处黑炭面，显见是通过火烧的方法挖凿船体的。

民族学资料显示，制作独木舟时，往往先将整圆木中剖，其中一半用来挖凿船体，为了增加舟体的吃水深度，又往往将另一半裁切为镶拼材料增加船舷高度[1]。但我们发现的这艘独木舟显然是一艘用旧的独木舟，因为船体十分光洁，特别是侧舷磨损现象十分明显，因此并非处于制作状态。那么这些木料干什么用？以下作两种分析。

第一种解释是对残舟的修补。从保存状况看，这一条独木舟不但是一条旧舟，而且是一条残舟。除首端保存一米左右的侧舷外，大部分侧舷残去、而且是一种整齐的形式残去。这种颇为整齐的"残破"方式很可能是一种人工行为，即

---

① 凌纯生：《中国远古与太平印度两洋的帆筏戈船方舟和楼船的研究》，（台北）《中央研究院民族学研究所专刊之十六》，1970 年。

为了拼补木材、修复独木舟作基础。虽然我们没有在"残破"面上没有发现明显的加工痕迹，但其边角非常整齐、表面也较平直，与板材沿木质节理的自然折断有别。独木舟附近堆放的长条坯材亦为松木，与舟的木质一致，是合理的拼补材料。

第二中解释是从"边架艇"的概念及形态特征中得到的启示。边架艇就是在独木舟的一边或两边绑扎木架，成为单架艇或双架艇。任何小船加上单架或双架，在海上航行虽遇风浪，不易倾覆。何以证明跨湖桥独木舟遗迹的木作现场与边架艇有关呢？由独木舟改造成边架艇需要辅助木料，此其一；旁边的剖木料长者近3米，大小、体量与独木舟舟体的体积相匹配。南太平洋独木舟资料有这样的记载："……但两旁则有浮木以增加其平稳。这些平衡的浮木大概有半个独木舟长，并且穿过船壳的洞，用纤维质的东西使其稳固在每一边上。"[①] 此其二。那么怎样解释一条残破独木舟与工场的联系呢？笔者以为，当时制作一条独木舟不容易，特别是这条独木舟用工考究，即使船舷坏了，是否还可继续利用呢？也许正是因为船舷坏了，更需要一种相适应的绑架形式，以取得较好的航行与稳定效果呢？在独木舟发明之前，有一个使用木（竹）筏的时代，从逻辑上讲，边架船是筏子的延伸形态，不过增加了一个主载体（独木舟），因此，当独木舟遭损的情况下，继续加以利用是十分自然的。

三、独木舟的功能

独木舟的特征、尺寸对判断其航行能力是一种参考。

体态轻薄是跨湖桥独木舟的重要特征。独木舟残长560厘米，因为舟体纵向找不到确定的对称点，实际长度难以估算。深度可实测处不过15厘米，厚度更只有2.5厘米。这样体态的独木舟应该作如何认识呢？中国新石器时代可比较的独木舟资料不多，日本绳纹前期有一些资料[②]，可以作些比较。

---

① 凌纯生：《中国远古与太平印度两洋的帆筏戈船方舟和楼船的研究》，（台北）《中央研究院民族学研究专刊之十六》，1970年。

② 吉田凤太：《日本绳纹时代的独木舟》，金泽大学文学部史学科毕业论文。

表 1　日本绳纹前期独木舟资料（单位：厘米）

遗址	时代	长	宽	厚	横截面特征	树种	备注
岛根大学构内遗迹	绳纹前期偏早	残 604	57	4	变形	杉	
鸟浜贝冢 1 号	绳纹前期中叶	残 608，基本长度在	最宽 63	4	半月形	杉	内侧有 4 焦痕
鸟浜贝冢 2 号	绳纹前期末	残 347	最宽 48	4	半月形	杉	中有横梁
伊木力遗迹	绳纹前期中叶	残长 650	最宽 76	2.5—5.5		苦楝	有焦痕
伝福寺里遗迹	绳纹前中期之交	残长 304	残宽 37.5	舟底 4	半月形	糙叶	内面有焦痕
加茂遗迹	绳纹前期后叶	残长 480	最大宽 60	厚 3—6	半月形	糙叶	

从年代看，日本绳纹前期的独木舟相当于新石器时代，但大都晚于跨湖桥。从独木舟的长度看，这些独木舟也均残，但鸟浜 1 号舟基本形状在，实际长度不会超过超过 7 米。宽度记录除残件外，均大于跨湖桥，但跨湖桥独木舟仅在船头 1 米保持较完整，中部的实际尺寸应该会更宽些。最费解的是厚度，跨湖桥船底可测到的最大厚度也就 2.5 厘米，比日本出土的独木舟均要薄。实际的情况如何？独木舟长期埋藏在深达 5 米以下的泥土里，埋藏的时间近 8000 年之久，是否出现变形呢？

可以肯定，独木舟会出现一定程度的收缩。到底收缩多少呢？独木舟附近编号为 19 的圆木在清理出来后，发现其垂直方向的直径只有水平方向直径的三分之二左右。这是否可以成为独木舟厚度的参照呢？浙江大学物理化学研究所对独木舟的木块也进行了变形率（伸缩率、扭曲率）的检测。

独木舟的厚度的变形在直径方向、宽度、圆周方向，比较看来，厚度的变形更严重些，达 40% 以上，实验室环境与实际环境肯定有差别，不能作简单复原，19 号圆木垂直方向收缩 33%，考虑到水平方向也有收缩，实际收缩度要更大些，独木舟的厚度应该在 3.5 厘米以上。

那么，跨湖桥这种形态的独木舟适合用于怎么样的水环境中呢？日本学者吉田凤太，曾对日本独木舟进行过形态与功能的分类研究。他根据船头形态将独木舟分归为三类：

a：船头起势两端皆平缓者

　　b：船头起势两端皆陡急者

　　c：船头起势一端平缓，另一端陡急者

表2　跨湖桥独木舟变形率检测表（浙江大学物理化学研究所）

标本	变形率		实验室温度	变形方向
	收缩率	扭曲率		
独木舟残块	15.3%	2.57%	50°C	长度方向
	16.0%	0.07%	104°C	长度方向
	9.8%		50°C	圆周方向
	8.65%		104°C	圆周方向
	43.0%	20.12%	50°C	直径方向
	45.17%	19.55%	104°C	直径方向

　　船头形态十分重要，他认为，舟体的平面、横截面形态对独木舟用途也有影响，但厚度与深度与其用用途关系似不大①。

　　跨湖桥独木舟只存一端，只能从a、b两类作分析，结果显示，跨湖桥船头起势十分平缓，横截面称半圆，船底不厚，舱偏浅，可归属吉田风太所分的"可能只能在海岸边使用的独木舟"。

　　跨湖桥遗址的位置确实在海湾地带，因此这一分析符合实际情况。但如果绑制成边架艇的形式，不排除可以出入近海的可能。

　　根据16世纪西班牙人在南美印第安人生活区的见闻，独木舟可以有帆。但帆的形状与材质不得而知。凌纯声先生收集的南太平洋舟船插图中，木筏、竹筏的风帆有席状编物的②。在跨湖桥独木舟舟体内部的发掘、清理过程中，发现一些席状篾编残片，特别是独木舟附近发现的那件带有撑骨的篾编物面积较大，其功能引起大家的兴趣，是否就是帆呢？由于这一篾编物的边缘与T字相交的撑骨成锐角，起到了一个对平面的支撑效果，从中可以推知这一篾编物对平面延伸与稳定的工艺要求。这虽然与因兜风而舒展的帆的成熟形态有区别，但不失作为"帆"的原始形态的研究线索。

---

　　①　凌纯生：《中国远古与太平印度两洋的帆筏戈船方舟和楼船的研究》，（台北）《中央研究院民族学研究专刊之十六.》，1970年。

　　②　吉田风太：《日本绳纹时代的独木舟》，金泽大学文学部史学科毕业论文；浙江省文物考古研究所、萧山博物馆：《跨湖桥》，文物出版社2004年版。

生态学视野中的跨湖桥文化

陈淳　潘艳（复旦大学文博系）

　　自跨湖桥遗址第一次发掘至今已近二十年，由于它在长江下游考古和早期农业研究中的特殊地位，中外学术界围绕它的争议和研究一直没有停止过。值遗址博物馆开馆与国际学术研讨会之际，我们想对过去的讨论作一番梳理和反思，并介绍从人类生态学视角对已知材料可能的全新阐释。在此，我们把探讨集中在生计形态方面，报道相关理论与方法论更新的成果与心得。

　　首先我们把对跨湖桥文化的探讨与认识过程粗略分为几个阶段，将它们与北美考古学发展的时代思潮进行比较，以突显每个阶段所侧重的理论问题与研究手段，由此显现对跨湖桥文化的认识是如何在争论中不断调整和深化的。然后，我们从进化生态学的角度复原古食谱和相关的人类经济行为。最后，结合介绍国外近年来探索农业起源的新思路，提出进一步深入研究的方向。

一、跨湖桥文化研究简要回顾

　　作为考古理论思潮的主体表现，研究范例的进展与转变一直深刻地影响着考古学阐释。在不同理论思维的指导下，同样一套材料可能被复原和再现成截然不同的图像，跨湖桥遗址近年来的研究典型地体现了这一点。有关跨湖桥的文章很多，这里的回顾就不求面面俱到了，而是想指出对认识这一文化面貌比较关键的一些实质性成果。

　　跨湖桥碳14测年数据第一次将长江下游史前文化追溯到早于河姆渡文化的距今8000年，中国考古界对这一报道的反响不仅是对其古老性的惊叹，更伴随着广泛的质疑，即就其陶器形制和技术来判断，不应那么古老。陈淳[①]从其与东亚地区早更新世遗址出土陶器的可类比性与中石器时代人类生态适应的角度，旁证了跨湖桥年代古老的合理性，并略微指出该遗址对认识长江下游从广谱经济向

---

① 陈淳：《从东亚最早陶器谈跨湖桥和小黄山遗址年代》，《中国文物报》2006年3月3日7版。

较为强化的稻作农业转变提供了契机。刘莉[①]也在另一篇文章中针对上山遗址的陶器着重介绍了植物质陶的性质以及它在以采集为主的人群中的生计意义，对这一共生现象的关注和辨析实质上同样支持了跨湖桥遗址的古老年代。这些围绕陶器和古老性的争议体现了中国考古界对新石器时代的认识从过去以器物为中心的思维定式向以经济形态为中心的思考模式的变革，考古学家更注重挖掘器物背后"人"的信息，希望了解史前人群的衣食住行。他们提倡新材料应该被用来挑战和完善过去的知识，而不仅仅是墨守器物排比的陈规来进行相对断代和完成已知文化谱系的填充。引导这一转变的一大亮点，是环境考古真正进入中国考古学的语境和实践，这一情形与欧美20世纪60年代兴起的新考古学有许多相似之处。

从遗址考古报告出版到2007年间，对跨湖桥遗址的研究一直在深入，在宏观区域环境和遗址微生物环境方面都有长足进展。王永江和姜晓玮[②]通过解读卫星遥感图像和地质地貌分析提出了遗址可能长期受到钱塘江大潮的威胁，这一见解其实可以得到遗址地质剖面的印证。该研究启示我们要加强了解长江下游冲积性地质对史前文化居址的影响。

由宗永强教授领衔发表于《自然》杂志的《水与火的管理造就华东最早的水稻栽培》[3]则第一次利用考古剖面提供了高分辨率的孢粉、炭屑及其他一系列微生物遗存序列，真正开拓了遗址微生境与人类活动在沉积物中表现的探索方法和视野。虽然该项目在解释部分略有欠缺，但是其贡献的某些见解仍然可圈可点。

这些成果是在国内环境考古已积累了多年的研究经验的背景下，对生态物的提取和研究成为考古实践中的重要部分。环境信息不再仅仅作为一种附加于人工制品组合之外的次要项目，而是被融合到研究设计的技术路线当中，具有特定的问题导向，成为材料阐释中不可或缺的组分。同时，多学科提取生态信息成为推动合作研究和发现新材料最活跃的因素。

二、经济形态与人类行为

对照考古学阐释的三个层面——经济形态、社会结构和意识信仰，跨湖桥遗

---

① 刘莉：《植物质陶器与石煮法》，《中国文物报》2006年5月26日7版。

② Zong, Y., Chen, Z., Innes, J. B., Chen, C., Wang, Z. & Wang, H. 2007. *Fire and flood management of coastal swamp enabled first rice paddy cultivation in east China.* Nature 449：459—462.

址在经济形态方面提供的信息最为丰富。通过大型动植物遗存、孢粉、植硅石、微体古生物等分析，我们可以对资源利用、环境复原、人对环境的影响、植物栽培、古食谱等方面做出解释。我们将解释构筑于生物进化思想之上，先以生物体觅食和食谱宽度为中心概念试推测食物结构，再以人与驯化物种共同进化的视角来复原人类行为。

（一）最佳觅食与古食谱[①]

由捕食者的觅食对策推导出的食谱宽度模型是现代生态学的精华部分之一，考古学把这一模型应用到人类对资源的依赖关系以及人类觅食系统稳定性的评估当中[②]，我们以此原理来考察跨湖桥先民食谱的构成及其营养摄入状况。人类生活环境中有多种可食用的资源，但并非所有物种都是人类觅食的对象，而且食物种类的丰富性亦非选择的唯一标准，甚至不是主要标准。像其他动物一样，早期人类的觅食行为会遵循"最省力原则"，即选择支出少回报大的种类，这就是最佳觅食模式的原理。根据该模式，我们可以推测先民会在各种食物资源的种类上以投入及回报的大小，列出最佳食谱序列，其中大型有蹄类动物回报显然最高，可能是最优的选项，然后依食物的回报率从高到低依次列入食谱，直至达到食谱整体的能量回报最大化为止。

为了便于展开论述，我们暂将食物分为果腹和宴享两大类，探讨其经济意义和社会功能。果腹食物应当是那些在觅食上投入低回报高的优势品种，包括富含淀粉质的坚果，如栎实（即橡子）、芡实、菱角，尤其是壳斗科果实还含有脂肪和蛋白质，动物中大中型有蹄类动物也具有类似特征，因此我们推测这些物种是跨湖桥先民食谱中的主食。

植食的构成主要反映在浮选结果中，坚果比重占绝大多数，达80%以上，包括麻栎、白栎、栓皮栎等。此外还发现了许多规模不小的栎实储藏坑，有些还以木构件精心围护，说明其不仅产量多，而且是先民赖以果腹的主要食物。古籍中也有记载，《庄子·盗跖》："古者兽多民少，皆巢居以避之。昼拾橡栗，暮栖木上。"这恰与考古发现长江下游早期史前遗址人群以木构干栏式建筑为居，主食坚果的情形相合。《夏小正》载"八月栗零"，更是以板栗成熟作为季节更替

① 古食谱复原部分已发表过，陈淳、潘艳、魏敏：《再读跨湖桥》，《东方博物》2008年2期。

② Smith, E. A. 1983. *Anthropological applications of optimal foraging theory : a critical review.* Current Anthropology 24：pp. 625—640.

的标志，说明坚果对先民生存的重要意义。

芡实也是一种产量较大的坚果，性状与同为睡莲科的莲子颇似，俗称"鸡头米"，至今仍是江南地区制作糕点的原料之一，也应当是果腹的主食，经晒干后可储藏。浮选发现的菱角完整个体皆为未成熟的小坚果，估计因其果肉少而被直接废弃，这可能暗示菱角在收获当季产量很大，几近不可胜用。此外，由于菱角相对壳斗科和芡实较不易储藏，在晒干处理的过程中，它的果肉会迅速收缩，从而失去食用价值，所以估计它基本在收获当季被食用。

动物考古研究显示，鹿科和水牛的比例较高，占30%—40%，而且从早期到晚期持续上升，哺乳动物整体百分比增长也很快，从早期的39.05%，到中期69.95%，晚期达到70%。这说明大型有蹄类动物十分丰富，没有利用过度的迹象。它们在跨湖桥先民的食谱中应该占有极其重要的地位。此外，爬行动物也占相当比例，特别是在早期。但作为家畜的猪的比例却持续减少，其原因十分耐人寻味。首先，在大型动物十分丰富的情况下，为何要饲养家畜仍不清楚。根据加拿大考古学家海登的观点，大部分早期驯化的物种都属于宴享物种。[①] 所以，猪可能是作为美食驯养的。当然，也可能被用来应付偶然发生的食物短缺。从家猪减少与鹿及水牛增加的趋势来看，跨湖桥先民可能因生活方式的变化，逐渐减少投入代价较高的家畜驯养，直接获取野生资源。

我们把不符合最省力原则看作宴享食物的标志性特征，即相对果腹食物而言，它们应该具有投入高回报低的特点。上面我们推测猪可能是作为一种美食饲养的观点，是因为它不符合最佳觅食模式的原理。跨湖桥不符合这一原理的食物还有稻米和蟹。海登曾以不列颠哥伦比亚高原的民族学资料说明，在资源较为丰富和可靠的地区，采集社会会因经济富裕和人口增长而发展出比较复杂的社会形态。一些人会用夸富宴来取得其他群体成员的劳力、忠诚和产品，藉此树立自己的权威。而这些高投入低回报的食物很可能就是为夸富而消费，他们只是少数人才消费得起的奢侈品[②]。

水稻也有这个可能，在各种食物种类中，收集和加工野草籽的劳力支出最大，但是回报非常低。西南亚早期食物加工的实验考古学显示，橡子的热量回报

① ［加］布赖恩·海登著，陈淳译：《驯化的模式》，《农业考古》，1994年第1期。

② Hayden, B. (1992). Conclusions: ecology and complex hunter/gatherers. In Hayden, B. (ed.), A Complex Culture of the British Columbia Plateau, UBC Press, Vancouver, pp. 525—563.

率是谷物的 2—6 倍，该数据还未计入采集和加工的代价，若计入，悬殊更大①。跨湖桥遗址水稻的结实率很低，采集和加工成本却非常高，而且自然灾害和鸟类啄食使收获具有极大的不可预测性，因此在其他果腹食物十分丰富的情况下，难以想象先民会乐意将它作为主食来进行栽培。

全球的民族学、考古学和历史学资料显示，无论在原始社会还是文明层次较高的复杂社会，酒类的消费是极为普遍和重要的现象。酒类被认为是社会的凝聚剂和润滑剂，早期社会中各种社会活动和宗教仪式都少不了酒的作用。海登根据对中美洲玉米酒酿制和消费的研究认为，在史前期的中美洲，玉米酿酒的作用要比果腹更重要。我国新石器时代晚期和青铜时代遗址中，最为精美的器物往往是酒器，这也从一个侧面反映了酒在社会活动中的重要性。

尽管尚无直接证据表明跨湖桥出土的稻米用于酿酒，但是考虑到人们愿意花大力气来栽培产量很低的水稻，那么它至少是一种与平常果腹食物不同的"奢侈品"。一个间接的证据是河南舞阳贾湖遗址出土陶片残渍分析表明，公元前7000—5500 年先民就用稻米、蜂蜜和水果（特别是山楂）为原料混合发酵制成饮料②。跨湖桥遗址有大量南酸枣出土。它属漆树科，9—10 月果熟，恰与稻同时收获，适于酿酒③，所以我们觉得稻米被用来酿酒的可能性是很大的。只是后来野生资源日趋枯竭，人们才会加大投入来栽培水稻，将稻米作为我们的主食。

虽然我们觉得酿酒是水稻驯化的一种比较大的可能，但它毕竟也能用来果腹。我们参考了其他学者对稻谷驯化的假设④，觉得果腹的作用也不能完全排除。在淀粉类食物储存中，坚果因颗粒大，产量高一直是比较重要的首选储藏品种。但是，坚果不同种类存在收获上的差异，有的是一年收获，而有的是两年收获一次。这样很可能就无法保证每年冬天有足够的坚果储藏。这种储藏食品大小年的波动，可能会促使人们考虑在坚果小年的年份，用其他适于储藏的物种来补充。而在可储藏淀粉类植物中，稻谷可能是仅次于坚果的合适选择。虽然颗粒较小，

① Wright, K. I. 1994. *Ground—stone tools and hunter—gatherer subsistence in Southwest Asia: implications for the transition to farming.* American Antiquity 59: pp. 238—263.

② McGovern, P. E., Zhang, J., and et al. (2004). *Fermented beverages of pre—and proto—historic China. Proceedings of the National Academy of Sciences*, USA 101: pp. 17593—17598.

③ 江苏省植物研究所编：《江苏植物志》（下册），江苏科学技术出版社，1982 年。

④ Lu, T. L. D. 1999. *The Transition from Foraging to Farming and the Origin of Agriculture in China*. John and Erica Hedges, Oxford.

产量不及坚果类食物。但是作为补充，稻谷还是能够起到应付季节性食物短缺的作用。后来稻米作为主食，则完全是因为其他食物种类减少，而稻米在驯化过程中产量增加。通过长期的偏差放大，使得稻谷慢慢取代其他食物，成为主要用来果腹的食物。

在跨湖桥的每个地层中都发现一定量的蟹螯，而且皆经人为砸碎，可以判断是被人类食用。蟹似乎是一种不很经济的物种，投入大，肉量却很少。就单纯果腹而言，蟹与哺乳动物相比实在是一种回报率太低的食物。但它在食谱中长时间存在而未被淘汰，说明人类对其利用是文化适应的组成部分，它有可能是一种美食。当然，从冰后期盛行的"广谱经济"而言，它也可以因产量较高而被人类所青睐。

由于宴享食物往往出现在复杂社会中，因此利用这些宴享食物与精美的制陶工艺和大型的奉食器皿相互印证，间接提供了跨湖桥遗址先民的社会发展层次。

（二）生态与人类行为

林多斯（Rindos）于1984年提出的物种驯化三阶段演进框架从共同进化的角度探讨了人类社会与动植物的驯化关系及其强化途径，他把"农业"定义为人与物种之间互惠互利关系的确立[①]。哈兰把"驯化"概念延伸到更加广阔的生态背景中，他指出物种适应中的生态变化贯穿于驯化的整个过程，所以即使人类没有驯化某一特定物种，也可能已驯化了其环境[②]。布鲁斯·史密斯（Bruce Smith）拓展并加强了这一基于行为背景的观点，他提出驯化的过程应包含以因果关系首尾相衔的三个阶段：行为变化、基因变化、表现型变化[③]。因此，我们应当关注人类对目标物种生命周期介入的最早临界点，而在考古上可通过表型特征来确认的驯化种恰恰代表了驯化的后果，而非起始。

这一思想的提出对考古学研究人类经济形态产生了很大影响，它不仅限于农业起源研究的范畴，更是广义地提示了食谱构成背后还暗示着更加复杂多样的人

---

① Rindos, D. 1984. *The Origins of Agriculture : An Evolutionary Perspective*. San Diego, California: Academic Press, INC.

② Harlan, J. R. 1992. *Crops and Man. Madison , Wisconsin : American Society of Agronomy* : Crop Science Society of America.

③ Smith, B. D. 2008. *Documenting domesticated plants in the archaeological record. In Documenting Domestication : New Genetic and Archaeological Paradigms (eds M. A. Zeder , D. G. . Bradley , E. Emshwiller & B. D. Smith)*. Berkeley and Los Angeles, California: University of California Press, pp. 15—24.

类行为与生态信息，人类行为把广阔的环境背景与具体的考古现象关联到一个生态系统当中，我们能够藉此了解人类对环境干扰或控制的方式与强度，从而对整个社群的经济活动有比较客观全面的把握。下面将结合民族学资料从不同物种的考古学特征分析跨湖桥古人的经济活动内容。

1. 水稻

目前植物考古学已经提供了非常全面的跨湖桥古水稻种群分析数据，包括植硅石形态、稻米形态、小穗轴形态。郑云飞指出稻米测量数据表明该种群个体分异度较野生种群明显增大，而且秕谷率和不饱满粒型比例相当高，这在现代栽培稻中是不常见的，这些暗示了跨湖桥水稻处于从野生走向栽培化的过程当中[①]。刘莉[②]等人也通过对中韩两国 12 处古水稻种群的比较研究，提出跨湖桥古稻尺寸并不比一些晚于距今 6000 年的驯化稻种小，将其判为野生稻[③]并不公允。因此从粒型分析基本可以认为跨湖桥先民已开始以某种方式介入干预水稻植株的生长。

种子的固着力是判断一年生草籽是否驯化的重要标准，水稻基盘部离层粗糙的小穗轴正是驯化型的表现，反之离层光滑的小穗轴为野生型。在对近东农业起源的研究中，植物考古学家发现野生种群中包含比例很小的粗糙型穗轴，比如野大麦这一比例为 10% 左右[④]。在受到人类控制的种群中，粗糙型会随着人类选择的强化比例增大，如果我们在考古样品中能看到这样的比例变化，那么就能确定该种群已受到人类的强化选择。郑云飞等人[⑤]曾报道跨湖桥水稻小穗轴组合中含41.7% 的粗糙型和 58.3% 的光滑型，驯化型穗轴显著的高比例说明该种群已开始逐渐丧失自然落粒性，因此是受到人类选择压力的。此外，植硅石形态分析也表

① 郑云飞、蒋乐平、郑建明：《浙江跨湖桥遗址的古稻遗存研究》，《中国水稻科学》2004 年第 2 期（总 18 期），119—124 页。

② Liu, L., Lee, G.—A., Jiang, L. & Zhang, J. 2007. *Evidence for the early beginning (c. 9000 cal. BP) of rice domestication in China : a response.* The Holocene 17: 1059—1068.

③ Fuller, D. Q., Harvey, E. & Qin, L. 2007. *Presumed domestication? Evidence for wild rice cultivation and domestication in the fifth millennium BC of the Lower Yangtze region.* Antiquity 81: 316—331. Fuller, D. Q. & Qin, L. 2008a. Immature rice and its archaeobotanical recognition: a reply to Pan. Antiquity 82: Project Gallery available on website. (http://www.antiquity.ac.uk/ProjGall/fuller2/index.html)

④ Kislev, M. 1989. *Pre—domesticated cereals in the pre—pottery Neolithic A period. In People and Culture in Change (ed I. Hershkovitz).* British Archaeological Reports, International Series 508 (i). Oxford: British Archaeological Reports, pp. 147—151.

⑤ 郑云飞、孙国平、陈旭高：《7000 年前考古遗址出土稻谷的小穗轴特征》，《科学通报》第 52 郑第 9 期，1037—1041 页。

明其接近来自现代栽培粳稻的硅酸体。综上所述，我们可以确定跨湖桥水稻已处于人类的管理之下，而且这标志着长江下游水稻驯化的历史早至距今 8000 年是确凿的。

目前人类驯化水稻的一系列行为还缺乏实验考古方面的研究，我们试依泰国东北部班清（Ban Chiang）地区的民族学材料[①]来推想跨湖桥先民栽培水稻的过程。案例显示，土著栽培水稻可以不需要强化的劳力投入，包括灌溉、施肥和劳动量较强的整地，因为一年一度的泛滥形成了独特的水循环模式，它维持着生物量长期平衡以及有利于水稻生长的营养周期，由季节性降雨所带来的年度泛滥是环境背景中最重要的因素，一年生栽培水稻正是对年度泛滥长期适应的进化结果。这样，人们就可以以最小的劳力投入维护永久性稻田，从而实现水稻栽培的可持续性，并不断强化人工选择压力。跨湖桥遗址地处亚热带季风气候区，每年6—8 月间密集的降水可以造成洪水泛滥，这种情形与班清地区的降水模式和气候特征有许多相似性，所以人类利用年度泛滥在水位变化明显的地带栽培水稻是一种合理的假设。

2. 栎实

壳斗科坚果是全球史前遗址普遍发现的重要资源，特别是在还未将草籽作为主 食资源的遗址中，比如食用橡子的证据在中晚古典期的北美土著中就很普遍，在近东拉文特的旧石器末期、中国的新石器时代早中期、日本绳纹时代，它都是很重要的食物。根据民族学材料可知，人类并不是完全被动地采集橡子，在很多情况下会有计划有控制地焚烧橡树林、预测并规划收获时间表以保证好收成。当然，这些人工有意的管理并不像对水稻那样会导致目标物种（即坚果）表现型变化，所以人工操纵的证据要从别处寻找。我们认为跨湖桥材料中所体现的焚烧与储藏行为可能印证了人与壳斗科植物长期密切的互动关系。

虽然壳斗科坚果是一种丰富且富含营养的果实，但将其作为主食资源具有一些不利因素。首先，其收成的大小年差异极大，气候波动、基因控制都会引起产量浮动，这增加了其收获量的不可预测性，减少了可依赖性[②]。在这种情况下，可以想象跨湖桥出土的大量橡实坑储遗迹说明当时人花了大力气去强化橡子利

　　① White, J. C. 1995. *Modeling the development of early rice agriculture : ethnoecological perspectives from Northeast Thailand.* Asian Perspectives 34（1）：37—68.

　　② Nixon, C. M. , McClain, M. W. & Donohoe, R. W. 1975. *Effects of hunting and mast crops on a squir-rel population. Journal of Wildlife Management* 39：1—25

用。最可能的手段就是焚烧。壳斗科果树耐火喜光，所以火会特别有利于其生长。而被火势打开的林缘地带会比树林中部区域提供更多果实。目前，微小炭屑数量在文化期以十倍计的突然增长可以作为跨湖桥先民焚烧行为的一种证据，我们倾向于把橡子的丰富性跟这一指示物变化联系起来，推测人们可能为了保证橡实收获而实施一种经常性的焚烧策略。

其次，人类收获橡实并不是一件容易的事。加德纳[①]曾经总结道，人们必须等秋天橡子一成熟就采收，不然果实会被鹿、松鼠、野猪等动物吃掉，并需要把精力集中在某几棵最高产的树上以节约搜索时间。同时，单棵产量可以通过使树冠受到更多光照来提高。人们很有可能通过降低树林密度（即减少一片树林的总棵数）来突出最高产的树，扩大单棵产量。因此我们认为跨湖桥孢粉分析所显示的与人类居住同步的坚果树种减少并不一定意味着人类实际可利用的坚果数量减少，或者人类情愿牺牲这一重要主食资源的来源，以尚不稳定的刀耕火种式的水稻栽培来取代它。实际上，这可能恰恰暗示了先民可能通过降低橡树林密度来控制单棵产量，以便在收获中更加高效。

最后，壳斗科果实的长期保存对储藏条件要求较高，其保鲜效果与环境温湿度有密切关系。以板栗为例，适宜的温度在 5—10℃，低于 0℃的低温会冻伤果肉。湿度低果实易干瘪，湿度高则易霉烂变质。此外，贮藏过程中还需注意保持通气，以免造成坚果无氧呼吸，产生有毒的乙醛物质[②]。即使精心储藏，果实的可食用期也是有限的。坚果自 9—10 月间收获贮藏，一个多月内新鲜细腻，口感最佳。自 11 月中旬到 1 月上旬的贮藏中期，含糖量因风干而逐渐升高，甜度增加、果肉稍硬，可食性最好。1 月底 2 月初，种实开始萌动，果皮皱缩变脆，果肉干硬萎缩，有些出现石灰化现象，但仍有近三成果实可供食用。因此，储藏坚果首先要进行干燥处理，降低含水量。储藏过程中最重要的是控制温湿度，跨湖桥的橡子坑经过精心处理，一部分坑口架设"井"字形木构，交叉叠压，坑内有木桩支撑，有的坑底铺垫木板、木条，另有一些铺有一层沙。今天北京燕山栗区贮藏板栗多用沙藏保湿，贮藏在低温窖中，或在阴凉处储藏。可见跨湖桥先民显

---

① Gardner, P. S. 1997. *The ecological structure and behavioral implications of mast exploitation strategies.* *ln People, Plants, and Landscapes: Studies in Paleoethnobotany (ed. K. J. Gremillion)*. Tuscaloosa, Alabama: The University of Alabama Press, pp. 161—178.

② 秦岭，董清华，王有年：《板栗贮藏期间几种生理生化指标的变化》，《北京农学院学报》1995 年第 1 期。

然已经掌握了储藏坚果的要诀，而这是需要经过反复实践、充分了解其生物特征后才能总结出的规律。

3. 芡实与菱角

芡实与菱角是浅水区典型的浮叶根生植物。芡实高产且易储藏，一个果实内含 160—200 颗种子，但由于果实多刺，加工起来比较费力。菱角正好相反，加工并不麻烦，但不如芡实易储藏。此外，这两种植物的茎与叶也可作为蔬菜食用。

虽然这两种果实在中国南方新石器遗址中常见，但对其管理或驯化进行鲜有研究。裴安平曾经推测菱角在湖南八十垱先民的食谱中占有重要地位，并可能已被种植①，布鲁斯·史密斯与他的想法不谋而合，他提出这两个物种可能是中国南方史前文化"独特农业方式中的驯化种"②，但是他们都未提供可观察或可供检验的证据。我们认为，由于芡实和菱角在中国南方植物考古记录中的特殊地位——其大量出现以及与驯化水稻的反复共生，它们受人类干预的可能性不能被排除。

人类不仅增加植物的产量，同时也在改变其生长环境，在某种特定环境中，当一个物种受到干扰，其他物种不受干扰的可能性是很小的。有利于水稻驯化的年度泛滥也正是芡实和菱角生长所必需的条件，它们需要季节性水位变化来充分延伸其茎干以将叶片送到水面接受阳光，否则其不能正常开花结果。因此它们的生长环境正好与水稻相毗邻，水稻更靠向陆地一些。人类管理湿地的知识与水稻栽培的经验有重合的部分，既然水稻已经被明确是受到人类干预和选择的，那么有什么必要先验性地假设其他水生植物完全没有受到类似的干预呢？我们认为不能孤立地看待水稻栽培，实际上在跨湖桥的生态系统中它应该只是人类管理和利用湿地资源的组成部分之一，其他水生植物，如芡实和菱角也应该是同时受到干预的。收获这两种植物需要人进入植株茂密的水域，这已经包含了对生长环境的适度干扰，这种干扰会促进生物量增加。

4. 鹿

鹿在所有哺乳动物中的比较例约占 30%—40%。前文中已提及的本地烧除不仅促进橡实产量，也可能影响到鹿的丰富程度。民族学研究表明，在刚经过烧除

---

① 湖南省文物考古研究所：《彭头山与八十垱》，文物出版社 2006 年版。
② Smith, B. D. 1998. *The Emergence of Agriculture.* New York：W. H. Freeman.

的灌木植被区，鹿的数量、体型和健康状况都会有明显改善①。人类频繁扰动的林缘地带也是鹿的生存环境，它们的主食——树的枝叶和坚果——主要来自于此。此外，烧除还有助于缩短狩猎的搜寻时间，因为人能够更容易地发现和瞄准猎物。

以上我们尝试性地对明显反映被人类干预生命周期的物种进行了分析，但跨湖桥出土的动植物物种远不止这些，植物遗存中包括的桃、杏、梅等都是与壳斗科果树具有相似人类生态意义的林缘树种，豆类、葫芦、藜则是适应于人类扰动的典型杂草种，宁绍平原上与沼泽环境频繁共生的南酸枣在跨湖桥的大量出土更是耐人寻味，动物遗存中的圣水牛、小型哺乳类、水禽、鱼类、贝类等都暗示着一种内涵十分丰富的经济策略。今后的研究需要更加深入和充分地挖掘这方面的信息，然后方能真正地把环境、人的行为模式和实物材料镶拼成一幅立体图景。

三、探讨

我们以上的分析是在人类生态探索方面迈出的第一步，一定包含了许多不成熟的甚至可能是不正确的推论，但是我们相信这一思考方向与国际考古学界的潮流是一致的。20 世纪 90 年代以来，随着考古信息量急速增加呈现出文化的复杂性与多样性，考古学家意识到目前对农业起源过程的了解比我们过去所自信的要有限得多，对"如何"问题的大幅认知空白显然大大阻碍了探寻"为何"——即动力机制的努力。因此，这时对基本概念的反思倾向于不再围绕动力机制多加争论和纠缠，转而更关注研究案例的过程和细节，并且对过程考古学时代的探讨和经典成就有所反思，如广谱革命②（BSR）、定居（sedentism）、农业、新石器的标志以及概念本身在全球范围内的适用性等等。

这种变化发端于考古学和民族学对超越传统模式案例的自我省识。首先，考古学在多年实践和探讨中发现越来越多形态各异的"似农非农"经济，引发了一个干扰研究者有效沟通和现实操作的根本问题，即如何界定一个人群是农业者还是狩猎采集者，而且这一界线随着研究的深入反而越显模糊。目前绝大多数植物

---

① Lewis, H. T. & Bean, L. J. 1973. *Patterns of Indian Burning in California : Ecology and Ethnohistory.* Ramona, California: Ballena Press.

② Weiss, E., Wetterstrom, W., Nadel, D. & Bar—Yosef, O. 2004. *The broad spectrum revisited : evidence from plant remains. Proceedings of the National Academy of Sciences of the United States of America* 101 (26): 9551—9555.

考古学者都主张农业的发生是一个过程，并避免用某一事件来定义农业的发生。

其次，民族学提供了大量此类经济形态的实证，比较突出的是北美西北海岸的研究①，又如对日本北海道土著阿伊努人的重新认识②等。"农业生态"（agri—ecology）的概念（而非"农业"本身）得到了更加广泛的确认。有些学者呼吁拒绝欧洲中心的观点，撇清过去殖民主义和学术教条对今天学术语境所投射的负面影响③。同时，研究者通过民族学和考古学资料的相互对照意识到，以一年生作物为主的农业系统来定义"农业"的习惯语义受到植物遗存保留情况的制约，像根茎类作物、叶与多肉类果实相比一年生草籽显然更难保存，也就很少在考古发现的植物组合中有所体现，这有可能造成考古记录存在偏差，继而导致我们认识偏差④。

布鲁斯·史密斯提出以新术语"低水平食物生产"（low—level food production）来宽泛地指称这类似农非农的经济状态，弱化对社会经济形式"贴标签"的陈规，突出人类干涉动植物种生命周期的行为的多样性与复杂性⑤。由于该词与学界习用已久但鲜有共识的众多术语没有太多联系，因而得到较广的赞同和使用。这一更新的语境需要我们去探究人类管理和改善其环境的多种广泛而持续的方法，对人类行为的侧重可能揭去围绕在驯化周围的最后一层神秘面纱。在近年的研究中，这一概念被表述为"人类生态位构建"⑥（human niche construc-

---

① Deur, D. & Turner, N. J. 2005. *Keeping It Living: Traditions of Plant Use and Cultivation on the Northwest Coast of North America.* Seattle, Washington: University of Washington Press.

② Crawford, G. W. 2008. *The Jomon in early agriculture discourse: issues arising from Matsui, Kanehara and Pearson. World Archaeology* 40 (4): 445—465.

③ Deur, D. & Turner, N. J. 2005. *Introduction: reconstructing indigenous resource management, reconstructing the history of an idea. In Keeping It Living: Traditions of Plant Use and Cultivation on the Northwest Coast of North America* (eds D. Deur & N. J. Turner). Seattle, Washington: University of Washington Press, pp. 3—34.

④ Harris, D. R. 2007. *Agriculture, cultivation and domestication: exploring the conceptual framework of early food production. In Rethinking Agriculture: Archaeological and Ethnoarchaeological Perspectives* (eds T. Denham, J. Iriarte & L. Vrydaghs). Walnut Creek, California: Left Coast Press, pp. 16—35.

⑤ Smith, B. D. 2001a. *Low—level food production.* Journal of Archaeological Research 9 (1): 1—43.

⑥ Smith, B. D. 2007a. *Niche construction and the behavioral context of plant and animal domestication. Evolutionary Anthropology* 16: 188—199.

tion)、"人类生态系统工程"①（human ecosystem engineering）、"人因诱使环境变化"②（anthropogenesis）。

这种人因诱使环境变化的思想不仅对农业起源研究是一种革命性的启示，而且其以人类行为模式为中心的阐释框架对任何时空内人与环境关系的探讨都有着极大的优势和前景。反观跨湖桥遗址，它的经济形态正与"似农非农"的情况相符，在年代上，上接目前发现最早的距今10000—8000年的水稻遗存，下接后来河姆渡、马家浜直到良渚等诸古文化食物生产强化的历史轨迹，目前长江下游这一年代的遗址尚仅此一处，所以跨湖桥在农业起源研究中的重要性不言而喻。

人类生态学思维正在越来越深地渗透到考古学研究当中，从一些国际性的植物考古与环境考古刊物③近年发表的研究成果来看，考古学家活跃地寻找证据，积极论证史前人类对环境的影响。我们呼吁今后对跨湖桥遗址的研究也要多借鉴这种思路，这样研究之路才能越走越宽，把更多学科的方法和经验结合进来丰富并深化我们对这一史前文化的认识。

---

① Smith, E. A. & Wishnie, M. 2000. *Conservation and subsistence in small—scale societies.* Annual Review of Anthropology 29：493—524.

② Crawford, G. W. 1997. *Anthropogenesis in prehistoric northeastern Japan. In People , Plants , and Landscapes : Studies in Paleoethnobotany* （ed. K. J. Gremillion）. Tuscaloosa, Alabama：University of Alabama Press, pp. 86—103.

③ 如 Environmental Archaeology, Vegetation History and Archaeobotany。

跨湖桥文化与嵊州小黄山和浦江上山
文化内涵和文化时代的研讨

张之恒（南京大学历史系）

一、跨湖桥文化的内涵

　　跨湖桥文化的陶器烧制水平明显早于新石器时代早期，这里出土的陶器已出现泥条盘筑，烧制的火候也早于新石器时代早期，陶器的纹饰除绳纹外，还出现了压印、刻划、剔刺、镂孔等多种纹饰，并出现了不同纹饰施于同一器皿的组合纹饰。陶器的器形除敛口器、平底器外，还出现圈足器，和嵊州小黄山相比，其文化时代相当。长江下游的新石器时代早期，陶器从纹饰到制作都早于嵊州小黄山和浦江上山的文化，也不属于新石器时代早期，而应属于新石器时代中期前一阶段。

二、跨湖桥文化的具体年代

　　跨湖桥文化的陶器已出现镂孔、彩绘的圈足器，石器已通体磨光。碳14数据为距今7618±212年，7282±135年、7069±120年。

　　从跨湖桥文化的具体文化内涵和绝对年代看，大体和嵊州小黄山及浦江上山的文化时代相当。

　　嵊州小黄山第三阶段的两个碳14数据并经树轮校正为公元前6020年至5985年，这和跨湖桥文化的年代，也大体上是相当的。浦江上山的发掘简讯只是笼统将早期遗存为距今11000—9000年，这一年代和其他的文化遗存的文化面貌明显不符，无疑其年代偏老。

三、关于陶器确定文化时代（简称断代）

　　1. 旧石器时代的断代标准，主要是依靠打制石器的演变。

　　2. 新石器时代产生了陶器及磨制石器。磨制石器的变化和陶器相比，陶器的变化较快，故陶器的变化作为确定文化时代则比较好。浙江嵊州小黄山和浦江上山的陶器均已出现圈足器，这表明其文化时代已进入新石器时代中期前一阶段，而不属于新石器时代早期。有的研究认为，上述两遗址已进入新石器时代早期，这一观点是不正确的。跨湖桥文化也属于这一情况。关于碳 14 年代数据也支持上述观点（当然碳 14 年代也有一定的误差）。

跨湖桥遗址建筑遗迹分析

宋烜（浙江省社会科学院）

　　浙江萧山跨湖桥遗址，位于钱塘江以南、萧绍平原西侧，这里原是浦阳江与钱塘江交汇处，依山临水，周围是两江冲击形成的广阔平原，非常适合原始时期的先人居住①。经过 1990 年以来的几度考古发掘，跨湖桥遗址发现了浙江境内迄今所知年代最早的新石器时代遗存，北京大学文博学院实验室对遗址中的 5 个地层的 6 个木质材料标本进行碳 14 测定，其树轮校正年代为距今 8000—7000 年间。这一发现引起了学术界的重视。2001 年，跨湖桥遗址被列入了当年中国十大考古新发现之一。

　　跨湖桥遗址前后共进行了三次考古发掘。1990 年的首次考古发掘，出土了器物一百余件，包括彩陶片、交叉人纹陶片等，还发现建筑遗迹、灰坑等。2001 年进行第二次发掘。出土了大量的陶器、木器、石器及栽培稻等遗物。2002 年进行第三次发掘，发现了距今 8000 年左右的独木舟及相关泊舟木构遗迹。

　　值得引起注意的是，1990 年和 2003 年的两次发掘中，都发现了一些木结构的建筑遗迹，前者主要是房屋遗址，后者可能是泊船的构筑物。这些发现可能是目前所知江南地区最早的木结构建筑遗迹，值得做进一步的分析研究，笔者对此不揣浅薄，拟就相关问题陈述一些浅见，请教于方家。

　　根据浙江省文物考古研究所《萧山跨湖桥新石器时代遗址发掘》、浙江省文物考古研究所、萧山博物馆编著的《跨湖桥》② 所示，1990 年第一次发掘，"发现有灰坑、房址、墓葬、灰沟、柱洞及一些特殊建筑遗迹"，其中该书提到的属于木构建筑遗迹的有：F4（T202 的柱坑、T203 柱洞）、建筑 B、F2、F1、建筑 C、建筑 A、以及 H17、H7 等，03 年 12 月至 04 年 1 月发掘的下孙遗址，也发现

---

　　① 《管子·立国》说："凡立国都，非于大山之下，必于广川之上。高毋近旱而水用足。下毋近水而沟防省。"这虽然是先秦时期学者的看法，但浙江省内的新石器时代遗址多数有此规律。包括跨湖桥遗址在内的众多早期遗址多选择在依山傍水的小岗埠上。近水则取水、出行、渔罟方便；傍山则利于狩猎、采集。位居岗埠之上，可以避洪灾，也可以获得一个相对干爽的小环境。

　　② 以下本文引用该书简称《跨湖桥》。

了一些柱洞等木构建筑遗迹。现就遗迹情况保存比较清楚的几处建筑遗址做一些分析：

一、F4 遗迹的分析

F4 是跨湖桥遗址位于第⑦层的遗迹。从 F4 的平面来看，西南角"L"形布置的柱网与墙体保存比较完整：

"残存墙体高约 33—40 厘米，宽约 35 厘米。墙体土色灰白，质地纯净紧密，墙体中间以约 30 厘米间距埋设木桩，木桩皆经过加工，横截面呈半圆形、三角形、长方形，木桩的底部有明显的砍削痕迹。木桩残长 13—64 厘米不等。F4 室内残存红烧土一处"……①。

从图纸看，柱子（或木桩）排列比较整齐，各柱子之间相隔距离比较紧凑，柱子埋筑在墙体中间，说明墙柱是一体的。位于"室内"位置的红烧土与墙柱遗迹处在同一平面上，说明这个房屋遗迹并不是架空的，可能不是河姆渡遗址第四期所显示的干栏式建筑形式。

此处"L"形布置的墙体柱网，与北侧 T202 的柱洞、东北侧 T204 的柱洞，形成了一处阔约 820 厘米、进深约 580 厘米，略呈横长方形布置的房屋基址，而房屋内零星的、比较小型的柱洞遗迹可能是原来室内支顶柱子的痕迹。房屋的入口大门可能设在西侧中段，因为这部分地面留有红烧土及碎石堆积，从图纸看，红烧土及碎石堆积已经侵入西侧柱网的中线，由此判断，这里可能是该建筑的出入口或大门位置。这些碎石地面可能是原来大门外侧地坪的铺地做法②。

比较有疑问的是，西南角"L"形布置的柱网、墙体，与北侧、东北侧的两排柱洞、木桩遗迹有一个比较大的反差，即前者是柱墙一体，柱子埋筑于墙体中间，而后者只有柱子，未见墙体，这种反差是当时建造房屋时就存在的？还是后来房屋使用过程中墙体逐渐坍塌、消失的结果？我们判断，墙柱与裸柱等在用材上、柱间距上的大小不同，可能是后期房屋使用过程中修缮造成的现象。这种"土色灰白，质地纯净紧密"的墙体在当时可能是一种技术含量比较高的建筑产品，使用并不普及，所以在后期修缮中并没有在整座建筑中都采用。

F4 建筑显示的特点有：

---

① 《跨湖桥》第三章，第 25 页。
② 《跨湖桥》第八章"总论"认为"跨湖桥遗址还开始用卵石铺设村落道路"。

1）柱子排列紧密。柱子间距比较小，多在约30厘米左右；这种以排柱形式支撑屋面的做法与该遗址建筑C有明显的不同，可能是该建筑开间进深都比较大的原因？而房屋内零星的、比较小型的支顶柱子痕迹也说明还有多排或较多的支柱，由此该建筑的柱网也形成了初步的双槽形式。

2）墙柱一体做法。墙柱一体及柱子直立的做法说明是由墙体和排柱承托屋面结构，由此，其内部的支柱与可能存在的中柱形成支撑屋面的比较复杂的结构体系。墙体厚度在35厘米以上，结构比较稳定。

3）建筑呈横长方形布置，面阔、进深间距较大（580X820厘米）；这种直柱及支撑屋面大斜梁的结构、其屋面可能表现为四阿形式？

4）建筑不架空。室内地坪用红烧土作为铺地形式，红烧土与柱洞处于同一平面，说明原来的房屋是地面建筑，不做架空处理，不是所谓的"干栏式"建筑。

5）部分室外地坪采用碎石（或卵石）铺筑。这可能是迄今所知最早的砂石路面遗存实例，虽然江苏吴江龙南新石器时代遗址也有类似遗存，但跨湖桥遗址显然要更早一些，年代更为遥远。

6）柱子下部经砍削、地面挖圆形柱洞，不用垫板，柱坑用黑色填土。柱子下部经砍削、柱坑用填土，说明当时立柱的概念还不明显，还是比较原始的桩柱意识。

二、建筑 B 的分析

开口于跨湖桥遗址第②层的遗迹，叠压第⑦层。这处"建筑"主要显示的是可能经过处理的土台，很少或没有柱子痕迹。"整体为一处多层次堆积的黄土台……堆积共分19个小层，除第一层外，每一层均有一个浅坑结构的烧土面"[①]。

由此判断，这个所谓的"建筑"，可能是一个露天的活动场所，或者是几座房屋之前的露天的活动场所，类似于后来的天井或小广场。这种露天的活动场所，地面需要做一些防泥泞处理，如"灰白色薄土面"等等。由于原始人的房屋在当时还是相当简陋、低矮，且由于生产力低下，可能房屋数量不多，故其主要的活动空间可能还是在室外，开阔的、经过地面处理的小广场可能是当时人们主

---

① 《跨湖桥》第三章，第28页。

要的活动场所。所以每个这样的活动小广场"均有一个浅坑结构的烧土面"，还有一些遗弃的"鹿角"等。

三、建筑 C 的分析

位于跨湖桥遗址"②层下"的遗迹。"建筑 C……整体呈长方形，南北向。基面为黄色斑土。质地较为坚硬。……此范围发现柱痕或柱坑编号 8 个，填土均为黑色黏土。……建筑范围内发现烧土面三处，厚约 3—4 厘米，质地坚硬。"①

从图纸看，建筑 C 是一座界限比较清晰的建筑遗迹，四角四个大柱坑，中间四个较小些的柱洞。平面长宽约 300 厘米×500 厘米，其中北端边长略收窄些，南端边长略放大一些。

建筑内有两块烧土面，说明该建筑非架空结构。

建筑的南北端室外各有烧土面，说明该建筑可能是南北通透的结构，由此判断，该房屋可能是一个纵长方形平面、两坡顶形式的建筑，中间的小柱子起支顶脊檩的作用。

由于建筑的南端开口略放大一些，显示其可能是建筑的主入口位置。

该建筑的东、南侧，有较大一片碎石铺地；西侧也有相同做法的较小碎石铺地，"碎石面直接叠压硬接面上"，这种在硬基面上铺洒小石子的做法，可能是原始人类应对泥泞道路的最简便的处理方法，相当于对室外道路的最初步改造，可以视之为砂石道路的先例。类似的做法在周边的新石器时代遗址中也能看到，如江苏吴江的龙南遗址也有类似的碎石道路遗存②，说明在当时相似的环境下，原始人改造环境的类似做法。

建筑 C 显示的特点有：

1）建筑的四角用大柱子，形成主要的屋面构架用材；可能该柱子直接作为大斜梁支撑脊檩，形成两坡顶屋面形式。

2）建筑呈纵长方形布置，可能南北通透。

3）南面开口较大，成为主入口。

4）建筑不架空。室内地坪用红烧土作为铺地形式。

5）部分室外路面采用碎石（或卵石）铺筑。

---

① 《跨湖桥》第三章，第 33 页。
② 《江苏龙南新石器时代村落遗址第一、第二次发掘简报》，见《考古学报》1998 年第 7 期。

四、建筑 A 的分析

位于跨湖桥遗址"①层下"的遗迹。"遗迹的平面形状近似正方形,长约 5.7 米,宽约 4.7 米……遗迹西北部有一块隆起的椭圆形灰白色烧结面(底部凹),东西长约 180 厘米,隆起程度约高过周边红土面 14 厘米。周围还发现若干鹅卵石块。……周边铺垫红土,分布于徐西北部外的整个遗迹范围……。"[①] 根据上述描述,结合图纸判断,这个所谓的"建筑",可能与建筑 B 一样,也是一个露天的活动场所。西侧的烧结面比较大,底部比较下凹,应该是火坑的位置。原来也可能是原始人聚会时燃烧篝火的场所?火坑东南侧的编织残片可能是当时人用来休息时"席地而坐"的,从图纸看,小广场周围有许多的较大的卵石,也可以作为圆形的坐凳,由此,一个比较完善的室外活动场所的基本要素已经具备?这种经过地面处理的室外场地,有用作炊煮用的露天简易灶头、同时也可兼作篝火燃烧场所,篝火周围还有铺垫的编织物可以席地而坐,场地外缘还用大块卵石作为坐凳、边界,这种营造空间,确实也是原始人较多采取的一种比较简单的建筑方式。

五、H17 和 H7 的分析

开口于跨湖桥遗址"⑥层下"的遗迹。据《跨湖桥》第三章第 23 页有较详细的描述:

"平面略近正方形,袋底,底略平。坑口边长约 65 厘米,底部边长约 70 厘米,深 50 厘米。坑口架设'井'字形木构。木构分两层,交叉叠压,木材长约 70 厘米,横截面为圆形、半圆形、长方形三类。形成的井字形框边长约 30 厘米。"

这个看似结构比较严谨的井字形框架,主要采取简单的搭接,数根长木条上下叠压,组成至少上下两层井字形布局,但似乎没有发现捆扎痕迹,也没有榫卯迹象。纵观跨湖桥遗址出土的木构件,很少做出榫卯形制。而年代较之稍晚的浙江余姚河姆渡遗址,其木构件的榫卯结构已经比较发达,阴阳榫、子母榫等都有出现。由此也体现了两处新石器时代早期遗址在木结构处理技术方面所存在的比较明显的差距。

[①] 《跨湖桥》第三章,第 39 页。

H7 位于建筑 C 的西侧，结构与 H17 有点相似，由井字形木构框架与外侧的木板组合成"灰坑"的顶面。由于已经塌陷，木框架的构造形状可能与原状改变较多。但同样，仅采取简单的搭接，没有发现捆扎痕迹，也没有做出榫卯结构等。一般判断，这些布局比较复杂的木框架，原来应该有一些简单的捆扎，否则不容易加以固定；可能这些简单的捆扎痕迹由于年代久远已经消失？

六、独木舟遗迹

独木舟周围有柱桩、木构遗迹，与独木舟形成了一个泊舟、驻舟、上下舟作用的码头形式。据《跨湖桥》第三章第 42 页描述："沿独木舟的周围，有规律地分布着木桩和柱洞。东南侧舷有 10 个木桩，紧挨舟体"，这排位于独木舟东南翼的连续排桩 Z1—Z10 可能原来主要作为岸边挡土功能，其南侧有编号为 2、5、6、8、7、12 等木构件可能是原来独木舟的"码头"遗迹，其中编号为 2、5、6、8 的木构件较大，与独木舟与河岸线平行摆放，编号为 7、12 的木构件摆放在上面，与前者直角相交，说明由这些木构件组成的"码头"可能不是完全的架空结构，2、5、6、8 长木条可能仅仅作为泥泞河岸边的铺垫物，没有深入河面的架空作用。大家知道，如果做成架空的"码头"结构，其与河岸直角相交的木条 7、12 或 4 等作为龙骨作用应该位于框架层的下面，与河岸平行的长木条 2、5、6、8 铺筑在其上面。由此也要求各木构件之间要有比较好的榫卯连接技术，仅仅依靠干摆、简单的捆扎可能不能保证"架空码头"的牢固，因此，现状的铺筑方法显然是受制于木结构技术方面的原因。

从报告看，独木舟周围众多的木构件没有明显的榫卯结构，可能原来在沿岸排桩与面层木构之间可能会有一些捆扎，但现在没有显示这方面的遗迹。更多的木构件采用干摆、叠压等方法。

七、下孙遗址

下孙遗址虽然有一些柱洞等建筑遗迹，但由于后期扰动过大，遗址的建筑面貌并不清楚。《跨湖桥》作者认为，由于"遗址遭到海水冲击……除灰坑、柱洞等属原生遗迹外，红烧土、石块分布可能受过一定冲击，需要分析对待"①。实际上受到冲击的也包括柱洞等遗迹，下孙遗址的许多小型灰坑看起来更像是柱

---

① 《跨湖桥》第七章，第 283 页。

洞，可能由于海水的冲击，使柱洞变大、并拌入了其他堆积，使之面目大变。《跨湖桥》图版三八"H28"显示（柱）洞内还有垫块存在，说明有些柱洞在柱底用垫板、垫块？还是后期混入的？有些灰坑组合更像是排柱遗迹，如 H24、H34、H32、H28、H31、H20 与 H38、H30、H33 等两排灰坑很可能是柱洞痕迹，这些可能是柱洞、密集的多排桩布置形式显示，原来的建筑形式可能是架空的干栏式结构？

八、综述

综合上述对跨湖桥遗址上述建筑遗迹的陈述、分析，得出下面一些看法：

（一）房屋基本为地面建筑，不做架空处理

除了不太清楚的下孙遗址以外[①]，从跨湖桥遗址的 F4、建筑 C 的遗迹看，红烧土遗迹与柱洞遗迹处于同一个平面上，说明建筑不是架空形式。这种建造方式与河姆渡遗址有明显不同。据刘军、姚钟源所著《河姆渡》所述，架空的干栏式建筑在河姆渡遗址中出现最早，属于第四层地层的遗迹，这些可能是架空的建筑遗址内没有发现红烧土等居住面痕迹。而柱洞与红烧土结合出现的非架空建筑在遗址最晚的第一地层才出现，由此，《河姆渡》作者认为"以形同坩埚为柱础的房屋建筑是河姆渡遗址最晚一期建筑，系地面建筑"[②]。实际上跨湖桥遗址的测定年代比河姆渡遗址整体要早一些，河姆渡文化在距今 7000—6000 年之间，而跨湖桥遗址在距今 8000—7000 年之间。从周围的新石器时代遗址看，表现出来的建筑形制各不相同。距今 5000 年左右的吴兴钱山漾遗址第四层[③]、江苏常州圩墩遗址[④]等，都有架空建筑的迹象。而距今 5000 年左右的嘉兴马家浜遗址上层文化层，发现有居住面（黄绿色硬土面）与柱洞遗迹出现在同一个平面上[⑤]，说明

---

　　① 下孙遗址排桩式的"灰坑"可能原来是柱洞，这种密集的排桩式的柱洞布置形式，与河姆渡遗址第四层的排桩布局具有相似性，很可能是架空结构的遗迹，即原来可能是木构的干栏式建筑。但由于下孙遗址的次生现象比较突出，遗址状况不能较准确地反映原状情况，需要进一步求证。

　　② 刘军、姚仲源：《河姆渡》第四章，文物出版社 2003 年版，第 328 页。

　　③ 见浙江文管会：《吴兴钱山漾遗址第一、二次发掘报告》，《考古》1960 年第 2 期。

　　④ 《常州圩墩新石器时代遗址发掘简报》中提到在遗址下层"发现有木柱和带木桩的长条形方木"，其中木桩"贯穿第 5 层，插入生土……下端砍成圆锥状"，而"带木桩的长条形方木"更像是干栏式建筑的底架用材，即架空建筑的地面用材，所以下面有木桩（类似永定柱），上面有直棂栏杆卯口。见《考古》1978 年第 4 期。

　　⑤ 姚仲源、梅福根：《浙江嘉兴马家浜新石器时代遗址的发掘》称"在柱洞范围内，还有一层厚约 8 厘米的黄绿色硬土面"，见《考古》1961 年第 7 期。

当时可能是地面建筑；类似的情况还出现在杭州水田畈遗址下文化层①、江苏吴江梅堰遗址②、吴兴邱城遗址等新石器时代遗址③中，这些遗址都存在居住面与柱洞遗迹出现在同一个平面上的情况。距今5200年左右的江苏吴江龙南遗址则发现了许多浅地穴或半地穴式建筑④。由此看来，这些建筑形式的出现或采用并没有大的时序上的先后次序，在江南地区的新石器时代，地面房屋建筑、架空的干栏式房屋建筑、半地穴式房屋建筑在当时可能都曾经存在，而由于环境、技术方面的因素会引导当时的人们采取不同的建筑形式。地势高亢、干燥少雨的环境下，可能会采用半地穴式建筑形式；地势卑湿、木构技术比较成熟的区域，可能会采取干栏式建筑形式，而地面建筑则是相对简单的一种选择。这其中，干栏式建筑无疑是最复杂、技术含量最高的建筑形式之一。

（二）建筑构件基本没有出现榫卯结构

从《跨湖桥》所示，跨湖桥遗址的其他木构生活用具中有多处挖空、类似卯口的工艺，但建筑构件上基本没有采用榫卯迹象，从H7、H17看其井字形框架都是简单的叠压、干摆；可能当时会有捆扎技术，但似乎也没有发现类似遗迹。对照河姆渡遗址，木结构的榫卯技术已经非常成熟，杨鸿勋先生在《河姆渡遗址早期木构工艺考察》⑤一文中列出了许多的榫卯工艺，柱头柱脚榫、梁头榫、带销钉孔的榫、柱头透卯以及企口板、直棂栏杆卯口等等，显然，跨湖桥遗址的木构技术与河姆渡遗址比较有着明显的差距，前者显出相对的原始性，而后者比较成熟、木结构技术程度很高，由此，至少在建筑技术方面来看，河姆渡文化较之跨湖桥文化有着比较明显的先进性，技术与工艺方面更加完善。

---

① 浙江省文物管理委员会：《杭州水田畈遗址发掘报告》，《考古学报》1960年第2期。

② 江苏省文物工作队：《江苏吴江梅堰新石器时代遗址》，《考古》1963年第6期.

③ 梅福根：《吴兴邱城遗址发掘简介》，《考古》1959年第9期。

④ 作为半地穴式建筑或浅地穴式建筑，对环境的要求是比较明显的。在江南地区多雨的大环境下可能并不适宜。首先半地穴建筑的位置选择要相对高亢，否则地势较高区域的雨水、地面水等就会顺势流入，地穴就容易成为池塘效应；其次，屋面的防水性要好，小量的漏水对架空建筑可能影响不大，但对于半地穴式建筑而言，累积的小量漏雨可能成为积水成池的后果。而在原始建筑中屋面材料充其量也就是芦席、干草之类，如江苏吴县草鞋山遗址（《文物资料丛刊》1980年第三期）、吴兴钱三漾遗址等，这种用芦席、干草之类作为屋面材料的房屋，其防水性能是极其有限的。很明显，原始建筑在屋面防水方面是比较欠缺的，江南地区的多雨环境也不支持半地穴建筑的存在，因此，龙南遗址半地穴式建筑形式的遗存可能在当时也是并不具有普遍性。

⑤ 《科技史文集》第五辑，上海科学技术出版社1981年版。

（三）柱子不用垫板

跨湖桥遗址的柱子下部有柱洞、填土，但基本没有垫板、垫块，虽然下孙遗址部分柱洞有垫块痕迹，但也有可能是后来拌入的。河姆渡遗址柱下出现了用垫板、垫块的实例，对照浙江嘉兴马家浜遗址、吴兴钱三漾遗址、邱城遗址和江苏吴江龙南遗址等，其柱洞底部都有木板、陶片等作为柱脚垫块，尤其是江苏吴县草鞋山遗址中的木柱下面往往有两块砍削方正的柱垫板。这种初步的采用柱础的意识也是建筑经验逐步积累的过程，由此也说明跨湖桥遗址在建筑技术方面的初步性，并进一步证明其作为浙江省内最早的新石器时代遗址的独特性。

跨湖桥文化初析

林华东（浙江省社会科学院）

20世纪50年代，何天行先生在萧山湘湖进行考古调查时，曾在湖边山麓地带采集到一些新石器时代的陶片。[①] 到了六七十年代，地处跨湖桥的杭州砖瓦厂的一位厂医陈中缄先生又常在该处捡到若干史前石器和骨器。此后，砖瓦厂取土时，仍陆续有文物发现，可惜均未引起人们的重视。直到1990年5月30日，萧山市文物管理委员会的倪秉章、施加农先生接到热心保护文物的群众报告后，跨湖桥遗址才被文博部门发现，从而打开了这一地下文化宝库的大门！

跨湖桥遗址地处钱塘江南岸，位于萧山区城厢街道湘湖村的湘湖之滨，1990年10月至12月，浙江省文物考古研究所会同萧山文物管理委员会进行了第一期考古发掘，揭露面积330平方米，依其土质土色的不同，依次划分为9个地层，其中的第2至第9层为新石器时代文化堆积，厚约2米，内涵属同一文化类型，但大致可以分为早晚两大发展阶段。[②] 这次发掘清理出建筑遗迹7处和25个灰坑，出土文物主要有陶器和石器，以及少量木器、骨（角）器、木构件、彩绘陶片与古动物、古植物遗存等。

陶器以手制为主，轮制或轮修也有一定比例，质料习见夹炭陶和夹砂陶，其次为粗泥陶和磨光黑陶，夹蚌末陶和红陶数量较少，同时还见有一些彩绘陶片。大部分陶器为黑色，且系分段制作，然后再粘接；有的还在颈部与口沿连接处外侧附加上泥条，形成口沿向外弧突的形式。器型有圜底器、平底器和圈足器，不见三足器。种类主要为釜、罐、豆和圈足盘等，此外还有钵、甑、小罐、支脚、器盖及纺轮等。陶器装饰多施于釜类，其他器物则以素面居多，纹饰有拍印绳纹、刻划、捺印、镂孔、堆纹及彩绘，尤以盘口、卵形腹与尖圜底的釜类和竖向与斜向交叉拍印而成的菱格状绳纹装饰最具特色。彩绘纹样有条纹、曲折纹、十

---

① 何天行：《萧山湖岸发现新石器时代陶片》，《考古通讯》1955年4月。

② 浙江省文物考古研究所：《萧山跨湖桥新石器时代文化遗址》，《浙江省文物考古研究所学刊》，长征出版社1997年版，第6—21页；方向明：《试论跨湖桥遗址》，《东方博物》第2辑，杭州大学出版社1998年版，第46—55页。

字纹或太阳形纹，且常与圈足上的镂孔组成图案装饰。

　　石器较为单一，主要是锛以及少量的磨盘、镞和璜等。木器有锥、镞、杵、器柄和桨形器。骨（角）器主要有耜、锥、匕、哨、针、镞、勾勒器、梭形器和锯形器等。此外，还发现有一些木构件、古动物遗骨或角与牙齿等。

　　经国家海洋局第二海洋研究所碳14实验室进行年代测定，共有四个数据：（1）T302⑨木块（实验室编号：HL91022），距今有7618±242年；（2）H22橡子（HL91001），距今7281±155年；（3）建筑B木桩（HL91026），距今7069±210年（以上三个数据均已超出达曼树轮校正表范围）；（4）T304②木块（HL91023），距今6690±176年，树轮校正年代为距今已有8000—7000年。从上述四个测定年代数据表明，跨湖桥遗址的年代距今已有8000—7000年，是浙江境内年代较早的新石器时代文化遗存。①

　　曾有学者认为类似跨湖桥类型的遗址在浙江境内尚未发现，反而在相距遥远的湖南省石门县皂市遗址下层（距今年代8000—7000年）见有相同的文化因素，这可表明当时已同长江中下游有着文化交往。不过，也有学者将跨湖桥类型与河姆渡文化和马家浜文化及奉化名山后遗址内涵进行对比分析后，怀疑跨湖桥遗址经测定的年代数据早于其实际年代，因为碳14测年误差的因素和环节有很多。②

　　为进一步充实跨湖桥遗址的考古资料，全面探索其文化内涵，2001年10月，浙江省文物考古部门又对跨湖桥遗址进行第二期发掘，取得了许多珍贵资料，并复原了一大批陶器。北京大学考古文博院实验室测定出遗址年代的上限为距今8000年。萧山区人民政府等部门为此还在2002年3月举办了跨湖桥遗址学术研讨会，邀请全国各地有关的考古专家来共同讨论，严文明教授指出：跨湖桥遗址的文化面貌比较复杂，我们要认识它，关键是要建立新的思路，不套老框子。③

　　2002年10月至12月，浙江省文物考古研究所等单位对跨湖桥遗址进行第三期考古发掘，这次发掘再次出土了一批陶器、石器、骨器和木器等，以及发现有灰坑、木桩、篾编织物、植物与动物遗存（骸）等，并对遗址的"湖"相堆积

　　①　浙江省文物考古研究所：《萧山跨湖桥新石器时代文化遗址》，《浙江省文物考古研究所学刊》（1974年），第6—21页。

　　②　王海明：《河姆渡文化渊源思考》，《河姆渡文化研究》，杭州大学出版社1998年版，第133—134页；王海明：《论萧山跨湖桥新石器时代文化遗址》，《东方文物》，浙江大学出版社1999年版，第19—28页。

　　③　蒋乐平：《跨湖桥遗址的思考》，《中国文物报》2002年5月31日，第7版。

有了一定的认识。其中最大的收获是出土了一条独木舟遗骸，此条独木舟呈梭形，其舟体和前端头部基本保存较好，唯舟体后端已残破，残存长度560厘米、残宽53厘米；舟体厚度3—4厘米，船舱深仅存15厘米，距今年代为8000—7000年，堪称为中国最早而又最长的独木舟实物，弥足珍贵。①

2003年11月至2004年1月，浙江省文物考古研究所又会同萧山博物馆（原称萧山市文物管理委员会），对位于跨湖桥遗址东北面约2公里的下孙遗址（也同属湘湖村所辖）进行了发掘，揭露面积550平方米，探明其文化堆积较薄，器物种类也较为简单，同时还发现灰坑60多处以及红烧土遗存与木构建筑遗迹等。值得一提的是，灰坑中多见有炭灰以及一些鱼类、贝壳类残骸堆积，少数还见有稻米或菱角遗存等，灰坑底部有的则垫有苇席类编织物。

下孙遗址出土陶器中的釜、钵、圈足盘、罐等器物群的形态特征与跨湖桥遗址基本相同，石器也同为青灰色沉积岩制成，诸如石"线轮"等特殊器物，则不见于江南其他史前遗址，表明两者文化内涵距今年代相同，但从下孙遗址所见粗朴的陶纺轮与炊器所占比例相当大等特征来看，它与跨湖桥遗址有些许区别。通过这次考古发掘，不仅对其文化内涵加深了认识，而且还对遗址的形成和废弃时间及海侵导致钱塘江河口的地理变迁，提供了重要的实物资料。② 因而，在2004年12月举行的跨湖桥遗址学术研讨会暨《跨湖桥》报告首发式上，有不少专家学者都提出了"跨湖桥文化"的命名，以打破浙江新石器时代以河姆渡文化、马家浜文化为纲领的格局，从而开拓了中国东南沿海地区史前考古的认识视野。③

综观跨湖桥与下孙遗址，以夹砂陶和夹炭陶为主要陶系，此外，还有少量的夹蚌（壳碎末）陶。其显著特点是胎质中都含有炭的成分，且胎色偏黑，非炊器类容器的表面大多见有陶衣装饰，色泽以红为主，其次有灰白、灰黄以及黑色陶衣和彩陶等，尤其是黑色陶衣，均经过打磨光亮，体现出较为成熟的陶艺成就，同时还出土了内外光亮的罐和豆类器物及外红内黑（光亮）的陶豆、陶钵和陶盆等。彩陶多施于罐、圈足盘和豆三种器型之上，有厚、薄之分，厚者色泽以乳白色居多，薄者习见红彩，淡黄或黑彩较少。彩纹有条带纹、波浪纹、环带纹、太

①　徐峰等：《中国第一舟完整再现》，《杭州日报》2002年11月26日，第3版；潘剑凯：《萧山挖掘出世界上最早的船》，《光明日报》2002年12月1日，第2版。

②　蒋乐平、朱倩：《浙江萧山下孙遗址发现早于河姆渡的文化遗存》，《中国文物报》2004年12月3日，第1版。

③　朱倩、蒋乐平记录整理：《聚焦跨湖桥》，《中国文物报》2005年1月7日，第5版。

阳纹、火焰纹、十字纹、垂挂纹、网络纹等等（图一），常见多种纹样组合成图案装饰。而陶器上的拍印纹饰主要为绳纹；有竖绳纹、斜绳纹和交叉绳纹等，多施于釜、甑之类；其次有少量的米粒纹、篮纹、方格纹、菱格纹和刻划纹等，陶容器的器型均较规整、厚薄均匀，表明当时的制陶技术已经成熟，而且慢轮修整技术已经出现。

跨湖桥遗址出土陶器以圜底器最多，约占 79%；圈足器次之，约占 18%；平底器最少，约占 3%。其器型基本可分为釜、罐、钵、盆、盘和豆等六大类，此外，又有少量的器盖、纺轮、线轮、支脚等。

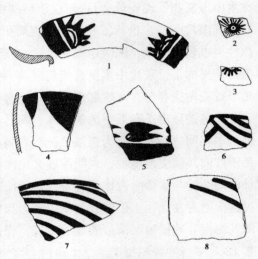

图一　跨湖桥遗址出土的一部分彩陶纹样

釜：出土数量最多，约占陶容器总量的 52.6%，是当时的主要炊器。造型以侈口束颈、折肩、弧腹或扁腹、圜底或尖圜底（图二，1）为主，有的外口沿下附对称的鸡冠状或舌状的錾。少数为敛口或盘口、溜肩、鼓腹或扁腹、圜底等。

罐：数量较少，约占陶容器总量的 16.9%，多为泥质的夹炭陶制成，造型富于变化。以口沿稍外侈、尖圆唇、高颈、折肩深腹、圜底或小平底，肩颈部附一对器耳的罐类较多见（图二，2、5、7）；其次为罐口较小，略呈喇叭状，广肩鼓腹，无器耳者。

此外，又有敛口折肩或束口广肩，肩颈间附器耳，以及侈口高颈、斜折肩下对称设有鸡冠形錾者和直口高颈、折肩扁腹、圜底、颈肩间附半环形器耳等罐类形式。

钵：均为泥质类夹炭陶，出土数量较少，约占陶容器的 4.7%。器表色泽有外红内黑、内外均黑、内外均红三类，尤以外红内黑者最具特色。器型有直腹、口微敞、折圜底（图二，3）和直口直腹、折圜底，以及扁圆腹、束口或折敛口、圜底或平底等造型。

圈足盘和豆：出土数量较多，约占陶容器数量的 20.2%，也属泥质夹炭陶，器表有黑、外红内黑、内外红等色泽。然因多属陶片，完整器较少，故圈足盘和豆颇难以区分，大凡圈足盘的圈足较宽矮（图二，6），而豆把（柄部、圈足部分）较细高（图二，4），圈足盘的造型习见侈口折腹，底置宽而低矮的圈足，上有镂孔或组合装饰；少数为折敛口，浅弧腹。豆的盘部以敞口折腹居多，而豆把则习见上部呈筒状，近底部外撇。

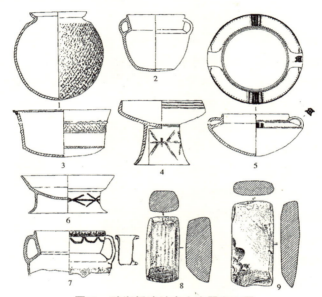

图二 跨湖桥遗址出土陶器和石器

1. 侈口卵形釜 2. 平底双耳罐 3. 侈口折腹钵 4. 折敛口高把豆
5. 直口折肩扁腹双耳罐 6. 敞口大圈足盘 7. 折肩双耳罐
8. 石锛 9. 弧背型石锛

盆：均为泥质夹炭陶，出土数量约占陶容器的 0.6%。一般为敞口，斜弧腹内收，底设矮圈足。也有口微敞，或折腹大圈足的造型。

此外，器盖大多作浅浅的覆盘状，上设杯形或蘑菇形纽。支脚为夹细沙的红褐或灰褐陶，一般均呈上小如半球形，下大底平，中束腰的粗硕而低矮的菇形。也有的则体形较高，上部向内侧倾斜，形成小斜顶的扁方体角状。纺轮大多以陶片打制成圆形，边缘稍加打磨，中钻一孔的形式。线轮呈圆扣状，外缘有凹槽，其中有的线轮出土时槽间还缠绕着纤维质线圈，为他处所未见。

尤应记上一笔的是，遗址中出土有一件残破的绳纹小陶釜（标本 T0411⑧A：25），内盛有一捆经煎煮过的植物茎枝，有可能是中草药，故此釜可能即为一种"中药罐"，这为中草药的起源提供了实物证据。

　　跨湖桥遗址出土的石器，主要有锛（图二，8、9）、斧、凿、镞、锤、磨棒、磨石和璜形饰件，大多不见有穿孔。骨、角器以动物肩胛骨、肢骨、肋骨、头骨及鱼骨、鹿角为原料，器型有耜、锯齿形器、锥、钉形器、镞、针、匕、哨、叉、匙、鹿角器等等。木、竹器有锥、叉、弓、镞、勺、桨、铲、器柄（图三）、棒杆形器、双尖形器、梯、砣形器、槌形器、盘等以及一些木构件和以竹或芦苇篾条编成的席或器物等等。[①]

　　关于跨湖桥文化的年代，目前多被认定为距今 8000—7000 年，其实，跨湖桥遗址与河姆渡遗址第四层的陶器都以夹炭陶和器表呈黑色为主，并有一定数量的灰褐色陶，器型也多为釜、罐之类，且不见三足器。其中的陶釜同样盛行的拍印绳纹及附加鸡冠形鋬或突脊，只是跨湖桥拍印的绳纹以略呈菱形状的交叉绳纹较多，附加突脊也不如河姆渡那样盛行，但圜底近平状的筒形釜和敞口圜底釜以及用陶片加工成的圆饼形纺轮，两地则基本相同；陶罐的口、颈至肩部之间安

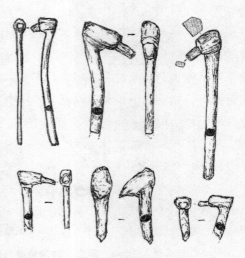

图三　各种木质器柄（引自《跨湖桥》）

设环形双耳的风格，直口直腹、折圜底和折敛口斜腹小平底的钵、圈足盘、敞口折腹大圈足的豆，以及器盖与陶支脚也很相近。河姆渡的彩绘陶虽没有跨湖桥丰富，却都是先施陶衣（白色居多），再以软笔绘出纹样；同时，两者也都表现出对太阳的崇仰。跨湖桥遗址出土木器中的锥、镞、槌、桨、刀、铲、双尖形器、棒杆形器、砣形器、器柄（尤其是石斧或石锛的木器柄）与木构件、柱洞、柱础特点和石器中的弧背型锛、斧、镞、璜、砺石、磨盘以及骨器中的锥、哨、针、匕、匙、钉形器、镞、凿、器柄、锯形器[②]、梭形器及苇编等等，则与河姆渡遗址第四层几乎完全相同，这不仅反映出两者间的年代相差不大，而且还是彼此之间有着文化交往的物证。

　　①　浙江省文物考古研究所、萧山博物馆：《跨湖桥》，文物出版社 2004 年 12 月版，第 53—217 页。
　　②　蒋乐平：《跨湖桥遗址的思考》，《中国文物报》2002 年 5 月 21 日，第 7 版。

再从跨湖桥和马家浜文化遗物分析，跨湖桥出土的弧背型石锛、石璜，骨器中的镞、针、锥、匕、凿和角质的勾勒器、锥及木镞、木器柄、木构件等，均习见于马家浜文化。尤其是骨耜，不但与桐乡罗家角遗址的骨耜相似，而且在骨臼部位开凿竖向銎的特点，也与河姆渡和江苏省海安县青墩遗址的骨耜风格相同。跨湖桥遗址也有少量的扁腹釜和外红内黑豆与夹蚌末陶器，敛口罐肩部的双耳也隐现牛鼻形器耳的雏形。至于带"井"字形木框架，底垫苇席的灰坑 H17，在河姆渡和马家浜文化遗址中都有发现，下孙遗址那种带有竹、芦苇或植物秆印痕的红烧土块，河姆渡也常有出土。跨湖桥出土的侈口釜（T204⑦：8）不仅与安徽省潜山县薛家岗第一期中的陶釜（T20⑤：46）[①]造型相同，而且其彩绘方法和纹样特征，也与南京北阴阳营[②]、高淳县薛城和句容县丁沙地下文化层[③]等遗址同类器物风格接近，说明其年代不应相距太远。

值得指出的是，跨湖桥遗址所出陶器的器壁比河姆渡与马家浜文化薄而规整，并已出现轮制或轮修技术，而且胎质较硬；尤其是还出土有一种表施陶衣、且经打磨光亮的磨光黑陶制品系列，显现出当时的生产力水平比河姆渡遗址第四文化层和桐乡罗家角第四文化层较为先进，由此联系到跨湖桥、下孙遗址和河姆渡遗址相距不足 100 公里，也无大的山川阻隔，与跨湖桥相去不远的诸暨楼家桥遗址和相邻的萧山舜湖里与乌龟山遗址都有与河姆渡文化类同的陶器发现；而供碳 14 年代测定数据的标本常受地层周围环境影响，2001 年和 2002 年所测九个数据又与层次关系略有颠倒，故所测结果只供参考，关键在于两地之间变化最快的陶器对比分析及其反映出的社会生产力水平而得出的结论。因此，跨湖桥、下孙遗址的年代下限应与河姆渡、马家浜文化的早期有所交叉重合，而其年代上限也不宜过早，定其距今年代为 7500—6500 年，也许是比较合适的。

由于下孙和跨湖桥遗址发现有以海水水域为生存环境的硅藻，如海链藻、小环藻、辐间藻等，故跨湖桥、下孙遗址的淹没和毁弃原因，被认为是距今 7000 年左右的"卷转虫"海侵顶峰期所致的结果，也就是说遗址是因海侵而废弃。其实，从海侵到海退再到人类来开发定居的过程是相当漫长的（少说也有数百年，

---

① 安徽省文物工作队：《潜山薛家岗新石器时代遗址》，《考古学报》1982 年第 3 期，第 284—285 页。

② 南京博物院：《北阴阳营——新石器时代及商周时代遗址发掘报告》，第 38—83 页。

③ 南京博物院：《江苏省句容县丁沙地遗址钻探简报》，《东南文化》1990 年第 1、2 合期，第 241—254 页。

多则上千年），且被淹没的范围相当广大，同一区域而又海拔相同的遗址也必有反应，或遗下相应的海相沉积，可与之相距不远，地理环境相同，且年代又基本相衔接的河姆渡与马家浜文化遗址，都未找到与海侵、海退相关的有力证据，所以跨湖桥和下孙遗址因海侵而废弃的主张尚欠斟酌。其实，这应该是当时的钱塘江河口变迁或著名的"钱江潮"涌潮冲积等作用的结果。又因为与跨湖桥同类的遗址目前发现很少，分布区域又太小（只有跨湖桥和下孙遗址），墓葬、房屋建筑及至聚落形态均不太清楚，研究工作也处在探索阶段，其文化内涵是否来源于嵊州小黄山遗址，而继承者是河姆渡文化抑或马家浜文化，或者与其后的诸暨市楼家桥遗址、萧山舜湖里、乌龟山和金鸡山遗址早期有关系，均尚待进一步深入研究。根据跨湖桥具有一定的独特文化个性，其晚期文化内涵与河姆渡遗址第四文化层共性又较大，表明两者既关系密切而又有所区别。① 所以，我认为跨湖桥文化的年代下限大致为距今 6500 年左右，即与河姆渡第四文化层年代有所衔接，或有段共生共存时期；也就是说跨湖桥文化的继承者，很可能是以河姆渡文化为代表的地方类型（如诸暨楼家桥）史前先民。

---

① 　浙江省文物考古研究所、萧山博物馆：《跨湖桥》，文物出版社 2004 年版，第 1—334 页；朱倩、蒋乐平记录整理：《聚焦跨湖桥》，《中国文物报》2005 年 1 月 7 日，第 5 版。

论跨湖桥文化

孙维昌 （上海博物馆）

一、前言

跨湖桥遗址，位于浙江省萧山市（现为杭州市萧山区）萧山中南部的湘湖之滨，属萧山区城厢街道湘湖村。1990 年 10—12 月、2001 年 5—7 月、2002 年 10—12 月，浙江省文物考古研究所、萧山博物馆曾对该遗址进行了三次发掘，共计发掘面积 1080 平方米。尤其是在第三次发掘过程中，学者们十分重视对其进行多学科研究，从动植物、硅酸盐、水稻遗存等角度，对遗址内涵进行了广泛的考察研究，并邀请浙江省地质调查院专门在跨湖桥遗址区做了一个更新世晚期——全新世地质剖面，对第四纪地质与生态环境进行了卓有成效的合作研究。

鉴于"跨湖桥遗址的年代早于河姆渡遗址，文化面貌独树一帜，不同于中国东南沿海地区原有的其他考古学文化，是一种新的发现。遗址内涵丰富，特征明确，整体性强。除跨湖桥遗址外，还在附近地区发现下孙遗址，对照考古学文化的概念，可以认为，跨湖桥遗址所代表的文化内涵具备了独立考古学文化的基本条件，我们将其命名为跨湖桥文化。"①

跨湖桥文化这一及时而必要的考古学文化命名，对我国东南沿海地区新石器时代文化的研究，对长江流域史前文明的探索，都具有十分重要的意义。今值浙江省社会科学院、中共萧山区委、萧山区政府、萧山博物馆联合举办"跨湖桥文化国际学术研讨会"的机会，本文拟就个人对跨湖桥遗址丰富的文化内涵谈一些粗浅认识，尚请各位专家学者批评指正。

二、对跨湖桥文化特征的分析

跨湖桥遗址长年处在地下水位之下，为遗物的保存创造了良好的条件。跨湖

---

① 浙江省文物考古研究所、萧山博物馆：《跨湖桥》，文物出版社 2004 年版。

桥文化的内涵，主要表现在其独特的陶器群、石器群、骨角木器、建筑特征和独木舟等方面。现根据《跨湖桥》发掘报告和笔者的思考探索作如下分析：

（一）陶器制作工艺

陶器制作以泥条盘筑为主，辅以分段拼筑、贴筑。出现慢轮修正技术。按照习惯的分类观念，跨湖桥陶器的胎质分为夹砂、夹炭、夹蚌三类，但前两类只是适当羼和了一些砂粒、蚌壳，炭、泥仍是胎质的主要成分。总体上，跨湖桥陶器的胎质十分单一，以粉碎的草木灰和细泥拌和料为基础，炊器或羼和石英类砂粒、蚌壳。胎质一般都比较细腻。这一特征与河姆渡遗址不同，河姆渡夹炭陶陶胎中常见颗粒明显的植物残骸和碎木烧失后留下的气孔。①最近发现的更早期的浦江上山遗址②，夹炭陶中也普遍发现稻壳及植物碎末的烧失痕迹。匀薄、规正是跨湖桥陶器的另一特征。从大型的釜、罐到小型的豆、钵，器壁的厚度均保持在 0.5 厘米内，厚薄均匀。小型器突出精致的器表装饰（黑光陶、红衣），大型器则以规正、匀薄取胜。A、B 型釜多呈卵形，器高腹深，除口沿部略厚外，颈部以下整个器身完全控制在 0.5 厘米之内，而且有向下愈薄的趋势。与河姆渡深腹陶器内壁大多有修刮痕不同的是，跨湖桥同类陶器的内壁一般都未再作特殊的处理。留下的只是麻密、重叠的浅窝，这些痕迹是配合外壁加工（拍打）的垫具留下的。这是一种陶器制作的原始特征。

在工艺上，跨湖桥陶器的胎质和造型是一个统一体。陶胎中羼入细腻碳素，而不是颗粒粗糙、未经炭化的植物枝叶（河姆渡遗址早期夹炭陶存在这种现象），这样就增加了胎体的细腻度，以符合匀薄、规范的陶器制作要求。从美学的角度讲，器物的匀薄必须配以器表的光洁，才能达到和谐，而要做到器壁的光洁，必须解决胎质的细腻。两者相结合，是跨湖桥制陶工艺的基础。

通过对陶器标本的观察，发现几种与陶器成型、修整相关的证据或线索：

首先是陶器残破面上的层理现象。这种现象不普遍，也不鲜见，尤其值得注意的是，内层面有时也印有绳纹，这是否反映陶器的贴筑技术？跨湖桥遗址中，绳纹作为装饰仅出现于釜、甑类器，但在一些陶罐的表面上，也能发现绳纹。陶罐上的绳纹都是经抹光处理后的残余部分；一些圈足器的下底位置，也可看到绳

---

① 浙江省文物考古研究所：《河姆渡——新石器时代遗址考古发掘报告》，文物出版社 2003 年版。
② 蒋乐平、郑建明等：《浙江浦江县发现距今万年左右的早期新石器时代遗址》，《中国文物报》2003 年 11 月 21 日。

纹；这就证明绳纹并非仅仅作为一种装饰，它是陶器成型过程中的一道必要的工序，其功能应该是通过拍印使陶胎更加致密，更加结实。因此陶胎中的层理现象或许更易被理解为陶器成型过程中的二道工序：在胎壁较薄部位加补泥片。这一解释或许可以成为"贴筑法"工艺内涵的一种补充与修正。

其次是陶器中的慢轮修整技术。在许多罐、钵、豆类器上，出现均匀规则的弦棱纹，这证明慢轮修整技术已经应用于陶器成型与加工。

第三是陶器内壁的加工痕与分段拼接的成型工艺。多数深腹敛口容器的内壁都可观察到大小不一的浅窝，当是外壁拍打时内壁使用垫具留下的痕迹。这些垫具可能是特制的陶垫，也可能是普通的鹅卵石。在陶罐、陶釜的颈部位置均出现规则的开裂，这应该是陶器分段拼接成型工艺的一个证据，即这些陶器的肩或颈部上下是分别成型后再拼接而成的。

陶器底腹的黑炭痕除了黑陶外，几乎可在所有其他陶器的底部发现数道黑斑，黑斑的数量以三道为多，从底部向上延伸，分布有一定规律性。从现象直观，似乎是一种渗炭现象，或与烧陶工艺有关，人们直接将器坯搁置在柴木上焚烧，黑斑可能是炭木与陶器直接接触的结果，也可能与燃烧过程中的熏烟有关。当时尚处在原始的露天烧陶阶段，但从陶器的质量来看，这种烧制技术已被熟练掌握。

值得注意的是，尽管跨湖桥遗址陶器体现出匀薄、精致的外观面貌，但其烧成温度据实验分析表明却在750℃—850℃之间，总体上要低于河姆渡遗址早期（四、三层）的800℃—850℃。这反映了跨湖桥陶器的工艺成就是在原始的烧造条件下完成的。

（二）陶器器类与器形

釜、罐、钵、盘、豆为基本陶器群。线轮、纺轮别具特色。陶容器以圜底器、圈足器为主，平底器少见，不见三足器。

与多数遗址一样，跨湖桥陶釜采取圜底的形式。自身特征体现在三个方面：①卵形深腹的主体形态；②数量上占很大比重的A型釜的折肩形式及肩部以上绳纹被抹光的特征；③一般说，炊器需要和器盖配合使用，但跨湖桥遗址器盖发现稀少。

圈足器及其圈足部位刻划、镂孔装饰的发达，是跨湖桥遗址异于地域文化传统的特征之一。浙江新石器时代，河姆渡文化早期圈足器数量很少，圈足部位不见镂空装饰；马家浜文化时期，带喇叭形圈足的泥质红陶豆成为典型陶器之一，圈足部位出现小园孔和楔形镂空；圈足器及其圈足部位镂空装饰的真正流行是在崧泽文化时期；[①] 但崧泽文化圈足器为泥质灰陶，器形及装饰风格与跨湖桥遗址明显不同，年代上相差近两千年。

跨湖桥遗址不见三足炊器，这一点符合长江下游包括浙江地区新石器时代文化发展的时代特征。太湖以南，鼎出现在马家浜文化的中晚期，河姆渡遗址和罗家角遗址早期遗存均不见三足器。这是跨湖桥遗址在地域文化中体现早期特征最明显的证据。

平底形式见于陶罐。这种平底器多在圜底的基础上略加撤压，底面仍显鼓凸，纯平底器极为罕见（下孙遗址略多）。尽管存在平底形态，圜底罐仍在跨湖桥遗址陶罐中占多数，成为跨湖桥遗址陶器的特征之一。在具体分类中，尤以 G 型罐最具典型性。

钵的形态最为独特，成为复原率最高的一种陶器。A、B、C 三型，未见于已知的其他新石器时代遗址。

另外，A 型豆的双腹形态及其倒盘形圈足，F 型敛口钵、C 型圈足盘竖贴筋条的形态，I 型罐的贯耳特征均表现了跨湖桥陶器形态的个性特征。

（三）装饰工艺

彩陶是最重要的特征。东南沿海地区的新石器时代遗址中，尚无其他遗址出现如此丰富的彩陶。河姆渡遗址有出土，但仅见少量的几片。[②] 从化学成分看，两遗址彩陶的彩纹颜色深浅首先与 Fe_2O_3 的比重有关。（见表1）

表1　跨湖桥遗址、河姆渡遗址彩陶化学成分比较表

遗址	彩质	化学成分（重量%）									
		SiO_2	Al_2O_3	Fe_2O_3	TiO_2	CaO	MgO	K_2O	Na_2O	MnO	P_2O_5
跨湖桥	厚彩（乳白）	79.86	13.13	2.4	0.48	0.46	0.70	2.26	0.70	0.01	0.05
跨湖桥	薄彩（红）	68.76	21.42	3.52	0.66	0.67	1.58	2.16	1.05	0.13	0.03
河姆渡	黑彩			6.44		0.67	0.50	1.49	0.10	0.01	

① 上海市文物管理委员会：《崧泽——新石器时代遗址考古发掘报告》，文物出版社 1987 年版。
② 浙江省文物考古研究所：《河姆渡——新石器时代遗址考古发掘报告》，文物出版社 2003 年版。

中国南方地区，彩陶最早出现在长江中游洞庭湖地区的皂市下层文化时期，钱粮湖农场坟山堡遗址底层出土的彩陶残片，时间超过了 7000 年。但直到丁家岗和汤家岗遗址的早期（距今 7000—6500 年），彩陶仍属肇始阶段。[①] 北方地区，彩陶最早出现在前仰信文化时期，大地湾一期钵形器的内壁发现十多种彩纹图案。[②] 北首岭下层也发现少量的彩陶纹陶钵。[③] 大地湾下层、北首岭下层的年代均为距今 7000 多年。跨湖桥遗址中，彩陶在早期就已出现。早期彩陶的主要形式为盘内彩，表现手法已经较为成熟。晚期薄彩、厚彩并存，彩纹丰富而规范，从年代上看，跨湖桥遗址是中国最早出现彩陶的遗址之一。

彩陶作彩于陶衣之上，因此陶衣成为跨湖桥彩陶文化的构成元素。特殊的是，陶罐往往在折肩以上施衣作彩，浅盘器则内盘作彩，施彩区的边缘均以带彩分隔。这种在浑圆之中进行彩纹布局的特色，体现了跨湖桥彩陶对视觉效果的特殊追求。另外，厚彩、薄彩的彩料之分以及点彩等别具一格的彩纹形式，也构成跨湖桥遗址彩陶浓郁的自身特色。从直观上感觉，跨湖桥遗址陶器上的圆圈，放射线组合图案，包括镂空、刻划放射线图案，都是以太阳为模仿题材。施于豆盘内底的红彩大圆圈同样可能指代太阳。这就提出了一个太阳崇拜的问题。火焰纹的特征也十分明确，或许也反映一种拜火心理。太阳与火在光热上存在统一性，因此对太阳崇拜的宗教核心是对光与热的祈祷。

除彩陶外，陶器的装饰工艺还包括印、戳、刻、镂、贴手法。这些工艺手法除了装饰的目的，同时也还与陶器的成形紧密相连。

绳纹 一般施于釜、甑类炊器，偶尔也见于罐、圈足器的下底，但多为抹去后残留的隐约痕迹。分拍印、滚印两类，有竖绳纹、斜绳纹、交叉绳纹、乱绳纹等。

米粒纹 近似粗绳纹，细辨为规律性的米粒状浅窝。

刻划纹 分单线纹与复线纹，主要见于罐、钵、圈足类器物。网格纹多施于釜的肩部，与绳纹并施一器，刻纹较粗放。

① 何介钧：《环珠江口的史前彩陶与大溪文化》，《南中国及邻近地区古文化研究》，香港中文大学 1994 年。

② 甘肃省博物馆文物工作队：《甘肃秦安大地湾遗址 1978—1982 年发掘的主要收获》，《大地湾考古研究文集》，甘肃文化出版社 2002 年版。

③ 中国社会科学院考古研究所宝鸡工作队：《1977 年宝鸡北首岭遗址发掘简报》，《考古》1979 年第 2 期。

放射纹　施于圈足，一般以镂孔为中心展开，有时点缀其他刻纹。

垂帐纹　一般见于罐的领沿部。

折线纹　施于釜、罐口沿部。

波折纹　一般施于罐颈部及圈足部位。

篮纹　属拍印纹，多呈带条错折状，均施于釜类器上。

菱格、方格的拍印纹，在浙江新石器时代遗址中极为罕见，余姚鲞家山遗址有过另星发现。① 其他地区大多在新石器时代末期出现。菱格、方格的拍印纹也构成跨湖桥陶器的显著特征之一。

黑光陶和外红内黑（光）陶器是体现跨湖桥陶器制作水准的重要方面。跨湖桥黑光陶的特色在于与匀薄胎体的结合，为精美的程度平添三分。从直观看，黑光陶表面好像除了一层"泥釉"而显得有光泽。一般认为形成"泥釉"黑陶的方法有两种：一种方法是在黑陶表面涂一层易溶黏土，其助溶剂总含量达到14%—20%，形成较多的玻璃相；另一种方法是用颗粒比胎细的胎料涂在黑陶表面，使其在烧成时表面比胎致密一些，从而产生一些光泽。② 然而从"跨湖桥遗址黑光陶和装饰陶的化学组成数据表"可知，跨湖桥遗址黑光陶的表层和内部的化学组成虽有些差别，但差别不是很大，表面层助溶剂总含量（K_2O、NA_2O、MGO、Fe_2O_3、TiO_2）总共只有12.04%，特别是助溶能力较强的 $Na2O$、$K2O$ 和 CaO 含量更是少得可怜，加起来才4.47%，因此在跨湖桥遗址烧成温度烧成时，是不可能产生较多的玻璃相形成光亮的黑陶表面。即使采用颗粒比胎细胎料涂在黑胎表面，在跨湖桥遗址陶器烧成温度烧成时，这样的助溶剂情况玻璃相少，也不可能形成如此光亮的黑陶表面，所以说光亮的黑陶表面不是用"泥釉"方法形成的。③ 北方前仰韶文化的巩义瓦窑咀遗址中，也发现了十分精致光亮的薄胎黑胎。④ 可见这些精美陶器在这一时期出现，并非偶然。

三、下孙遗址——附近地区同时期的新石器时代遗址

下孙遗址位于杭州市萧山区城厢街道湘湖村，南距跨湖桥遗址约2公里。遗

---

① 据发掘者介绍，未收入报告。参见孙国平、黄渭金：《余姚市鲞家山遗址发掘报告》，载《史前研究》，三秦出版社2000年版。

② 张光泽：《中国古陶瓷的科学》，上海人民美术出版社2000年版。

③ 邓泽群、吴隽、吴瑞、李家治：《跨湖桥陶器的研究》，浙江省文物考古研究所、萧山博物馆：《跨湖桥》附录二，文物出版社2004年版。

④ 巩义市文物管理所：《河南巩义市瓦窑咀新石器时代遗址试掘简报》，《考古》1996年第7期。

址埋藏于现已干涸的古湘湖湖底。2003 年 11 月至 2004 年 1 月，浙江省文物考古研究所、萧山博物馆对遗址进行考古发掘，揭开面积约 550 平方米。

下孙遗址与跨湖桥遗址在文化内涵上具有共同特点，具体表现在以釜、钵、圈足盘、罐为代表的陶器群的形态特征的相似性，石器的石料均为青灰色的沉积岩，都发现了不见于江南其他新石器时代遗址的特殊器物如"线轮"等。遗址遗迹丰富，发现了 60 多个灰坑，较大范围的红烧土遗存和一些木构建筑遗迹，一些灰坑底部垫有苇席类编织物，多数灰坑中发现有炭灰；坑积物中有较多的鱼类、贝壳类生物的残骸，并发现稻米和菱角的遗存。

下孙遗址与跨湖桥遗址，均因海侵而毁弃，遗址上部以潮间带、潮上带为特征的海相沉积完全一致。它与跨湖桥遗址的关系，表现在：

（一）共同点

1. 表现　在陶质、陶色上。陶质在形态上都分为夹砂、夹炭和泥性夹炭三类，其中均包含明显的碳素成分。陶色存在黑光陶和外红内黑陶等特征。制作工艺上，都表现出胎体匀薄的特征，陶釜底部愈薄，釜、罐类深腹器内壁的浅窝状垫痕，肩、颈部都存在套接的痕迹，反映出相同的工艺特征。纹饰特征基本一致，以绳纹为主，另外还有刻划纹、米粒状的印戳纹以及弦纹、镂空等。

陶器均不见三足器，以圜底、圈足、平底为主要形态，基本组合为釜、罐、（圈足）盘和钵。在具体器形上，跨湖桥 B、C 型釜与下孙的 A、B 型釜为相互对应的存在，形式几无差别；下孙 A 型罐与跨湖桥 Ea 型罐，下孙 B 型罐与跨湖桥 B 型罐、下孙 A 型盘与跨湖桥 A 型（圈足）盘，形式也基本一致。两遗址还均发现非常特殊的"线轮"。

下孙遗址石器以沉积岩、砂岩为主的质料及以钵、斧、磨石为主的工具组合也与跨湖桥遗址相同。

2. 年代　据中国社会科学院考古研究所实验室对下孙遗址两个木头标本进行 C14 年代测定，标本 ZK—3174（H6）距今 6886 ± 65 年，树轮校正年代为 5840BC（66.5%）5710BC、5680BC（1.7%），5670BC；标本 ZK—3172（T1104 ⑤）距今 6919 ± 46 年，树轮校正年代为 5840BC（10.3%）、5820BC、5810BC（57.9%）、5730BC。从单纯的数据上看，年代相当于跨湖桥早期，但从陶器型式及遗址的堆积特征综合考察，将下孙遗址的年代定在跨湖桥遗址晚期较为恰当。

3. 经济形态　下孙遗址发现了经栽培的稻谷，说明稻作农业已经产生。同时，灰坑中发现的哺乳动物骨骸、牡蛎、菱角等，反映渔猎、采集是必不可少的经济补充。经济发展状态与跨湖桥遗址也是一致的。

（二）不同点

1. 陶器相对单调　陶器的外观状态比跨湖桥陶器差，陶衣褪色严重，彩陶不见。不同的是陶器群的构成比例，下孙遗址陶釜的比例比跨湖桥遗址高出22%，跨湖桥遗址中十分显目的罐、钵和圈足器在下孙遗址极少发现。跨湖桥典型器 G 型罐、放射刻划纹圈足器、筒腹圜底钵及纺轮型器均不见于下孙遗址。

2. 骨木器稀少　下孙遗址发现出土不少树木枝条及保存较好的动物骨骸，埋藏条件说明有利于骨、木器的保存，但发现极少。

3. 遗迹现象特殊　下孙遗址发现了分布十分密集、数量也较多的灰坑，但不见跨湖桥遗址带井字木栏的橡子储藏坑。另外，遗址分布有大量的显然是特别开采来的经敲砸的砂岩石块和带摩擦痕的块石。

四、对遗存的性质分析

从遗址位置，年代及器物反映的文化共同点看，下孙遗址与跨湖桥遗址无疑存在密切关系，属于相同的文化类型。但是它们之间也存在着一些差异，据《发掘报告》曾作以下两方面分析：

1. 下孙遗址器物相对单调，这应当是一种简单生活方式的一种对应。下孙遗址单薄的文化层堆积，短时期内形成的密集灰坑、石块的大面积分布等现象，显示出与一般的遗址的区别，而与特殊性质的作坊、工场，进行联系是符合逻辑的；

2. 发掘区内发现了 5 件陶拍，为制陶工具，数量较多光滑鹅卵石也可以用作陶器表面的修整工具；特别是石台面，可以作为练泥的工作台。……初步的结论是，下孙遗址是与制陶有关的作坊性遗址。[①]

下孙遗址为跨湖桥遗址的毁弃，进而为跨湖桥文化的去向提供了重要的研究线索。发掘表明，跨湖桥遗址之上厚达 4 米的淤泥的沉积特点与下孙遗址完全相同。可以推断，与特殊的生态环境息息相关的跨湖桥文化，也因为这次海侵迁徙别处，甚或遭到了毁灭性的打击而衰亡。

---

① 浙江省文物考古研究所、萧山博物馆：《跨湖桥》之第十章《下孙遗址——附近地区同时期的新石器时代遗址》。

下孙遗址、跨湖桥遗址都是在距今7000年之际因海侵毁弃的，而与此同时，海拔高程相仿直接距离仅百里之遥，同属杭州湾沿岸的河姆渡遗址却空前地繁荣起来。这一事实证明了全新世早中期杭州湾地区地貌环境的复杂性与多样性。下孙遗址的发掘，为全新世以来杭州湾地区海岸线变迁与人类生存相互关系的研究，提出了新的课题。①

五、九千年前的远古文化——浙江嵊州小黄山遗址

小黄山遗址位于浙江省嵊州市甘霖镇上杜山村，嵊州地处浙江省东部曹娥江流域上游。2005年3至8月，浙江省文物考古研究所会同嵊州市文物管理处抢救性发掘了小黄山遗址，分A、B两区进行布方，揭开面积1000平方米。通过发掘发现的遗迹有灰沟、灰坑、房子和墓葬。出土遗物主要是陶器、石器，陶器以夹砂红衣陶占绝大多数，器型主要有小平底盆、平底盘、平底罐、圈足罐、高领壶、圜底釜等。打制石器、磨制平存、石磨石、石磨盘出土数量最多，是小黄山先民最重要的食物加工工具。陶器造型以平底器、圈足器为主，圜底器不多，不见三足器。制陶法包括泥条盘筑法和手工捏制，多数陶器胎壁粗厚，陶胎呈内外红中间黑的"夹芯"状。火候较低，水洗易酥，晾干龟裂严重。绝大部分陶器素面红衣，部分陶器施红衣后局部重新刮去。陶盆外腹有一个或两个把手；陶釜口沿下多有錾，腹部有绳纹装饰，肩部施绳纹后重新抹平；陶罐口沿和腹部多有把手。

小黄山发掘区四周大沟呈回字型围绕。南、东、北三侧围沟（G1）原宽约12米、深约2米；西侧围沟（G4）南北走向，原宽约14米，深约2.7米。G1打破G4。围沟中间是面积达1500平方米的几呈方形的台地，正中发现南北向"长屋"两排。F6由两排柱洞和两排柱洞间的储藏坑构成。柱洞均发现于长方形的坑槽内，推测是先挖长方形坑槽，再立柱填土。两排柱洞构成南北长33米，东西宽5.5米的"长屋"，"长屋"内有一列带坡道的储藏坑。F6的南侧还有一排坐北朝南的东西向"长屋"，（编号05XHSAF4）形制特别。F4与F6平面分布颇有讲究，F6位居台地正中，F4偏处台地一侧，且低1米多，形成明显的反差。推测F6应该是具有某种特殊功能的"大房子"，F4近似"厢房"，可能为先民

---

① 蒋乐平、朱倩、杨卫、施加农：《浙江萧山下孙遗址发现早于河姆渡文化遗存》，《中国文物报》2004年12月3日。

起居生活的普通住房。"长屋"是由当时社会组织，社会结构所决定的，至于"长屋"的建筑形式，我们推测应该是与河姆渡遗址抬高架空居住面的"吊脚楼"相差不远。

小黄山文化层位上被跨湖桥文化所叠压，相对年代早于跨湖桥文化。依据陶器，石器形态类型学研究，结合北京大学考古文博院科技考古与文物保护实验室的 C14 测年数据，我们认为将小黄山文化年代定在距今 9000 年前后是比较合适的。（BT3⑤层中部木炭标本 BA05744，C14 测年树轮校正值为公元前 7020 至前 6970 年；BT3⑤层下部木炭标本 BA05745，C14 测年树轮校正值为公元前 7060 至前 7020 年）。

2005 年 12 月 20 日，来自故宫博物院、北京大学、上海博物馆、南京博物院、复旦大学、南京师范大学、中国文物报社等单位的专家学者，咸集嵊州小黄山遗址发掘现场，考察地形，了解环境，观摩陶器，把玩石器，认真研讨，多数专家们认为：小黄山遗址面积 10 万多平方米，是目前长江中下游地区距今 9000年前后规模最大的聚落遗址。小黄山遗址较大的规模，复杂的迹象，为人类文化从采集经济到农耕经济的过渡与转变，为稻作农业的起源与发展等经济、社会问题的探讨，提供了一个内涵丰富的范例。

夹砂红衣陶器群，用于加工食物的石磨盘、磨石与储藏坑是小黄山遗存最主要最鲜明的文化特征，其文化内涵不同于跨湖桥、河姆渡、马家浜文化，因此可以独立命名一支新的考古学文化。小黄山文化的年代距今八九千年是可信的，这是浙江乃至东南沿海地区时代最早的新石器时代考古学文化，填补了这一地区新石器时代中期偏早阶段考古学文化的空白。

小黄山遗址的发掘，"盘活"了浙江新石器时代文化的分布格局，它是浙江乃至长江下游地区新石器时代考古发掘研究的新突破，对完整长江下游地区新石器时代文化发展序列、认识长江下游新石器文化区系类型都具有重要意义。①

六、结语

综上所述，"跨湖桥遗址的发现与发掘，打破了浙江新石器时代以河姆渡文化、马家浜文化为纲领的传统格局，开拓了中国东南沿海地区史前考古的认识视

---

① 王海明：《九千年前的远古文化——浙江嵊州小黄山》，《浙江省文物考古研究所学刊》第八辑，科学出版社 2006 年版。

野。"跨湖桥文化这一及时而必要的考古学文化命名,对进一步推动我国东南沿海地区新石器时代文化的研究,对长江流域史前文明的探索,都具有里程碑的意义。而小黄山遗址的发掘,对完整了解长江下游新石器时代文化发展序列、认识其文化区系类型,具有十分重要的意义。

笔者相信,通过这次"跨湖桥文化国际学术研讨会",必将进一步推动海内外考古学术界、历史文化界对跨湖桥文化的重视和关注,从而掀起我国史前文明研究的一个新高潮。

实用美观　相得益彰

——论跨湖桥文化的原始艺术

何汉生　肖梦龙（镇江博物馆）

近年来，浙江的新石器时代考古取得重大收获，其中新发现的萧山跨湖桥文化，距今年代达到 8000—7000 年，突破了河姆渡文化 7000 年的格局，再创中华文化的新纪录。跨湖桥文化是一种以湘湖流域及其周围地区为重要分布区、面向海洋、最后为海洋所颠覆的考古学文化，以跨湖桥遗址和下孙遗址为代表①。

跨湖桥文化遗存的陶器制作工艺较高、器类繁多、器形优美、装饰工艺发达；制作磨制石器和骨、木器。在遗址发现了河海运输工具，出土的独木舟是大陆沿海地区迄今发现的最早的一条独木舟。跨湖桥人开始定居生活，以木材构建房屋，还用鹅卵石铺设道路。经济形态多样，稻作农业发达，开始栽培水稻、使用农业工具；采集野生菱角、核桃等果实，运用橡子坑加工和储存橡子；开始渔猎和家畜饲养以及纺织。跨湖桥人的生产和生活发展到了一定的水平，形成了一种相对稳定的定居农业生活，他们在物质生活得到发展和满足的同时，开始注重精神生活的追求，具备了一定的审美意识，出现了原始艺术。

跨湖桥人在注重生产工具和生活用品实用性的同时，还具有了以审美态度对待物品的能力，而且将以审美为目的的创造性劳动施加于实用的物品之上。也就是说，开始摆脱了那种有限意义的"粗陋的实际需要的感觉"而能发现美的事物和事物美的特性，把实际需要的功利对象同时也看作是精神感觉的审美对象，并在此基础上将物品的实用性与精神需求的艺术欣赏审美结合起来，出现了以彩陶、陶衣等为代表作品的原始绘画与雕塑艺术，以鹅卵石道路为代表的建筑艺术，以骨哨为代表的原始音乐艺术，以经纬结构编织物为代表的原始编织艺术。

一、原始绘画与雕塑艺术应用于陶器

陶器作为古遗址中最重要的文化遗物，已成为表现现实生活和精神生活的重

---

①　浙江省文物考古研究所、萧山博物馆：《跨湖桥》，文物出版社 2004 年版。

要载体，跨湖桥人对美的追求反映到了与日常生活息息相关的陶艺上面。器形的丰富程度已非同在浦阳江上游的距今 11000—9000 年的上山文化可比。在注重物品整体造型艺术的前提下，在陶器上施陶衣、绘制彩陶，采用拍印和镂孔等装饰工艺，是一种原始的绘画与雕塑艺术的应用。跨湖桥人在装饰的过程中，注重视觉观赏的角度，注重纹饰的优美与连续，注重装饰方法的组合应用。

陶衣为跨湖桥陶器的重要装饰手法，陶衣有褐黄色衣、灰白色衣、红色衣、黑衣等，其中黑衣十分光亮，与红衣、灰白衣比，附着力较强。黑光陶和外红内黑（光）陶器是体现跨湖桥遗址比较先进、又能被成熟运用的陶衣成就。陶衣主要见于盛器，因为陶器一般置放于地上，当人看陶器时，一般是从上往下观看，于是跨湖桥人将不同的器物设定了不同的装饰位置，这样，更能突出浑圆的视觉效果，享受到更多的美感，突出了跨湖桥人成熟的审美观念。例如，盘、钵、盆类一般施于外壁，罐施于颈和肩部①。

跨湖桥遗址非常醒目的装饰和原始艺术的突出成就之一为彩陶。彩陶应用非常广泛，占整个陶片数量的 2% 以上，至少 5% 的罐、圈足盘、豆陶器（片）上发现彩陶，这三种器形也成为发现彩陶的主要器形。彩陶器制作工艺比其他陶器要规整，器表经磨光，施彩有薄、厚之分，薄彩以红彩为主，用于豆盘、圈足盘内壁，少量施于器外；厚彩大多呈乳白色，均施于器物外壁，如罐的肩部、圈足等。圈足部位的外彩经常与镂孔结合形成一定的图案。薄彩略早，手法较为成熟；晚期薄、厚彩并存或同时使用，彩纹丰富而规范。彩陶纹绘制精美、色彩艳丽、线条粗犷，给人一种美的享受。纹饰有条带纹、波折、波浪纹、环带纹、垂挂纹、太阳纹、火焰纹、十字或叉形纹、点彩、直线（带）或折线组成的矩形彩纹、复线交叉为框架间以点彩或方框形等组合纹样等。一件编号为 T0511⑤A：11 的陶罐折肩以上施陶衣，肩上缘施点状厚彩一周，下缘施十字形厚彩一周，中间施 4 个等距离轮状厚彩纹，三组纹饰组合而成，上部和下部均为配角，上部简单、下部略微复杂，烘托出中间主题纹饰的美丽夺目，完美组合，令人惊叹。类似的纹饰还出现在 T0411⑧A：117，说明了跨湖桥人已经认识到了这种纹饰组合的美感，而特意多次制作，并非偶然之作。T0411④：8 是一件豆盘，浅腹，盘内施彩，纹饰为中间一见圆形，边缘辅以四个割弧，简单的两种几何纹饰规整

---

① 浙江省文物考古研究所、萧山博物馆：《跨湖桥》，文物出版社 2004 年版。

结合，相辅相成，给人以强烈的视觉效果①。

陶器的装饰工艺还有印、戳、刻、镂、贴等手法，即镂孔、戳印、拍印、刻划、泥点等多种。拍印（压印）纹除绳纹外，还有米粒纹、刻划纹、篮纹以及此时期同类遗址极为罕见的方格、菱格，印纹一般出现于釜、罐等器物的外表。镂孔一般施于圈足器的圈足部位，有圆形、扁圆形、月牙形、方形、十字形、卜字形、工字形等多种形状，图案富有变化。且往往与刻划、戳印、彩绘、弦棱等装饰手法相配合、交互使用②。很多器物以镂孔为中心饰放射线，形成一组组合图案，一件器物上等距离加饰几组这样的图案，围成一圈。

中国史前早期新石器文化彩陶发现不多。中国南方主要发现有以下几处，时间了超过7000年。距今7800—7410年湖南石门皂市下层文化晚期，出现了少量宽带彩纹③。位于湖南岳阳钱粮湖农场的陶坟山堡遗址，距今约8000年，陶片有少量的白衣陶和黄白陶，纹饰有指甲纹、粗绳纹以及又戳印篦点、刻划、细绳纹等组成的组合纹饰，其出土的白陶罐乃国内最早发现，底层出土少量彩陶残片④。北方地区，距今7000多年的大地湾一期钵形器的内壁出现十多种彩纹图案，北首岭下层也出现少量的彩纹陶钵⑤。而跨湖桥文化的彩陶器是绘画与雕塑艺术的集中反映，也体现了当时人们生活的精神、审美等方面的追求及艺术创作的聪明才智，比之上述同时期各地文化的彩陶艺术更为精到和独特。另外，同在浙江地区的河姆渡文化，时代上晚于跨湖桥文化，距今7000至5300年，遗址第四文化层还发现数片彩陶，这些陶片彩面凸起，富有光泽，彩绘笔触流利，疏密得当，构成别致⑥，但在发现的数量和质量上均无法与跨湖桥文化相媲美。

二、鹅卵石道路的铺设表现了较高的建筑艺术水平

跨湖桥遗址在建筑上出现了鹅卵石道路，体现了实用与美感协调，达到了原

---

① 浙江省文物考古研究所、萧山博物馆：《跨湖桥》，文物出版社2004年版。

② 浙江省文物考古研究所、萧山博物馆：《跨湖桥》，文物出版社2004年版。

③ 湖南省博物馆：《湖南石门县皂市下层新石器遗存》，《考古》1986年第1期。

④ 张春龙：《洞庭湖区新石器考古新收获——岳阳钱粮湖农场坟山堡遗址的发掘》，《中国文物报》1992年6月14日3版。

⑤ 甘肃省博物馆文物工作队：《甘肃秦安大地湾1978—1982年发掘的主要收获》，《大地湾考古研究文集》，甘肃文化出版社2002年版；中国社会科学院考古研究所宝鸡工作队：《一九七七年宝鸡北首岭遗址发掘简报》，《考古》1979年第2期；浙江省文物考古研究所、萧山博物馆：《跨湖桥》，文物出版社2004年版。

⑥ 浙江省文物考古研究所：《河姆渡：新石器时代遗址考古发掘报告》，文物出版社2003年版。

始建筑艺术的较高水平。跨湖桥遗址 1990 年的考古发掘中，发现一处规模较大的鹅卵石铺成的道路，位于建筑 B 与建筑 C 之间，边缘整齐，略呈长条形，南北向，长 6.2，宽 0.6—2.5 米。鹅卵石呈圆形或椭圆形，直径约 0.01—0.03 米，大小基本相似。另外一处道路位于建筑 C 的西侧 2.5 米、F1 北侧 0.9 米处，距离上述第一处道路约 7.5 米，规模稍小①。这两条道路都位于生活居住区域的建筑周边，理应是当时人们经常行走的道路，具有非常重要的实用价值。

鹅卵石，来自经历过千万年前的地壳运动后由古老河床隆起产生的砂石山中，经历着山洪冲击、流水搬运过程中不断的挤压、摩擦，饱经浪打水冲，被砾石碰撞摩擦失去了不规则的棱角，圆润美观，品质坚硬，色泽鲜明古朴。对于鹅卵石在建筑上的使用，曾见于安徽省含山凌家滩墓地中心的最高处发现新石器时代祭坛一座，面积约 600 平方米，由大小不一的石块和鹅卵石与黏土搅拌铺设而成，中间高四周低，平面为不规则圆角长方形；祭坛可分三层，分两次建成②。这一使用方法与跨湖桥人使用鹅卵石铺设道路稍有类似，但含山凌家滩距今才5300 年，比跨湖桥晚了 1700—2700 年。

将鹅卵石用来铺设道路，在新石器时代的文化遗存中，迄今尚未见他例，可谓跨湖桥人的独特构思与创造。目前鹅卵石被广泛应用于公共建筑、庭院建筑、铺设路面、公园假山、盆景填充材料、园林艺术和其他高级上层建筑，弘扬东方古老的文化，体现了古典和返朴归真的艺术风格。当我们经常走在广场公园等公共场所一些由鹅卵石镶嵌而成的小路，感到别有风味、流连忘返时，却不知这种民间文化艺术已经有了至少七八千年的历史。

三、助猎工具骨哨体现了原始音乐艺术

跨湖桥遗址中出土骨哨 2 件、采集 1 件。以动物肢骨截制，加工采用切、割、削、磨等方法。管状，穿孔。T0409⑥A：16，完整。两端刻两、三道槽痕，中凿一孔，孔缘两侧有两道较规则的刻槽，长 5.85、管径约 0.6，孔径约 0.6 厘米。采集：17，完整。两孔分布两端。长 7.3、管径约 1.2，孔径约 0.7 厘米。T0410⑥A：32，略残。三孔并列。长 6.1、管径约 0.8，孔径约 0.4 厘米③。

---

① 浙江省文物考古研究所、萧山博物馆：《跨湖桥》，文物出版社 2004 年版。
② 安徽省文物考古研究所：《凌家滩》，文物出版社 2006 年版。
③ 浙江省文物考古研究所、萧山博物馆：《跨湖桥》，文物出版社 2004 年版。

关于骨哨的用途，应等同于稍晚的余姚河姆渡遗址同类器物。骨哨是人类最初的乐器，造型比较简陋，以实用为主。在河姆渡遗址出土的骨哨共有 160 件，其中一件，将有孔的一段放入嘴里轻吹，同时抽动腔内肢骨，便能吹奏简单的音调，与鸟鸣相像，可能是先民利用骨哨发出的鸟鸣声诱捕各种飞禽的①。它们是古越音乐文明的源头，更是中华音乐始祖的曙光，远古的原始音乐，随着狩猎的脚步，越过丛林，穿越古今，嘹亮的骨哨萦绕在古越大地。

跨湖桥骨哨是助猎工具，也是后世箫笛类吹乐器的远祖，在中华的文化缔造中作出了重大贡献。它的发现证明：早在新石器时代早期，我们的祖先在长江流域就已经创造出了原始的音乐艺术。

四、编织物的发现，体现高超的编织艺术水平

多次发现造型规整的编织品，表面织成人字纹，整齐划一，出土的此类编织物，是国内新石器时代早期的遗址中的首次发现，体现了发达的编织技术与艺术欣赏水平。第一次发掘时在第 1 层下的一处建筑 A 内偏南位置还发现了经纬结构的残留编织物。第三次发掘一件簸箕，前端有木质边骨，后端起角，可能是竹质材料。在独木舟中，还发现多处小块的席子状编织物，编号为 30 的一块保存较好，单根篾片宽度约 3.8 厘米，从残处观察，似有双层，下层单根宽度约 0.8 厘米。编织物形状呈梯形，三面残，但残面比较整齐，完整一面斜向收边，残宽 0.5—0.6 米，较宽的一侧有 T 字形相交的木质条骨编织其中。从编织物上部观察，经纬两种方向的篾相互交错编成，呈人字纹，编织手法与现在江南地区竹席类物品相类似②。

时代相对比较接近，但仍然略晚的编织品还发现于湖南洪江高庙遗址一座 7400 年前的墓葬中。女性墓主身下有一些明显的炭化物质，呈经纬状分布，中间有规则排列的方孔，每个方孔的边长约 0.8 厘米。发掘者推测是竹篾编织品，而且篾片很薄，和现在的竹篾制品没有视觉上的差别，只不过已经炭化了③。跨湖桥编织品比陕西西安半坡遗址出土的各类编织品早了大约 1300 年，比浙江良渚遗址发现的竹席、竹篓、竹篮等竹工艺品要早 2000 多年。

---

① 浙江省文物考古研究所：《河姆渡：新石器时代遗址考古发掘报告》，文物出版社 2003 年版。
② 浙江省文物考古研究所、萧山博物馆：《跨湖桥》，文物出版社 2004 年版。
③ 湖南省文物考古研究所：《湖南黔阳高庙遗址发掘简报》，《文物》2000 年 4 期。

这是迄今为止中国已知的最早的竹篾或芦苇类编织工艺品。说明了编织在我国有着久远的历史，远在跨湖桥文化时期就有了高超的编织工艺。

五、结语

上述列举跨湖桥文化原始艺术的几个实例，不甚全面，基本从遗迹或遗物的细节方面来观察，而不考虑器物的整体造型艺术。实用先于审美，功能先于形式，这是世界上所有原始民族的艺术都遵循的发展规律，因此原始艺术总是与实用和审美相联系的，从而体现出既与实用性相联系又与审美情趣相关联的特征。跨湖桥人在生活生产以及祭祀崇拜等方面的活动中，在先前的纯实用的物品中加以发展，由于审美的需要而加入了原始艺术的因素，但这些含艺术元素的物品并非是完全的艺术品。随着跨湖桥人审美理念的进一步发展，也偶然或必然地出现了极少量的装饰类物品。例如编号为 T0512 湖Ⅳ：1 的璜形饰，淡青色萤石制成，短环状，截面呈椭圆形，对钻穿孔，孔形呈漏斗状，长 2，截面长径 1.2，短径 0.6 厘米①。这件器物可能属于人类装饰类艺术品，虽然由于数量稀少的原因，尚不能称为真正艺术品的出现，但足以说明跨湖桥人在创造了很多原始艺术的因素后，有实现突破而进入到艺术品创造时期的可能。

贯穿中华大地六千公里的亚洲第一大河长江，尽管总长超过了黄河，但过去一直认为中华文明的发源是黄河流域，只有黄河文明才是历史的主流。萧山跨湖桥文化遗址属于 8000 至 7000 年前的新石器时代早期，是长江流域悠久历史和深厚文化积淀的重要证据，她进一步证明了中华文明的起源是多元的，从而也再次有力地证实了长江流域也是中华文明的发源地之一。跨湖桥文化在原始艺术方面的杰出成就也证明了长江流域的史前艺术是丰富多彩的，进一步证明中国史前艺术的起源也是多元的，长江、黄河流域一道形成了灿烂绚丽的中华原始艺术文化。

（作者何汉生为镇江博物馆馆员，肖梦龙为镇江博物馆研究员。）

---

① 浙江省文物考古研究所、萧山博物馆：《跨湖桥》，文物出版社 2004 年版。

文化断层现象与考古层位学

——跨湖桥遗址的启示

叶文宪（苏州科技学院人文学院历史系）

一、跨湖桥文化与河姆渡文化之间的文化断层

位于杭州市萧山区城厢镇西南的湘湖村跨湖桥遗址经过 2001 年和 2002 年两次考古发掘，发掘面积 850 平方米，共发掘出土骨、木、石、陶器 450 余件和一条长 5.6 米、近似完整的独木舟以及大量动植物标本。器物形态及其组合迥异于余姚河姆渡、桐乡罗家角等附近地区发现的早期文化遗址，可以明确为一个新型的、独立的考古学文化类型。

2003 年在距跨湖桥遗址东北约 2.5 公里的下孙村又发现了一处与跨湖桥文化内涵相同的遗址，初步探明其面积约 5000 平方米。下孙遗址出土的遗物有陶器、石器、骨器、木器等；还发现了 10 多个灰坑，里面出土的橡子表明这些大小深浅不一的人工坑洞是当时人们储藏食物的地窖，还发现一些柱洞，表明这里曾是先民们的生活区。

河姆渡遗址与跨湖桥遗址的直线距离仅 100 公里，四个文化层的年代经过测定为距今约 7000—5000 年（树轮校正后年代，下同）。跨湖桥遗址的年代也进行了碳 14 测定和热释光测定，年代约距今 8200—7000 年左右。两者的绝对年代前后相接，但是跨湖桥文化并不是河姆渡文化的直接源头[1]，也就是说在跨湖桥文化与河姆渡文化之间存在着一个断层。

浙江省地质调查院进行的地质勘探还表明，跨湖桥遗存埋藏在海相沉积之下，底层略低于现在的海平面，文化层分为 9 层，堆积最厚处仅 1.24 米，但上部覆盖的青灰色海相淤积层却厚达 4.6 米。叠压在下孙遗址之上数米厚的淤泥也为海相沉积，与跨湖桥遗址相同。从跨湖桥、下孙遗址文化层的沙性特征及其堆

---

① 黄渭金、张殿发、杨晓平：《河姆渡遗址与跨湖桥遗址的比较研究》《东方博物》2008 年第 2 期。

积相分析，它们都曾因遭水淹而被废弃。这两处低于海平面的遗址都是由于全新世卷转虫海侵而导致文化最终消失的。

在河姆渡遗址第四文化层的底部是海相层，表明这里是在最后一次海侵达到最高海平面以后再海退成为陆地才有人类定居的，而跨湖桥遗址是在文化层之上堆积了海相沉积，很可能就是因为这次海侵随着水位的不断上升而导致遗址被海水淹没并废弃。因此，跨湖桥遗址在海侵之前就已有人类定居生活，后来受到海侵影响而移居他乡；而河姆渡遗址则是在海退成陆之后才有人类定居的。

二、良渚文化与马桥文化之间的文化断层

继良渚文化以后出现在太湖地区的是马桥文化，但是两者的文化面貌完全不同：前者有大量玉器而无铜器，后者有小件铜器而几乎没有玉器；前者石器磨得很光滑，后者石器却很粗糙；前者多灰黑陶，后者多红陶和几何形印纹陶；前者陶器盛行圈足和贯耳，后者则盛行圜底和凹底，不见贯耳；前者的炊器是鼎，后者既有鼎又有甗；前者的鼎为盆形或釜形，鼎足多扁形或丁字形，后者多罐形鼎，鼎足多凹弧形或圆锥形；前者的器物形制上承崧泽文化，后者却明显地含有

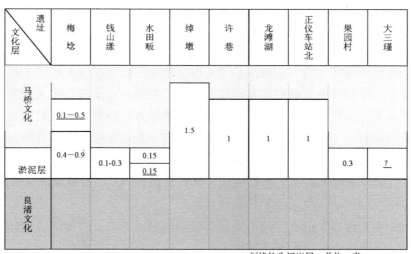

划线的为泥炭层 单位：米

图一 良渚文化遗址淤土层所在层位示意图

二里头文化和二里岗文化因素。良渚文化最晚的碳 14 年代数据为 4200 ± 145 年，

而马桥文化最早的碳 14 年代数据为 3730 ± 150 年[①]，中间相差 500 年左右。马桥文化层虽然是叠压在良渚文化层之上的，但是许多遗址的这两层文化层之间夹有一层淤土或泥炭（图一）。江、浙、沪三地的考古工作者长期以来在太湖地区做了大量的工作，现在已能证明在良渚文化和马桥文化之间不可能存在一个尚未被发现的过渡类型。所以，可以断定在它们之间确实存在着一个文化断层，并且中断的时间大约有几百年。

三、普遍存在的文化断层现象

这种地层上下叠压但是所包含的遗物内涵不相衔接的文化断层现象在各地新石器文化遗址中是普遍存在的现象。

山东龙山文化不仅社会发展水平并不低于中原龙山文化，而且技术发展水平也略胜中原龙山文化一筹。它的黑陶、白陶和蛋壳陶表明其制陶技术在同时代各地先民中是最高超的；玉器的制作也极其精美，日照两城镇曾经发现过成坑的半成品玉材；东海峪和三里河发现的房屋采用了挖槽起基的先进技术，尧王城发现了用土坯砌墙的房屋，龙山文化城垣普遍采用了堆筑与版筑相结合的建筑技术，提高了筑城的效率和城垣的质量；两城镇类型的三里河、呈子、尧王城等多处遗址发现过青铜锥和炼铜渣，说明青铜制造技术已经出现；从分布在长山列岛和辽东半岛上的郭家村类型文化中所包含的诸多龙山文化因素来看，龙山文化先民已经掌握了近距离航海的能力。然而，继龙山文化之后出现在山东地区的岳石文化在生产技术水平和社会发展程度方面却都出现了明显的退步。龙山文化常见的穿孔石铲不见了，而代之以无孔的石铲和粗笨厚重的方孔石镬、方孔石锄；龙山文化常见的石镰不见了，而代之以半月形双孔石刀；龙山文化的石器打磨得都很光滑，而岳石文化除了石铲和石刀磨光以外，石镬和石锄都只琢不磨；龙山文化石器上的穿孔都用管钻和棒钻的方法钻成，圆而光滑，而岳石文化石器上的方孔和圆孔都是琢制而成的，技术水平明显地落后。

陶器的变化也极其巨大。龙山文化常见的黑陶不见了，而代之以泥质与夹砂褐陶为主；龙山文化常见的蛋壳陶也不见了，而代之以器壁厚重的陶器；龙山文化的陶器都是轮制的，器形规整，而岳石文化的陶器大多是手制的，制作草率；龙山文化常见的鸟首足盆形鼎、侧三角形足鼎、袋足长流鬹、高柄杯、浅盘高圈

①　中国社会科学院考古研究所编：《中国考古学中碳十四年代数据集》，文物出版社 1992 年版。

足豆、三足盘，横把手大口瓮等器形都不见了，而代之以锥足鼎、甗、浅盘豆、子母口罐、尊形器等新器形。

现已发现的龙山文化城址已有 18 座之多，除了城子崖龙山文化城址上面迭压有岳石文化城址以外，其他城堡到了岳石文化时期似乎都被废弃了，即使在有些地方仍被沿用，但极少发现有新筑的岳石文化城堡。如果说城堡的出现代表着社会发展程度达到了某种水平的话，那么晚于龙山文化出现的岳石文化的社会发展程度显然是后退了。

岳石文化和龙山文化虽然有着共同的分布面，而且在时代上前后衔接，然而两者的文化面貌却并不连贯，两者之间在文化上存在着一个断层。

关中地区的客省庄二期文化不见了。当时先周文化还非常弱小，隐而不显，并且它肯定不是客省庄二期文化的直接继承者；而宝鸡地区的刘家文化（先羌文化）却显得非常强大，并且其与甘青地区的齐家文化之间倒有较多的联系。

江汉地区紧靠中原，仰韶文化就已开始向南方渗透，到龙山时代来自中原的势力大大增强了。在强大的中原文化的压迫下，江汉平原上的新石器文化发展到石家河文化阶段便中断了[①]。江汉地区后来成了楚人生活的区域，但楚人的祖先是从中原南迁来的，他们并不是石家河文化先民的后裔。

在燕辽地区小河沿文化以后出现了一个文化的断层。夏商时期生活在那里的是一批从事农业生产的先民，他们留下的遗存就是夏家店下层文化，但是后来取代它的夏家店上层文化却是另一批从事游牧的先民所留下的。燕辽地区的夏家店下层文化和夏家店上层文化之间也存在着文化断层[②]。

四、文化断层现象的启示

考古文化是古代人类共同体留下的物质遗存，它的变化反映出了古代人们的活动和社会的变迁。从新石器时代早期到龙山时代末期社会在不断地发展变化，这种变化是一种渐变，我们可以从地下的遗存中找到它一步一步演变的足迹，这就是环环相扣、形成区系类型的考古文化。但是如果因为某种原因导致社会出现了突变，那么我们就无法在地层中找到它演变的轨迹了——一个文化在某地悄然消失，而另一个文化在该地区突然出现，这样就会在两个文化之间出现一个断

---

① 俞伟超：《先楚与三苗文化的考古学推测》，《文物》1980 年第 10 期。
② 中国社会科学院考古研究所：《新中国的考古发现和研究》，文物出版社 1984 年版。

层。

出现文化断层有的是因为自然原因造成的。例如青海民和县喇家村的齐家文化遗址表明该遗址是毁于一场突然发生的地震与洪水所造成的没顶之灾，而间隔在跨湖桥文化与河姆渡文化之间和良渚文化与马桥文化之间的一层海相沉积或淤泥表明气候与地貌变迁是造成两者之间文化断层的原因。

如果没有遭受灾变的遗迹，也没有遭受自然环境变迁的遗迹，那么文化断层就一定是人为原因造成的——由于族群之间的争斗、征服、迁徙、流动等原因，长期生活在某地的一群人离开了故土。因为古代的人口远比现代要少，所以在以后的很长一段时间内那里可能无人居住，这样在地层中就会出现一段空白。如果以后再迁入该地的是外族的居民，那么由于两者的生活习俗与文化面貌各不相同，因此就会在上下叠压的地层里留下内涵不相衔接的遗存。这样，经过几千年以后当我们把它们从地下发掘出来的时候就会看到一个文化断层。这种文化断层在历史时期也屡见不鲜。例如在太湖地区春秋末期吴国被越国灭亡以后吴文化就消失了，取而代之的是越文化，无锡鸿山发现的战国墓就完全是越人的墓葬，而当战国中期越国被楚国灭亡以后，这一带出现的又都是楚墓了。如果我们按照地层关系把它们排列起来，绝对找不出文化传承关系，好在我们从文献中知道了这一段历史，不会对这一文化覆盖与置换现象产生误解，但是如果这样的事件出现在史前时代，那么我们面对这样的"三叠层"又将作出如何解释呢？

1931年梁思永先生在主持安阳高楼庄后岗发掘时发现了著名的"后岗三叠层"，证明了由仰韶文化、龙山文化到商文化这样一个基本的发展序列，从而奠定了考古层位学的基础。八十年来层位学以及类型学一直成为支撑中国考古学的两大基础理论。考古工作者在考古实践中非常重视寻找三叠层，而且一旦发现三叠层就努力去证明它们之间的承继关系。这实际上是一种思维定势，因为根据我们现在的认识，安阳后岗的龙山文化和商文化并不是直接继承的，在它们之间也存在着一个断层。三叠层可以说明三个文化层的相对年代先后，但是并不能说明三者之间一定存在着承继关系。

层位学和类型学的理论都是建筑在渐变的思维基础之上的。虽然用这种方式来思考问题本身并没有错，然而问题在于人类社会的发展并不只是渐变，事实上还存在着大量的突变——革命、动乱、战争、征服、迁徙、融合以及自然灾害造成的社会变故，这种突变或变故会使原来一脉相承发展的文化出现中断。在有文字记载的时代如果出现这种中断大家都很清楚，例如明清之际因为改朝换代而剃发易服，但是如果这种现象发生在史前时代，那么我们就只能发现一个文化断层，因为我们无法用类型学的方法来说明明朝的服饰怎样变成了清朝的服饰。如果我们的思维只是局限于渐变，那么就会忽视历史上实际出现过的突变，这样就不能真实地复原历史的原貌。所以，在运用层位学与类型学进行考古研究的同时必须重视文化断层现象，这就是跨湖桥遗址以及现已发现的种种文化断层现象给我们的启示。

跨湖桥文化先民栽培的可能是陆稻

张崇根（国家民族事务委员会）

笔者采用跨湖桥遗址考古发掘报告与古今民族志类比的方法，研究跨湖桥文化居民（以下简称"跨湖桥人"）的栽培稻，是水稻还是陆稻的问题。

民族志记载对于考古学研究的作用，前辈学者有很多论述。夏鼐指出，利用民族志材料以研究考古学上问题，为一很有前途的途经。[①] 美籍华人、耶鲁大学张光直教授的《追记台湾"浊大计划"》一文，回顾主持台湾西海岸浊水溪、大肚溪流域考古调查计划，组成包括考古、历史、民族、民俗等学科的研究队伍，通过考古调查和发掘，来研究这两条河谷的人类历史。正因为有这样的经验，他在《建议文物考古工作者熟读民族学》的文章中谈了自己的体会："人类学的蓝图帮助我提出许多问题的新见解，如仰韶文化中的巫师，商周青铜器上动物纹样的沟通天地作用"等，因此，他"建议大学考古和先秦史专业的课程里都必修重部头的民族学课"。[②]

云南民族大学汪宁生教授，数十年如一日从事民族考古学研究，成果丰硕。他对"八卦和骨卜的研究"，被张光直称之为"中国考古学上最好的例子"。[③] 汪教授说："根据我的经验，要解决好考古学上的一个问题，常常需要搜集很多民族的资料来类比。"又说，类比就是"从一个事物辨识另一个同类的或有关联的事物"。[④]

根据以上观点，笔者试以台湾、海南两岛的民族志与考古学类比的方法，探讨"跨湖桥人"栽培的可能是陆稻。现论述如下。

---

① 1983 年 1 月 10 日给汪宁生的信，见汪宁生《民族考古学探索》第 7 页注②，云南人民出版社 2008 年版。

② 张光直：《考古人类学随笔》，联经出版事业公司，台北，1995 年版。

③ 张光直：《考古人类学随笔》，联经出版事业公司，台北，1995 年版，第 113 页。

④ 汪宁生：《民族考古学探索》第 5、21 页。

一、内证：跨湖桥遗址的考古发现

无论是考古发掘报告《跨湖桥》①，还是多数学者的研究结果，都肯定距今七八千年前的"跨湖桥人"已经有了栽培稻。如郑云飞研究员用显微镜对跨湖桥遗址出土的 120 例稻谷进行观察的结果，42% 的样品具有粳稻的小穗轴；58% 的样品则代表野生稻特征的小穗轴。② 发掘报告认为，50% 以上的稻谷明显不同于普通野生稻，是人类驯化后的栽培稻（第 273 页）。赵志军等测定的栽培稻与野生稻的比例是 40% 与 60%。③

笔者认为，无论二者比例高低，已经有了栽培稻是可以肯定的。要讨论的问题是，当时人的耕作方式是水田稻作还是旱地稻作，即"跨湖桥人"栽培的是水稻还是陆稻。

首先，从"跨湖桥人"的生计模式看陆稻栽培。据发掘报告可知：第一，采集橡子等坚果，是"跨湖桥人"的主要食物来源。这可以从储藏食物的灰坑得到证实：如 H17，坑内保存有丰富的橡子；H22，包含丰富而纯净的橡子；H16，包含大量的橡子（第 25、27、32 页）。此外，还有菱角、芡实等（第 272 页）。④这一点，与河北省磁山遗址、山东省三里河遗址的灰坑中有大量的粟相似，都是作为食物储藏的，说明采集坚果应是"跨湖桥人"的主要食物来源。第二，捕捞、狩猎获得的鱼类和飞禽走兽有：乌鲤，龟、海豚、扬子鳄，天鹅、雁，狗、野猪、梅花鹿、虎、苏门羚、水牛，以及家猪，共 34 种（第 241—244 页）。同样说明鱼类和飞禽走兽也是"跨湖桥人"食物的组成部分。而稻谷在整个食物组成中所占比例很低。由此可知，"跨湖桥人"的生计模式不仅无法与后来以稻米为主食的良渚文化居民相比，也比不上马家浜文化中期以后的居民。

这是什么样的生计模式呢？由此说明何种耕作方式？笔者赞同秦岭和傅稻镰的论断，从跨湖桥到河姆渡文化，即距今 8000—6000 年前的 2000 年内，本地的

① 浙江省文物考古研究所、萧山博物馆：《跨湖桥》，文物出版社 2004 年版。以下若未注明而称发掘报告者，同样指此书，不再标明版本，直接在引文后加注页码。

② 刘莉等：《有关中国稻作起源证据的争论》，2007 年 9 月 28 日《中国文物报》第 7 版。

③ 赵志军等：《江西万年"栽培稻与稻作农业的起源"国际学术研讨会纪实》，2008 年 12 月 12 日《中国文物报》第 7 版。

④ 《跨湖桥》报告石器中的石锤有明显的砸击痕（161 页）、卵石器两头有锤击痕（169 页）或深浅不一的凹形磨面（170 页）以及磨石，都可以作为加工坚果的用具。

生计模式还是基于坚果采集和渔猎经济为主的，稻类资源的利用仅仅是整个广谱经济当中的一个补充。①

　　与跨湖桥遗址具有类似自然环境的河姆渡遗址，出土了炭化稻、生产工具骨耜等。汪宁生教授拿它来与云南几个少数民族种稻的历史进行类比分析，认为"遗址中丰富的动植物遗存表明，当时存在着集约的采集经济和发达的渔猎经济。……这也是当时农业还处于较原始状态的旁证。"其农业应是一种刀耕火种的稻作农业，也就是"缺乏人工灌溉为特征"的旱地作业。② 换句话说，所栽培的是陆稻。这可以作为"跨湖桥人"栽培陆稻的一个旁证。

　　其次，栽培稻与野生稻的比例高，也说明"跨湖桥人"没有开辟专门的水田来进行稻谷栽培。如在水田栽培，不会有那么高比例的野生稻。赵志军等指出，水田可以使得野生稻和栽培稻保持一定的空间距离，避免杂交，保障栽培稻特有的非脱粒性状得以延续。③

　　笔者推测，这些稻谷是"跨湖桥人"在当地发现野生稻的地点附近，用骨耜稍为平整一下土地，就进行播种，并不加以管理，只等着收获。如此，才会发生栽培稻与野生稻混杂，野生稻的存在就不可避免。马家浜文化中期以后，开辟了专门的水田和修建了灌溉系统，使用较复杂的工具来栽培、管理水稻，就很少甚至不见野生稻了，就是很好的对照。高比例野生稻的存在，只能说明当时是在较原始状态下栽培陆稻。

　　第三，水田和灌溉系统的出现是水稻栽培的主要标志。④ 跨湖桥遗址不具备栽培水稻的要素，如水田、灌溉系统、从事水田稻作的农具和畜力。不仅考古报告中没有提到水田，蒋乐平先生在《跨湖桥遗址"解读"的若干问题》中明确地说：《跨湖桥》报告"之所以没有引出'水稻田'的概念，是因为所在位置不具备相应的遗迹特征。"⑤

---

　　① 秦岭、傅稻镰：《河姆渡遗址的生计模式》，山东大学东方考古研究中心编：《东方考古》第3集，科学出版社2006年版。
　　② 汪宁生：《河姆渡文化的"骨耜"及相关问题》，原载《东南文化》1991年第1期；又载《民族考古学探索》，云南人民出版社2008年版，第254—256页。
　　③ 赵志军等：《江西万年"栽培稻与稻作农业的起源"国际学术研讨会纪实》。
　　④ 谷建祥等：《对草鞋山遗址马家浜文化时期稻作农业的初步认识》、丁金龙：《长江下游新石器时代水稻田与稻作农业的起源》，分别载《东南文化》1998年第3期、2004年第2期。按：国内发现水稻田和灌溉设施的还有：湖南澧县城头山遗址，良渚文化的一些遗址，山东龙山文化胶州赵家庄遗址等。
　　⑤ 载2008年1月18日《中国文物报》第7版。

发掘报告说，农具只有一种——"骨耜"，无论安柄的方式是直的还是横的，都不可能是挖土翻地的工具。汪宁生教授以河姆渡遗址出土的"骨耜"，与云南景颇族使用的"申边"和外国民族志材料（如北美印第安人的骨锄）进行类比，认为骨耜、申边和骨锄都不能用来挖土。1973 年 1 月，他到云南省德宏傣族景颇族自治州考察，从景颇族人那里搜集到一种称为"申边"的农具（现藏云南省博物馆），是把牛肩胛骨安上一个竹、木的直柄，做成铲子。当时景颇族人告诉他，此物不能挖土，是用来刮土、铲草或清除牛粪的。北美东部森林区及大草原地区的印第安人（如希达查印第安人），以竹木棒为柄，一端凿孔或剖开插入牛或鹿的肩胛骨的骨臼，缚以绳索，做成锄，用以平整地面，壅土或点种。民族志的材料表明，肩胛骨做的工具，只能用于土壤表面工作，不能用于挖土。因此，很难把骨耜解释为翻地的耕具。骨耜在刀耕火种农业中则有用武之地。它可以像景颇族的"申边"一样，用来平整土地、扒匀草木灰、覆种、壅土或铲草。①任式楠也认为，耜耕"应理解为用耜整治已柔软的田地而非用耜直接翻耕田土。"②

跨湖桥遗址出土的石斧（第 158—159 页）可以砍伐树木；木锥、棒杆形器、双尖器（第 193—202 页），可能是作掘棒或点种棒之用的。③

"跨湖桥人"用石斧、石锄、骨耜和木棒，从事稻作农业，与从事水田稻作的良渚文化有功能专一的石犁、耘田器和石镰等配套农具不可同日而语。良渚文化居民使用的农业工具有石犁、石耥刀（也称石锄或破土器等）、石铲、斜把石刀、半月形带孔石刀（石铚）、长方形石刀、靴形石刀、石镰、石斧、石锄、石耜和石杵等，以及鹿角鹤嘴锄、骨耜、骨耒，木锄、木耒和点种棒。④

"跨湖桥人"使用简单的工具说明，他们只能种陆稻，而不可能种水稻。

第四，根据考古发掘报告，跨湖桥遗址出土的水牛遗存，不是家养的耕牛，而是猎获物。据刘莉等分析，这里的水牛遗存，与河姆渡、罗家角及安阳出土的相近，属于"圣水牛"范畴，可能是野生的。跨湖桥、河姆渡、罗家角三遗址出土的水牛群，都包括相当大比例的幼年、少年和一定比例的老年个体，很可能代

① 汪宁生：《河姆渡文化的"骨耜"及相关问题》、《再谈史前器物用途用法问题》，均收入《民族考古学探索》，分别见第 254—256、237—251 页，云南人民出版社 2008 年版。

② 任式楠著：《任式楠文集》，上海辞书出版社 2005 年版，第 394 页。

③ 方向明提出：木器中的桨形器，基本可以排除用作木桨或木耜的可能，是否用作稻作生产用具……等尚待研究。见《试论跨湖桥遗址》，载《东方博物》第二辑，1998 年。

④ 林华东《良渚文化研究》，浙江教育出版社 1998 年版，第 197—210、241 页。

表用来食用的狩猎动物的屠宰模式。作为牵引（如犁耕、拖运）动物的屠宰模式，大多数都能活到完全成年才被屠宰。① 可见，跨湖桥出土的水牛还是野生的，是不可能用来耕田或踩田的。

二、外证一：台湾考古发现的陆稻栽培

按学术界的共识，台湾岛内的史前文化来自大陆东南沿海，说见林惠祥、游修龄、陈国强、林华东、吴春明、石璋如、曹永和、宋文薰、张光直、李亦园、黄士强、臧振华、何传坤、刘益昌；外国学者有（日本）鹿野忠雄、国分直一、金关丈夫，（澳）贝尔伍德，等等（见参考资料一）。因此，二者是可以用来进行类比的。

台湾考古学家已在台南南关里东遗址，发现距今 4700—4200 年的稻、粟碳化物。考古报告《先民履迹》称水稻，但没有发现水田和犁等农具。② 台北市芝山岩文化（距今 3500—3000 年）③ 的芝山岩遗址，发现了两块碳化稻穗和许多炭化稻米，以及稻茎、叶和编织物。米粒一般较小，经测量，长约 0.42 厘米，宽约 0.25 厘米，长为宽的 1.7 倍，形状粗胖。经台湾中兴大学日籍教授冈彦一鉴定，可能是粳稻。④ 这个遗址不仅发现稻米数量相当多，还有石锄、石铲、石刀、木棒、鹿角鹤嘴锄等农具。主持该遗址发掘的台湾大学考古人类学系黄士强教授推断，这些稻米应是栽培的。他还认为，遗址中发现的木棒，就是《左传》、《国语》、《礼记》等古籍记载的烈山氏或厉山氏之子"曰柱，能殖百谷百蔬"或"其子曰农，能殖百谷"。"柱"当为掘棒、耒、耜等农具。烈山氏应为烧山开垦的意思，即以刀耕火耨的方式种植百谷百蔬。"芝山岩文化的农业可能与之相同。"⑤ 换句话说，芝山岩遗址出土的稻，是芝山岩文化居民用刀耕火种的方式耕种，栽培的只能是陆稻。

台湾东海岸南端的卑南文化（距今 3500—2000 年）斧锄形石器等耕作工具，

---

① 《跨湖桥》附录三，第 344—348 页。

② 臧振华等：《先民履迹》台南县政府，2006 年。引者按，这本书中，已公布在台南县的南关里东遗址，发现了距今 4700—4200 年前的稻、粟碳化物。笔者推测也是属于稻粟混作的陆稻。或参见拙作《台湾四百年前史》，九州出版社 2005 年版。

③ 台湾考古界对岛内新石器时代的文化分期，看法不一致。笔者从刘益昌的分期法。见《台湾的考古遗址》，台北县文化中心，1992 年。

④ 黄士强：《台北芝山岩遗址发掘报告》第 55 页，台北市文献委员会，1984 年 5 月。

⑤ 黄士强：《台北芝山岩遗址发掘报告》第 55、53 页，台北市文献委员会，1984 年 5 月。

有将近 700 件石刀和石镰等收获工具，还有加工谷物用的石杵和石臼。金关丈夫和国分直一曾对卑南遗址进行过试掘。他们认为"石器可以说是最能说明生产的作业相"，通过考古发现的石刀，与"台湾现在山地的原住民使用小铁刀采粟穗"的民族学资料类比，推测卑南文化居民栽培的应是粟和旱稻。[①] 刘益昌等的看法相似，"以卑南遗址所发现的文化内涵而言，生业型态以农业为主，斧锄形器虽不多，但有大量的石刀，石镰和去壳用的石杵，推测是种植小米、陆稻……。"[②] 台湾史前博物馆研究员叶美珍在卑南遗址考古现场解说资料《考古现场与出土遗物》中说，卑南遗址所出土的石刀、石镰在东海岸的其他遗址有相似的，与大陆新石器时代遗址出土者也有相似之处，推测石刀为摘取小米穗所用工具，石镰则为割稻工具，而所收获之小米与稻米都属旱作。[③]

为什么作这样的推断，因为生产工具可以决定耕作方式。换句话说，有什么样的工具，就有什么样的耕作方式。不同的生产工具，决定那里的居民是从事旱地稻作，还是水田稻作。水田耕作工具，主要是犁和牛。没有犁，就不易翻耕水田之土。当然，根据民族学和民俗学资料，翻耕水田的方式有多种，如历史记载的"象耕"（是用象踩田）和"麋田"[④]，黎族的"牛踩田"。[⑤] 或用人力翻挖。1949 年前后，在笔者家乡——江苏省溧阳县农村，贫穷人家养不起牛，除了用人工换牛工，就只能靠人工翻挖水田，即在稻田干燥无水时，用钉耙（四齿是直的）挖。到插秧时，放水浸泡，使田土松软，再用一种三齿或四齿钉耙（或齿的下端略宽如鸭爪，俗称"鸭脚钉耙"）把泡软的水田摊平，然后插秧。

三、外证二：民族志记载的陆稻栽培

现代台湾世居少数民族（高山族、原住民）种植陆稻由来已久。除考古发现

---

① 〔日〕国分直一、金关丈夫著，谭继山译、陈昱审订：《台湾考古志》第 280 页，武陵出版有限公司，台北，1990 年。引者按："相"，相当于"类型"。

② 刘益昌等：《史前文化》第 25 页，1993 年，台湾，台东。

③ 笔者保存的这份资料，是 2007 年 9 月 28 日到台湾史前博物馆和台东县卑南遗址考察时获得的。

④ 〔东汉〕王充《论衡·书虚篇》传书言：舜葬于苍梧，象为之耕。……实者，苍梧多象之地。……象自蹈土，……若耕田状，壤靡泥易，人随种之。……海陵麋田，若象耕状。上海人民出版社 1974 年版，第 58 页。

⑤ 黎族的牛踩田，是对深泥田或犁后土会结成硬块的水田，牵三四头牛在田中来回践踏，至泥土松烂就可以插秧。见中南民族学院本书编写组：《海南岛黎族社会调查》上卷，广西人民出版社 1992 年版，第 202—203 页。

外，到了隋代，历史文献中就有了关于台湾种植陆稻的记载。当时台湾被称为流求，《隋书·流求国传》："土宜稻、粱、禾黍、……"。[①] 其中记稻的耕种法是，"厥田良沃，先以火烧而引水灌之。持一锸，以石为刃，长尺余，阔数寸，而垦之。"1930 年，从事考古学、民族学研究的林惠祥教授，根据到台湾进行民族学调查，发表《台湾番族之原始文化》，认为《隋书》记流求人以石锸为垦土之具。石锸应即是石锄。[②] 这种石斧、石锸或石锄，直到现代还在使用。1928—1948 年，日本学者宫本延人一直在台湾大学任教，并进行平埔族和高山族田野调查和研究，著有《台湾的原住民族》一书，他在"自台湾出土之遗物种类"篇，介绍了布农族人在旱田挖掘芋头和种植小米时使用的手锹。那是一种用长约 50 到 60 厘米的树枝，在一端作成约 40 度的弯曲，以绑住石锹的背部。也有部分是在一端以藤条绑住铁制锹刃的手锹。[③]

从事古农史学研究的游修龄教授，在《读〈农耕卷〉—云南物质文化丛书之一》中说，云南现今还存在刀耕火种的原始农业，使用一种原始木锄的小型铁锄，又名手锄。其中间过渡形式是在木锄的鹤嘴尖端上套装铁刃[④]，用来种植旱稻等作物的。流求人使用的是石刃锸，与布农族人使用的手锹、云南一些民族使用的铁刃木锄，是同类工具。我们从以上两位学者的论述中，可以推测，《隋书·流求国传》的记载，说明流求人的耕作方式就是"火耕水耨"，种植的是陆稻。否则以这样的工具和耕作方式种水稻，那是难以想象的。

在明清两代及荷兰人的文献中，同样有台湾世居少数民族栽培陆稻的明确记载，如康熙五十六年（1717）周钟瑄纂修的《诸罗县志·番俗考·饮食》，说平埔族人"种禾于园"（卷八），就是在园圃里种陆稻。其余不一一赘引（见参考资料二）。这些记载与当代学者田野调查结果是一致的：

1969—1971、1980 年。民族学家卫惠林多次到南投县埔里做田野调查，1981

---

① 中华书局点校本。三国时种粟，见《临海水土异物志》。

② 林惠祥：《台湾石器时代遗物的研究》，林惠祥著、蒋炳钊编：《天风海涛室遗稿》，鹭江出版社 2001 年版，第 191、87 页。

③ 〔日〕宫本延人著、魏桂邦译：《台湾的原住民族》第 24 页，晨星出版社，1992 年台北。按：林惠祥在《台湾石器时代遗物的研究》中指出，石斧这种石器台湾各地很多，也是新石器时代石器之一种，用途是掘土种地，用法也是扎于有权的木枝上作锄状，日本名为打制石锹（林注：引自宫本延人《台湾先史时代概说》）。可见，宫本延人所说的石锹，就是石斧、石锄。同时，还种粟。又，台湾大学，日据时期称"台北帝国大学"，1945 年台湾光复后改今名。

④ 游修龄：《农史研究文集》，中国农业出版社 1999 年版，第 489—490 页。

年出版《埔里巴宰七社志》。他说，《诸罗县志·番俗考》的记载，是巴宰族的生产文化形态"首见于地方文献"。他去调查时，巴宰族人依然是烧垦、轮休的游耕农作与采集捕鱼的生产类型相并行，其农作物主要是旱稻、粟与甘薯。[1]

　　1960 年 9 月，李亦园主持"南澳泰雅族研究计划"的田野调查工作。与石磊、徐人仁、宋龙生等，在宜兰县南澳乡先后进行了 3 个年头的调查，出版调查报告《南澳的泰雅人——民族学田野调查与研究》。[2] 南澳泰雅族人使用的农具有开垦工具、种植工具，除铁制的由汉族地区输入外，还有木制的小锹（与铁小锹都是山田耕种的最主要农具，用于种植、除草）以及鹿角小锹、鹿骨小锹（木柄、肋骨为锹身）、竹小锹（木柄竹身）、掘杖（长约 1.5 米，有尖头和弯头两种，用作开垦工具或挖穴种植）和摘穗竹刀等，种植的禾谷类农作物有粟、陆稻等。

　　1996 年 12 月—1997 年 1 月、2003 年 4—6 月，四川省民族研究所李绍明研究员两次到宜兰县南澳乡泰雅族人中进行民族学调查。他说，泰雅人的传统社会是一种半游耕式的部落组织，生业以刀耕火种山地农业为主，兼事打猎、捕鱼、采集。农作物有粟、旱稻、黍和甘薯等。[3]

　　2007 年 9 月 28 日，笔者在台东县卑南乡东兴村（原名"大南部落"，鲁凯族聚居区）古德明头目家，看到陈列的一大束黑米旱稻穗。他的夫人说，旱稻是高雄县茂林乡多纳村的朋友种的，2005 年送给他的一束。每年 11—12 月，多纳村都举行"黑米祭"。[4] 2007 年 10 月 1 日，在嘉义县阿里山乡的特富野部落高德生（邹族）先生家，看到他当年收获的陆稻。他与小学校长浦忠勇先生（邹族）说，与水稻不同，邹族人称陆稻米为"真正的米"（笔者记邹族语音为：bai—a—o—lu）。高德生告诉笔者，南投县久美部落有祭拜陆稻的习俗。

　　再如海南岛黎族种植陆稻的过程是这样的。20 世纪 50 年代，中南民族学院师生到海南岛进行民族学田野调查，当时黎族人从事稻田耕作，除水田犁耕、牛踩田外，还用刀耕火种方式种植陆稻，被称之为"砍山栏"。砍山栏的过程是：选地、砍伐（先砍低矮的杂草、杂木，后砍高大的树木的枝丫）、放火焚烧、捡拾残渣、下种、除草、收割。种山栏的最主要工具是钩刀和尖木棒。播种时，男

---

①　第 109 页，《中央研究院民族学研究所专刊之二十七》，台北南港，1981 年。

②　《中央研究院民族学研究所专刊之五》第 487—489、460—461 页，台北南港，1963 年。

③　李绍明：《传统社会变迁与民族文化传承——以台湾泰雅人为例》，《思想战线》2003 年第 6 期。

④　高雄县茂林乡的茂林、万山、多纳三村是鲁凯族聚居区。

女各有分工。男子用削尖的硬木棒戳地成穴，女子随后下种（每穴丢下干谷5—9粒不等）。收割时，用禾镰（在一个2寸长左右的竹筒上嵌上铁镰）离穗六七寸处逐穗割下。①

通过列举台湾和海南两岛的民族志资料，可以肯定刀耕火种只能种陆稻，但同样需要水。一是播种时，要等天下雨，泥土湿润时才能下种。② 北魏贾思勰《齐民要术》卷十二专门讲旱稻栽培。他说，下种出苗前遇到干旱时，要用牛羊及人上去践踏，地湿就不用践踏了。③ 这是为了防止水分蒸发的保墒措施。二是在稻苗生长过程中，有水时要尽量保存水量，只要水深不会淹没稻苗即可，除草时也不排掉。④ 贾思勰《齐民要术》讲旱稻幼苗成长期内，下雨时，"宜冒雨薅之"。⑤

笔者认为，《隋书》、《齐民要术》的有关记载和海南岛黎族的民族志资料，是对古人所说"火耕水耨"的最好注解。《史记·平准书》说"江南火耕水耨"。集解引应劭云："烧草，下水种稻。草与稻并生，高七八寸，因悉芟去，复下水灌之，草死，独稻长，所谓火耕水耨也。"《史记·货殖列传》说"楚越之地，地广人稀，饭稻羹鱼，或火耕而水耨。"正义云，"言烧草下种，苗生大而草生小，以水灌之，则草死而苗无损也。耨，除草也。"可见，是在水中为陆稻除草的。

以往对"火耕水耨"的理解，有两点不准确：一是，认为把稻苗和草都淹在水里，这样，草被淹死成为肥料，稻苗可以更好地生长。其实，这样做，是把稻苗淹死，而有的草还能活着。其二，认为"火耕水耨"就是种水稻。如果把古书的记载，与民族志材料（如黎族的砍山栏）类比，就可以知道，"火耕水耨"与刀耕火种一样，种的都是陆稻。任式楠教授指出，"火耕水耨"，火耕是启动稻田劳作的第一步，就是用烧田方法整治田地，实际上是"焚而不耕"，并不涉及翻动农田土。⑥ 不翻动农田土就播种，只能用如同泰雅族、黎族使用的方法来种陆

---

① 中南民族学院本书编写组：《海南岛黎族社会调查》下卷，广西民族出版社1992年版，第120—121页。

② 《海南岛黎族社会调查》下卷，第120页。

③ 缪启愉校释本，农业出版社1982年版。

④ 《海南岛黎族社会调查》上卷，第360页。

⑤ 缪启愉校释本。

⑥ 任式楠著：《任式楠文集》第394页。

稻或粟等耐旱作物。

此外，国外也有在平地的稻田里种植陆稻例证。如非洲75%的稻田种植陆稻，拉丁美洲也有75%的稻田种植陆稻。①

四、结语

笔者赞同陆稻栽培早于水稻的观点。② 水田、灌溉系统、大型石犁和牛的驯养是水稻栽培的条件。考古发现看不到这些要素，那就很可能种植的陆稻（旱稻）。因此，在没有分清楚是陆稻还是水稻之前，无论是考古报告还是学术论文，不妨先称作"稻谷（米）碳化物"、"栽培稻"，不宜一概称作"水稻遗存"、"水稻碳化物"等。

总之，笔者的初步看法是：依据目前所见的考古资料，包括跨湖桥遗址在内、如河南舞阳裴李岗文化贾湖遗址、浙江萧山的下孙遗址及浦江的上山遗址，都在距今6500年以前③，那时，还没有发现水稻田遗迹，栽培稻可能都是陆稻；此后发现的栽培稻，凡符合栽培水稻条件的，种植的就是水稻；否则，栽培的仍然是陆稻。即使在今天，山东、云南、海南和台湾等省，还种植陆稻。可以说，陆稻栽培的历史比水稻久远。

参考资料一：

林惠祥：《台湾石器时代遗物的研究》，《厦门大学学报》（社会科学版），1955年第4期。

游修龄：《黍粟的起源及传播问题》，《中国农史》1993年第3期；《农史研究文集》，中国农业出版社1999年版。

陈国强等：《闽台考古》，厦门大学出版社1993年版。

林华东：《良渚文化研究》，浙江教育出版社1998年版。

---

① 申宗坦：《陆稻》，《中国农业百科全书·农作物卷下》，农业出版社1991年版。
② 现将发表陆稻早于水稻观点的部分学者的大作，列举如下：游修龄：《百越农业对后世农业的影响》，王慕民等主编《河姆渡文化新论》，海洋出版社2002年版；《黍粟的起源及传播》，《中国农史》1993年第3期；汪宁生：《远古时期云南的稻谷栽培》，《汪宁生论著萃编》，云南民族出版社2001年版；俞为洁：《从祭祀用稻看旱田陆稻先于水田水稻》，《农业考古》2004年第1期；高仓洋彰：《水稻耕作技术体系的东传》，《边疆考古研究》第2辑，科学出版社2004年版。
③ 这个年代以笔者能搜集到的资料为限。这是根据考古发现水田的最早年代距今6500拟定的。又，陆稻，也称旱稻。本文统一称陆稻；引文中的名称依原文不变。

吴春明：《中国东南土著民族历史与文化的考古学观察》，厦门大学出版社1999年版。

宋文薰：《由考古学看台湾史前史》，《汉声》第34期，1991年。

曹永和：《环中国海域交流史上的台湾和日本》，《台湾风物》第41卷第1期，1991年。

张光直：《中国东南海岸考古与南岛语族起源问题》，《南方民族与考古》1987年第1期；《新石器时代的台湾海峡》，《考古》1989年第6期。

韩起：《台湾省原始社会概述》，《考古》1979第3期。

李亦园：《台湾土著民族的社会与文化》，联经出版事业公司1982年版。

黄士强：《台北市芝山岩遗址发掘报告》，台北市文献委员会1984版。

臧振华：《从台湾南科大坌坑文化遗址的新发现检讨南岛语族的起源地问题》，《浙江省文物考古研究所学刊》第八辑，科学出版社2006年版；《台湾北部史前文化研究的几个问题》，《大陆杂志》第66卷第4期，1983年4月。

何传坤：《台湾的史前文化》，远足文化有限公司2003年版。

刘益昌：《台湾的考古遗址》，台北县文化中心1992年版；《台湾原住民史·史前篇》，台湾文献馆，2002年。

〔日〕鹿野忠雄著、宋文薰译：《台湾考古学民族学概观》，台湾省文献委员会出版，1955年。

〔日〕国分直一、金关丈夫著，谭继山译、陈昱审订：《台湾考古志》第280页，武陵出版有限公司，1990年。

〔澳〕贝尔伍德：新石器文化从中国向东南亚的传播（英文），中国社会科学院考古研究所编：《华南及东南亚地区史前考古》，文物出版社2006年版。

参考资料二：

明陈第《东番记》有"无水田，治畬种禾，山花开则耕，禾熟拔其穗，粒米比中华稍长，且甘香。"[①] 与陈第同时人周婴《东番记》赋，有"其禾畬种，而水耨事寡。"[②] 证以张燮《东西洋考》，"土宜五谷，而皆旱种"、《明史·鸡笼

---

① 台湾文献丛刊第56种，1959年。这套丛刊是台湾银行的。以下不再注明出版单位。
② 〔明〕周婴：《远游篇》卷12。明末刻本。或参考张崇根《周婴〈东番记〉考证》附录，辽宁《社会科学辑刊》1982年第1期。

传》"土宜五谷，而不善水田"①、1645 年荷兰人在报告中写道：台湾"稻系植于旱田，故产量不多。"② 可知，种的是陆稻。郑成功于 1661 年八月派户都事杨英到南社③巡视，据他所见，南社一带"土人"，只用寸铁剡凿，不知犁耙锄斧之快；近水湿田，置之无用。为了改变这种状况，"每社各发农夫一名，铁犁、耙、锄各一副，熟牛一头，使教牛耕犁耙之法，播种五谷割获之方。"④ 据此可知，这一带平埔族人种植的也是陆稻。清代有关记载，如朱仕玠的《小琉球漫志》说，"熟番"所种悉旱稻。唐赞衮的《台阳见闻录》也说："熟番多于园中旱地种稻"。⑤

① 〔明〕张燮：《东西洋考》，谢方点校本，中华书局 1981 年版；《明史》，中华书局点校本。

② 转引自〔日〕中村孝志著、吴密察等译：《荷兰时代台湾史研究（上卷）》第 45 页，稻乡出版社，1997 年，台北。

③ 指原居住在今云林县仑背乡丰荣村的平埔族系的洪安雅人。

④ 〔清〕杨英：《先王实录》，陈碧笙校注本，福建人民出版社 1981 年版，第 252、259—260 页。

⑤ 这两种著作均据台湾文献丛刊本，分别著于乾隆三十年（1765）或刊于光绪十七年（1891）。引者按："熟番"指平埔族。

独木舟与水文化的萌芽

——从跨湖桥发现的中华第一舟说起

吴振华（《杭州古港史》作者）

　　20 世纪 90 年代的钱塘江南岸，在会稽山余脉西北麓的杭州萧山跨湖桥发现新石器时期遗址，后经 2001 年和 2002 年的二次考古发掘，出土大量的陶器、骨器、木器、石器以及人工栽培水稻等文物，经碳 14 和热释光测定，其年代在公元前 6000 – 公元前 5000 年之间。

　　石破天惊的是 2002 年 11 月又发现了独木舟及相关遗迹，独木舟标本经碳 14 测定，其年代达 8000 年左右。这是目前发现的国内最早的独木舟实物，同时也是世界上仅存的最古老的独木舟。不容置疑，这艘独木舟的出土，掀开了新石器时代中华民族的祖先使用水上交通工具的神秘面纱，证实了在距今 8000 年前的萧山跨湖桥一带，我们的祖先已经使用了独木舟，在两岸山丘夹峙面向海洋的钱塘江口穿行，从而向世界展示了中国水文化的精髓——水上交通工具萌芽的神韵。

一、独木舟的发现

　　根据考古发掘报告：独木舟出土在遗址 T0512 西北角的⑨C 层下，舟体呈西南—东北方向。舟体残长 560 厘米，最宽处约 52 厘米。独木舟木质坚硬，船身敦实，船头略为上翘，通体精致流畅，船舷内壁打磨光滑，在船头及侧舷处发现两大片的黑焦面，证实了我们的祖先用火烤然后剞制独木舟的技法。

　　根据独木舟在遗址中所存在的位置和周边的文物组合，我们认为这是一条正在制造的独木舟。因为在跨湖桥遗址独木舟的四周发现许多堆放的木料和木板，在独木舟的两边还发现了两件小木桨，在舟的下方有木桩和柱洞，周围还留有木质石锛柄、石锛、砺石、残木器等。从这些出土物来看，这里应该是一个独木舟制作或修理的加工场所。跨湖桥遗址东北约五华里的下孙发掘出新石器时代遗址，说明这里曾是一片村落，我们的祖先就是用石锛或是在石锛上绑上器柄这样的原始工具，用火烤焦剞制成了这艘独木舟。

从杭州湾的考古出土文物看，这里是全国水上交通工具最令人炫目和最发达的地区，是水文化的发展先驱。请看：

河姆渡文化（公元前 5000 年至公元前 3300 年）："在河姆渡遗址第三文化层的木建筑构件中，发现了一件直径约 60 厘米，中间挖空，横断面呈弧形，一端尖圆状，另一端已残断的木构件，从它的出土形状看很像是独木舟的遗骸"。"河姆渡遗址出土了六支木桨，均属第三、第四文化层。木桨均是用整段木料加工而成，桨叶呈扁平状，柄部粗细适中，自上而下逐渐变薄，线条流畅，形状有些像江南水乡使用的手划桨。其中一支桨，残长 63 厘米、叶长 51 厘米、宽 15 厘米，色泽赭红，木质坚硬，在柄与叶的交界处刻有对应斜线的几何图案，制作精湛，美观实用，其更像是一件杰出的工艺品。出土的这些木桨较小，桨叶的击水面狭窄，可以推测当时的独木舟体积较小"。

马家浜文化（公元前 5000—公元前 3000 年）和崧泽文化（公元前 3000—公元前 3300 年）：分布在杭嘉湖及长江下游、上海等濒临东海的水乡泽国地带，从现有出土文物看，著名的桐乡罗家角遗址，第四文化层据 C14 测定为 7040 ± 150 年，在它的第三文化层中出土了两件被称作"拖泥板"的残木器，其中一件残木器的形状有些像船底的底板：一侧有弧度的加工痕迹，内壁平整光滑，外底呈弧形，很像是一件被遗弃的独木舟的残体。从其他出土文物也可相印证，如发现骨镞、石镞、骨鱼镖、陶网坠等渔猎工具，以及陆生、水生动物的遗骸，说明渔猎经济占重要地位，舟楫的制作当继续发展。

良渚文化（公元前 3300—公元前 2000 年）：良渚文化遗址中出土了不少木桨。如浙江吴兴的钱山漾遗址就曾出土过一枝木桨，木桨选用的是质地坚硬的青冈木，木桨通长 96.5 厘米、柄长 87 厘米（已腐朽）、叶宽 19 厘米，是用整块木料制成的，中间一脊贯穿桨叶连接柄部，整条木桨结实厚重。如此结实的木桨，使人们能想象出当时的独木舟体形是比较大型而且敦实的。杭州水田畈遗址也出土了四支木桨，这些木桨器型都比较大，桨叶比河姆渡的木桨大一倍，它的实用性也大大超过后者。这些木桨的出土充分说明在 4000 多年前的东部沿海地区，独木舟的运用已经相当普遍。

笔者 20 世纪 80 年代初期，因撰写《杭州古港史》，曾经走访一位喜爱考古文物的袁先生，袁说起在文革时期他在五云山一医疗机构工作，经常去转塘镇西的山坡寻觅石器、陶片等文物，一次暴雨过后，发现山脚有黝黑的大木出土，他说是艘独木舟残体露出地表，可惜没能保存下来。

二、跨湖桥先民从何而来？又到何处去？

从"山上"高地向水滨迁徙：

今浙江地区早于跨湖桥文化的新石器时代遗址，目前发现的有浦阳江上游的上山文化（公元前9400—公元前6600年）和小黄山文化（公元前8000—公元前6000年）。

上山遗址位于钱塘江支流浦阳江上游的浦江县黄宅镇境内，已被公布为全国重点文物保护单位。在已出土的文物中，有80件陶器，大多数器型为大口盆。此外还出土了大量石球、石磨盘等。距今万年的上山遗址，是中国长江下游及东南沿海地区迄今发现的年代最久远的新石器时代遗址。在跨湖桥文化发现前，人们一直认为带镂空圈足器是在新石器的偏晚期才开始流行起来的。所以，对萧山跨湖桥遗址中发现的类似高脚杯的圈足陶器时，不可理解，因而对跨湖桥遗址的年代产生质疑。

浦江上山文化比跨湖桥文化早2000年左右，也出现了圈足器，有的还有镂空装饰。跨湖桥置疑方才释然。人们自然要问：上山文化是否延续出跨湖桥文化？因为上山文化源于浦阳江上游，而跨湖桥文化位于浦阳江与钱塘江交汇处，从上游往下游迁徙，在人们的意想之中。问题是跨湖桥先民抵达跨湖桥时，同时带来了熟练的独木舟、楫制作技术，在上山文化里尚未发现独木舟、楫的影子，跨湖桥的先民如与上山人有关联，那当还有一个未知的濒临水边、依水而住、种植水稻的"上山"洼地遗址存在，并在那里迎接中华第一独木舟的诞生。

小黄山遗址（公元前8000—公元前6000年）。位于浙江嵊州市甘霖镇上杜山村小黄山，小黄山类型文化遗存陶器的形态特征，交错拍印绳纹、镂孔放射线和红底白彩的装饰风格等与萧山跨湖桥类型文化同类陶器十分相似，中存在不少萧山跨湖桥文化因素，有相当多的可比性，甚至完全相同，只不过小黄山从陶器成型方法等方面表现出更为古老的文化特征。但是，跨湖桥先民和独木舟、楫同时代出现在钱塘江口，纵观曹娥江上游的小黄山遗址，并没有出现有关舟、楫的文物，问题是小黄山遗址的先民有没有在晚期前向江边、海滨迁徙分居并从事舟、楫制作的活动，现在也没有这方面的证据。

海进说，顺沿海迁徙：

根据地质水文资料记载，从第四纪"晚更新世"到"全新世"，浙江曾有过两次海进和海退的过程。第一次海退发生于距今2.5万年前，经过8000年仍趋于极盛（距今17000年）。其时东海大陆架已经全部出露，当时的浙江面积，比现在几乎大了两倍。土地辽阔，平原坦荡，全新世初期，东海大陆架发生了一次较大规模的海侵，在距今1.2万年前后，海岸线处于现在的海拔—110米的位置上，到1.1万年前后上升到—60米，到了8000年前，海面更上升到—5米。

现跨湖桥遗址依托的原始地面低于海平面约0.5米，符合该遗址存在的上限年代。跨湖桥出土的独木舟也是8000年的遗物，说明跨湖桥先民是带着独木舟从被海水上升所淹没的沿海地带抵达跨湖桥的。我们也可以这样释疑跨湖桥先民从8000年前至7000年的从大兴到突然衰亡的原因，由于海侵，他们从被淹没的家园迁徙到依山滨水的跨湖桥，从事水稻种植、渔猎，7000年前突发巨大海潮或海啸，跨湖桥文化遗址突然被海水淹没消失。不能排除她来自今天的海平面下50米至5米的东海大陆架处，故不知她来自何地，至今仍没发现她的递延，可能是一场大的水难，彻底葬送了她。

三、独木舟所引起的绕梁余音——造船业的兴起

舟的起因还得从远古说起，先民们尚以渔猎和采集为生，活动范围被局限于滨水地域。恶劣的环境与求生的本能迫使人类去思考寻求一种可以浮于水上的工具，以期猎取更多的食物和战胜洪水的危害。长期与自然界的抗争不断增添着人们的智慧，"古者观落叶因以为舟"（《世本》），"古人见窍木浮而知为舟"（《淮南子·说山训》），古人终于认识到某些物体具有浮性，自然漂浮物成为人们创造舟船工具的最早诱因。经过长期实践，古人创制了最早的水上交通工具——筏（古时也称为"桴""泭"或"箅"）；继编木为筏之后，又有"刳木为舟"（《周易·系辞》）。"刳"是割开、挖空的意思，"舟"是指古代船舶的鼻祖——独木舟。有了舟，自然有了推动独木舟行进的工具。"剡木为楫"（《周易·系辞》），"剡"的意思是削。"楫，捷也，拨水使舟捷疾也"（《释名·释船》）。削木头做成桨，以推进舟的行驶。独木舟与桨相配合，人们才可较随意地在水面上活动。"舟楫之利以济不通，致远以利天下。"（《周易注疏》卷4）目前所知的最早的独木舟和桨具出现在杭州跨湖桥遗址（公元前6000年）。跨湖桥被海水淹没后，河姆渡又有了舟楫的制作，同时及稍后的马家浜文化、崧泽文化和公元前3300—公元前2000年良渚文化，舟楫的制作始终没有离开先民的生活和生存，相反随着时代科技的进步，水文化中的水上交通工具的制作得到突飞猛进的发展。

夏朝始于公元前2146年，正是良渚文化的晚期，止于公元前1675年。商代

是公元前 1760 年到公元前 1120 年，夏、商二代共历时 1000 多年。这个阶段特别是水上交通工具发生巨变的时代，据历史学家考证，就在今洛阳市偃师的二里头村附近，在夏代都城遗址内发现了原始的青铜工具，其中有武器和酒器，说明我国青铜文化的历史在夏代已经相当成熟。而后殷墟甲骨文的出世，就有数十个字形各异的舟字跃然龟甲兽骨之上。

　　从这些甲骨文的形态，可以清楚看出，这个时期的独木舟已经进入复杂板块结构的舟船制作。至迟在三千年前的商代，我国就已完成了由独木舟到木板船的变革，且此时的木板船已具有成熟的规制。杭州跨湖桥所处地域古国名越，相传始祖是夏代少康庶子无余，建都会稽（今浙江绍兴）。春秋末年，越国逐渐强大，其王勾践经常与吴国对抗，并在跨湖桥附近的钱塘江滨兴筑以屯大船军的固陵，依山筑港，有山掩护的港湾云集战船，不无夸大地说，越、吴水战使这里诞生中国古代第一个水军港城。公元前 482 年，勾践乘吴王夫差率精兵北上到黄池（今河南封丘西南）会盟之机，就是从固陵发习流（水兵）2000 人，兵士 40000 人，君子（精锐）6000 人，诸御（车兵）1000 人伐吴，一举攻入吴（今江苏苏州）。公元前 473 年，越国又发水军灭掉吴国。公元前 468 年，越沿吴北上的途径，从会稽"徙都琅邪"（《今本竹书纪年》）。琅邪，今山东胶南琅邪台西北。这时，越并有琅玡、会稽二郡）。时越有"死士八千，戈船三百艘"，使楼船士卒"二千八百人伐竹柜为桴"。公元前 379 年（越王翳三十三年）又"迁都于吴"。

　　这一时期是古代水文化和船舶制造的鼎盛时期。越、吴争霸，全是水战，集结水军，输运作战物资，国人往来，使造船与航海业迅速发展。越人自古擅长航海，有"断发文身"的习俗，以舟为车，以楫为马′，越人常常潜水游泳，对造船航海技术较为娴熟。越、吴两国都设置了"船宫"，作为造船工场，船舶种类增多，数量增大。船舶有商船和战船。越国造的船有适于海战的戈船，也有民用的扁舟、轻舟、舲等。吴国战船有大翼、中翼、小翼、突冒、楼船、桥船、戈船等不同类型。据文献记载："大翼长十丈，阔一丈五尺二寸，一船可载士兵二十六人，桨桅手五十人，操驾水手三人，长钩、长矛手十二人，指挥二人，共九十三人。船载弩三十二张，箭三千三百支，盔、甲各三十二副。中翼长九丈六尺，阔一丈三尺五寸。小翼长九丈，阔一丈二尺。""艅艎"是王侯乘坐的大型战船。战时可作为指挥旗舰。余皇船首绘有鹢鸟的图案。可以想见这些功能齐全、品质优良的战船风起云涌的在杭州湾上穿梭是何等壮观。

　　跨湖桥遗址虽然没有明确的找到她的来去踪影，但是她的巨大影响是现实的。不论她来自何处，去向何处，她真实的在这块沃土上生存并灿烂过，不论她的文化有无延续，目前的发现显示出它具有中国第一舟的地位和中国第一造舟场所；从而引申出春秋时期中国第一水军港城——固陵；引申出始自春秋时期大运河的终点；引申出唐宋中国古代著名五大海港之一——杭州港。却是实实在在的。

　　我不敢断言杭州跨湖桥文化是水文化即人们常说的海洋文化的摇篮，但探向海洋的唯一水上工具——目前世界仅存的，年代最古的独木舟就出现在濒临大海的杭州湾滨，若说她与海洋文化无关，我是不敢苟同的。从跨湖桥文化遗址所处的地理位置讲，她应是无与伦比的杭州水文化起源的鼻祖。

跨湖桥文化下线对马家浜河姆渡文化
早期的辐射和影响

张丽敏（桐乡市博物馆）

　　笔者在网上看到不少评论跨湖桥文化的文章，得知在跨湖桥遗址发掘之初，考古工作发现的全新的遗址，感到愕然，既不是河姆渡，又不是马家浜，好像是一个天外来客，来无影去无踪。面对这个陌生的文化，后来不得不与湖南石门皂市长江中游新石器时代遗址搭上了关系。自从小黄山，上山遗址发掘后，才使跨湖桥文化找到了源头。

　　小黄山遗址在嵊州市甘霖镇上社山村，遗址面积 5 万多平方米，"是目前长江下游距今 9000 年前后，规模最大的聚落遗址。"① 据报导，"小黄山遗址 B 区Ⅱ期遗存文化内涵中存在不少萧山跨湖桥文化因素；A 区Ⅱ期遗存绳纹圜底釜、双鼻平底罐与河姆渡文化因素同类陶器，可能具有内在联系。"② 小黄山遗址"第一阶段文化内涵与浦江上山遗址相近，第二阶段遗存文化内涵中存在不少萧山跨湖桥因素，文化面貌总体上较跨湖桥更为原始古老。第三阶段遗存与跨湖桥文化有相当多的可比性；绳纹圜底釜、双鼻平底罐与河姆渡同类陶器也有某些雷同之处。"③ 小黄山遗址"第一阶段夹砂红衣陶多角沿盆等陶器形态上与河姆渡文化早期多角沿盆很相似，第三阶段最具特征的双鼻罐、平底盘也与河姆渡文化代表性陶器双鼻罐、平底盘具有某种传承发展的内在联系，据此推断小黄山类型遗存是河姆渡文化的重要来源之一。"④ 上述证据说明小黄山遗址第二阶段时向跨湖桥传播发展，到第三阶段时与跨湖桥文化相近相似，有平起平坐的迹象，在此时小黄山文化和跨湖桥文化同时从嵊州和萧山不同地域，向河姆渡方向传播和发展。这一点已从不少论述中得到比较一致的认识。但是跨湖桥文化与钱江北岸马家浜文化的早期——桐乡罗家角和新桥遗址有何发展、传承关系，尚无看到评

---

① 据网络文章报导，摘录。
② 据网络文章报导，摘录。
③ 据网络文章报导，摘录。
④ 据网络文章报导，摘录。

论，笔者以地域之缘，发表一些生涩的拙见。

一

在1973年和1977年，河姆渡两次发掘后，有不少学者认为马家浜文化是河姆渡文化发展的下线，所以在1978年，当时的省文管会派魏正瑾、吴玉贤[1]到罗家角遗址进行试掘，想找到河姆渡遗址与罗家角遗址的相互关系，1979年以牟永抗、姚仲源[2]为领队的罗家角考古队，对遗址进行了正式发掘，并经科学测定，年代数据早于河姆渡。因而河姆渡与罗家角不是发展、继承的关系，而是坐在一起的、相互交往影响的兄弟关系，有不少一致、相近、相似的文化内涵。1982年和1992年，由于运河塌方和运河改道，曾对桐乡新桥遗址进行两次试掘，发现与罗家角遗址年代接近的文化内涵，是罗家角发掘之后的一次重要发现。陶器群可以说是罗家角的再现。陶器群羼和料有夹蚌、夹砂、夹炭（屑），夹蚌陶占68%，夹砂陶占19%，夹炭（屑）陶占13%。夹蚌陶夹的蚌灰应是蛤蜊壳，遗址附近堆积丰富。蛤蜊属于海生软体动物，生长在咸水和淡水交互的水域中，新桥和罗家角离钱塘江不算远，在清乾隆修海宁海塘以前的康熙时，咸潮倒灌远在罗家角遗址的北线，至炉头杨园村的车溪，农学家张履祥的故乡。所以罗家角与新桥先民可以地取材，获得大量蛤蜊壳烧成灰，掺到陶器胎土里，跨湖桥遗址在钱塘江南岸的湘湖，湘湖在群山环抱之中，本是一处泻湖，由于海平面升高，再加上在钱江潮水的直接影响之内，陆地和水域交替进行，直到北宋（1112）才置闸隔断江水，成为真正的淡水湖。湘湖湖口在当时也是咸水和淡水交互之处，适合蛤蜊生长，为8000年前的先民获取蛤蜊壳提供了便利，陶器中掺蛤蜊壳灰成为可能。蛤蜊壳经过焙烧作为陶器的羼和料，是夹砂陶器生产以后的又一次重要革新，可以使炊器陶胎转薄，耐烧传热，防止烧裂渗水，这种方法在8000年前的跨湖桥先民已率先使用，与木制慢轮一样，是跨湖桥先民的伟大创造。这种地域特点的文化特质，把跨湖桥与罗家角、新桥等遗址扯到了一起，拉近了距离。在陶器类型方面，罗家角和新桥早期，都有多角沿的盆，像开放的莲花，造型很漂亮，有很强的审美艺术，这种器物与河姆渡有惊人的一致，现在通过小黄山、

---

① 魏正瑾研究员，原南京市文物局局长；吴玉贤研究员，原福建省文物厅文物处处长。
② 牟永抗研究员，原浙江省考古研究所一室主任；姚仲源，原浙江省文物局文保考古处处长。

跨湖桥几个遗址连连看，只不过是老牌新作，它的父型在跨湖桥，祖型在小黄山。再看双耳平底罐，跨湖桥与罗家角、新桥遗址早期都有发现。器耳宽带形，这种形制，在造型和力学上有其原始性，跨湖桥的罐双耳按在肩部，耳的负重超强，罗家角和新桥早期双耳宽带式，按在腹中，负重能力得到增强，应该是一种改进和进步。穿系的孔呈圆形，与器身弧度一致，系绳力点在耳两端，所以两端容易磨损，常常拉断。在实践基础上，改进器耳，后来发展成马家浜文化最为盛行的两端起翘的牛鼻式耳，耳孔的弧度与罐的器身成反方向，绳索穿系时，耳的着力面扩大，因此减缓了磨损速度，延长器耳的寿命，这是器耳发展的一种进步。

小黄山遗址"第三阶段遗存与跨湖桥文化有相当多的可比性，绳纹圜底釜与河姆渡同类陶器也有某些雷同之处。"① 绳纹圜底釜也是罗家角和新桥早期的一种典型炊器，在釜的底部饰绳纹，这不但是一种装饰上的特征，也是符合扩大火焰接触面，增强热能的吸收，在造型和纹饰有相当多的一致性。

二

骨制器物是跨湖桥、河姆渡、罗家角文化内涵的重点。骨耜是三处遗址最具代表性的器物。河姆渡最多，最先进，最完美。河姆渡骨耜，用偶蹄类动物肩胛骨制成，在骨耜的骨臼处，横穿长方形銎，前端又有眼状穿，竖柄安装，便于绑扎，有横穿木质装置，便于脚踏助力，可能是一种退耕掘土工具，在坚质大型石器稀少的地域，这种尖锐的骨耜是翻耕农具的主流；罗家角骨耜出土较少，也用偶蹄类动物肩胛骨制成，在骨耜上端骨臼处正面削平，便于安置木柄，在骨臼的两侧加工成肩形，凿有椭圆形未遂孔。制作技术比河姆渡略为原始；跨湖桥骨耜，也用偶蹄类动物肩胛骨制成，上端骨臼处用火灼烧后凿成竖銎按竖柄。因竖孔口浅，按柄不易牢固，这样的骨耜显得更为原始，应该是骨耜的初形。三个遗址出土的骨耜取材、构思和功用是一致的。若不是文化内在的联系，或传承发展关系，不会有如此类同的工具出现。骨制器物还有骨笛，罗家角、河姆渡、跨湖桥都出土骨笛，大同而小异，1980 年在罗家角遗址下层，出土 1 件骨笛，长

---

① 据网络文章报导，摘录。

10.8 厘米，直径 1.6 厘米，骨壁厚 0.1 厘米，属于飞禽类的肢骨，两端分别刻划弦纹和斜线纹，组成两组图案，并在一端的骨壁上磨穿一孔；河姆渡出土的要比罗家角多得多，有一孔，也有两孔，长 6—10 厘米，均素面无纹；跨湖桥出土的有两孔，也有三孔，制作较为粗糙，磨孔略大而深；1987 年在河南舞阳县的贾湖遗址出土了一件长 22.2 厘米，用飞禽肢骨制成的七孔骨笛。如果说罗家角、河姆渡、跨湖桥遗址出土的骨笛并非真正意义上的乐器，而是先民用于模仿禽兽鸣叫，达到诱捕围歼的狩猎辅助工具的话，那舞阳出土的七孔骨笛，已具备了现代笛子的形制和功能，已成为真正意义上的管状乐器。笛子，属于中国古乐的"八音"之一。"八音"在古代指金、石、土、革、丝、木、匏、竹八类不同材质的乐器。古代用"竹"作形符命名的乐器，大约有十几类。包括吹奏、拨弦和击弦三种，而吹奏乐器占绝大多数，主要有竽、笛、笙、管、箫。这些乐器的名字都出于形声字。以"竹"为形符，作为约定俗成的造字者，所见者皆为竹制。但罗家角、河姆渡、跨湖桥或者那贾湖遗址出土的均为骨制。综观古今，管状吹奏乐器，应该从骨制发展到竹制，然后发展到金属制品。如现在的西洋乐器，凡管体用木制的，如双簧管、大管，称为"木管乐器"；凡管体用金属制的，如长号、小号，则称"铜管乐器"；当今管状乐器，已成为乐器世界的大宗。它的"根"可追溯到 6000—8000 年的罗家角、河姆渡、跨湖桥和贾湖四个古代人类居住的地方。而罗家角、河姆渡、跨湖桥是三处相近的遗址，出土骨笛如此雷同，绝不是偶然的巧合，也不是多元化的原创，它应该有文化的渊源关系，至少是文化的碰撞、影响、发展和传承。

三

在房屋建筑方面，也有不少相似之处。跨湖桥先民的房屋建筑用干栏式和地面建筑并重。笔者在发掘现场看到不少木构件残余，这与罗家角、河姆渡、新桥比较一致。在新桥遗址 T1 第三层发现圆柱形五花土坑，直径 62 厘米，深 23 厘米，下面横木板一块上面立柱一个，直径 20 厘米，残长 20 厘米。这一现象说明先挖坑，然后是置板立柱，并在四周填实泥土；在 H1，实际上可能是一个柱洞，发现凸榫木板一块，横置；残长 31 厘米，宽 23 厘米，厚 4 厘米。可能榫板报废后截断当柱橙之用。这种方法最早见于小黄山遗址，立柱方法，先挖深坑，但大量使用的是桩木立柱，这是新桥、罗家角、河姆渡遗址干栏式建筑最普遍的构筑形式。跨湖桥 F4 残剩泥墙体，墙体内夹一列木桩，木桩横截面分半圆形、三角形、长方形，底端砍削成尖锥状，有相当多的一致性。由于房屋室内的需求，跨湖桥"篾编工艺相当成熟。"①篾编或者叫芦编，都是建筑出现以后，居室使用的卧具。为了抵御潮湿，先民往往在室内铺上芦编的席子，席地而坐，席地而卧，是其生活休闲的一种方式，最早的席应是芦苇编的，芦苇生在水边沼泽，就地取材，壁又薄，制作比竹编容易。这种编织工艺在跨湖桥相当成熟，而河姆渡、罗家角、新桥等遗址都有较多的发现。而跨湖桥出土的"纬刀"可能是加工芦席的工具；而"秤砣型器"会不会是最早的席镇呢？

　　1979 年在桐乡虎啸杨梅湾村大面积平整土地，殃及杨梅湾遗址。杨梅湾遗址南北长 200m，东西宽 150m，文化层厚 50—150cm，该遗址下层是典型的良渚遗存。陶器有红陶鱼鳍形鼎、灰陶豆等；石器除了常见的小件以外，还有一件大型等腰三角形石犁；玉器除一些常见的珠、管以外，有一件器物非常显眼，高4.5cm，底径 5.7cm，上有三出隧孔，相互贯通，有使用磨损痕迹，青中透红，这是良渚时期罕见的特殊玉器。闻所未闻，见所未见。当时没有同类器物比对、参考。因不识庐山真面目，没有引起足够的重视，时隔数年，桐乡博物馆办史前文化展览，把这件器物定名为"权形玉器"，以形冠名。并开始萌发几种猜测：其一，当饰品，硕大的体积，沉甸甸的份量，也显得太大太重；其二，当祭祀天地的礼器，天圆有点形，地方呢？天圆地方说、混沌说、盖天说、穹窿说、都不着边。其三，当狩猎工具，如现代掷垒球一样的带索抛掷物，但该器半球形，重心不稳、较难命中目标，何况这种工具出现在旧石器时代晚期到新石器时代早期，到良渚时期还会使用这种过时的工具吗？而用珍贵软玉作狩猎工具不附合情理和逻辑；其四，秤砣说，民间约定俗成，卖主常以秤砣叫卖，光顾者稀。此说与前三种猜测一样无据，更是风马牛不相及。秤的出现，总觉得与货币的出现不会相差十分遥远，"货者，金银布帛之总名"，原始交易，物物交换，以实物当货币，在新石器时代已经出现，良渚玉琮的传播，西到四川的金沙遗址及陕西延安，南到广东的石硖文化。物物交换或文化传播可算远矣。汉代人说"货从龟贝"，龟贝作货币起自商，黄金作货币起自楚，……在此基础上，秦国统一度量衡，衡即以秤为代表的重量之制。在良渚时期考古发掘中还没有发现度量衡方面

————————————

① 据网络文章报导，摘录。

的遗物，因此良渚地层里，就不会有秤砣的存在。

众多的考古发掘，良渚时期先进的物质和精神文化，得到多方面的展示，良渚先民的智慧和生活物态，比原先的想象要先进得多。远在马家浜文化和河姆渡文化时期，就有精致细巧的芦编物出土，用芦苇之干，剖开压平，然后编织成席，用于铺垫。笔者认为最早的席应是芦席，因为在荒滩湿地，芦苇丛生，可以就地取材，取之不尽，用之不竭，再加上芦苇茎干轻薄，容易破碎压平、编织。而竹子喜温，生长有地域性，取材稍难，茎干坚硬而厚实，难于制作。而芦苇本长在水边滩涂，具有防水防腐的天然独特优势。所以在马家浜和河姆渡文化遗址的发掘中，有较多的芦编发现，有生活常识的人都知道，不论芦席、竹席、草席，因不柔软，常有四角起翘的现象发生。席在潮湿时容易平贴，而一旦干燥，四角起翘更为严重，起翘时需要压平，开始也是就地取材，用一些重物在四角压一下，天长地久，就有了专用的工具，"席镇"这种以自重压角的器物就应运而生了。就同后来的文人用的"镇纸"，有相似的功用。马家浜和河姆渡文化的早中期，普遍发现"干栏式"建筑，居住在搁空的木构房子上，以防水、防潮、防猛兽蛇蝎之害，解除了先民后顾之忧。保持了生存环境的相对安全。但马家浜文化中晚期，逐渐从干栏式房屋，发展到地面建筑，像桐乡新桥遗址第一、第二文化层、谭家湾遗址的上层，都出现了用沙砾和蚌灰筑成的居住面的地面建筑。南方的地面建筑和北方的是大不一样的，南方地下水位高，多雨季节空气和地面都非常潮湿，居室用火烤与铺席应该是两项常用措施。在遗址的文化层中有较多的红烧土块，这些红烧土块除了烧窑遗迹外，就是房基和壁面的遗物。在地上铺席，席地而居，这是中国在唐以前的生活方式，席地而卧，席地而坐……这些词在遥远的时空中，一直流传下来，这是古人生存环境、生活方式之使然。到了崧泽、良渚时期，由于气候变寒，受经向环流影响，在长江流域南北空气的交汇频繁而盛行，雨水增多，有洪水泛滥之虞，居址逐渐向高处转移，有人工增筑的居住区和墓葬区，比较先进的生产力使先民的生存环境应该得到较大的改善，食与居是生存的两大要素，房子的扩大，居室的改善，是先民的首选，"席"的制作与使用更为普遍。但良渚时期的考古发掘不见报导，不等于芦席的消失。因为芦席是有机物，常年在地下水位以下的缺氧环境下，容易保持，河姆渡遗址的下层，海拔高程在吴淞零点以下，芦编、稻秆、谷壳、兽骨、木板、桩柱，都保存非常完好，特别是稻的茎、叶色泽如初；罗家角和新桥遗址的下层海拔高程略比河姆渡高一些，在吴淞零点偏上，常年在地下水位以下的有机质保存也相当完好，这为芦席之类遗迹的保存，提供了必要的条件。但到良渚时期，情况却不一样，居住区和墓葬区普遍较高，大致在地下水位以上，在雨季时在地下水位以下，到旱季时又在地下水位以上，由于干湿交替，有机质较难保存，再加上良渚遗址文化层不像河姆渡和马家浜文化层松软，很难剥离这些遗迹，不见报道，不等于没有发现，不等于当时不使用芦席，而应该更普遍更精致。从精美的礼玉、文字和城市的出现，进入文明时代已不是猜测和设想了。"古国"时代已经出现，等级森严，贫富分化。所以玉制席镇出现也并不偶然。但大部分应该用石制成的。笔者看到的、收集到的均用白石制成。在众多考古发掘中，尚未见到报道。可能在发掘中被无意剔除。但在桐乡一些觅宝者在良渚遗址地层里屡有发现，有的在机械平土的良渚遗址现场，因为不识货、不值钱，无市场价值而当丑妇抛掉。自从杨梅湾良渚地层里出土软玉"权形器"后，多年留意，用心思考，想通过实物的积累，来解开多年的心结。笔者在市场上以善价购得了3件：（1）高6cm，底径8cm；（2）高6.2cm，底径8.1cm；（3）高6.3cm，底径8.4cm。3件器物石质相同，制作工艺和使用痕迹相同或基本一致，石质洁白，有结晶状闪光点。仔细分析，应该是石英岩，主要矿物为石英，化学成分（SiO_2）摩氏7度，比重为2.65—2.66。致密坚硬，块状结构。这种石质是一种区域变质岩，在热压中形成，夹杂在白云质石灰岩，粘土质石灰岩和硅质石灰岩的缝隙溶洞中，像四大名石中的英石中的白筋之类的石质。这种石英岩制品，曾见于河姆渡遗址出土的饰品中。如玦、璜、珠等饰品除萤石、玛瑙等材料外，就有石英或石英岩。说明这种石质还有一定的珍稀度。到了良渚时期，除了软玉之外，而大量采用石英岩做席镇呢，以愚者之见，石英岩有白、坚、重三大优点，符合席镇的美观和使用功能。符合原始先民就地取材，择优而用的选物规律。

罗家角、河姆渡、新桥都有较多的芦编出土，与跨湖桥发现"篾编工艺"是一致的；跨湖桥的"秤砣形器"与良渚时期的"权形器"也很相似。会不会是传承发展关系，或者是偶然的巧合？待考古学家有更多的发现。

四

跨湖桥出土8000年的独木舟，是世界上最早的。2009并4月下旬，笔者怀着兴奋和好奇的心情，想一睹跨湖桥独木舟的风采，一下车直奔萧山博物馆刚落

成的新馆，承蒙馆领导的热情接待，参观了陈列展览，但跨湖桥出土文物只陈列
2件陶器，赞叹之余，游兴余尽。下午马翠兰主任伴同驱车到跨湖桥遗址所在
地。遗址公园正在施工，环视四周，群山葱绿，山间有湖，名湘湖，与西湖隔江
对峙，遥相呼应。我们步入湘湖中的"孤岛"，孤岛的地下，即要去的遗址现场。
有两座大型建筑正在施工，一是遗址陈列馆，二是遗址保护现场。世界上最早的
独木舟即在这座钢筋混凝土建筑的下面。这座建筑地面部分仅一层，并不起眼，
地下部分工程浩大，盘旋直下，深度在湘湖水平面以下，防水墙体厚实坚固，十
分雄伟，看到一条独木舟，静静地卧着，深褐色，长560厘米，宽53厘米，壁
厚约3厘米，已看不出舟的形状，似一片弧形的木板，一头较小，尚能看到木
纹，内壁有几处烧焦的痕迹，两边有3—4厘米的"边栏"这样的形状，与笔者
想象中的独木舟大相径庭。笔者曾见到扬州出土的2000多年的独木舟，形状、
质地都非常完美，笔者面对眼前的独木舟，有点懵然，但马上醒悟，感觉自己犯
了时空方面常识性的错误。扬州独木舟仅2000多年，而此跨湖桥的独木舟已经
历了8000年的沧桑，深厚的地层和地层之上的积水，把原本中空的独木舟，在
如此重力之下，压成现在如板状的独木舟了，两边的"低栏"应是当时舟舷敛口
之沿。笔者对独木舟并无研究，不见则已，一看则想起罗家角出土"拖泥板"状
的木器，何具相似。

　　二十年前的1979年，牟永抗和姚仲源领军发掘罗家角遗址，有一疑案，二
十年来尚未解开。《罗家角遗址发掘报告》中指出"T101尚有2件'拖泥板'
状木器，其形状为一船底形宽板，一侧有转折的边栏，内壁加工平整光洁，外底
略呈弧形。其形状与现代水田中装运河泥、肥料或秧苗的'拖泥板'相近。其用
法是一端拖上绳子，可在沼泽地上拖曳运物。T101g3残长87厘米，宽47厘米，
厚2.5厘米，边栏高4.5厘米；T101g4残长78厘米，宽30厘米，厚2厘米，边
栏高2.8厘米，附记于此。"6这两件"木器"发现于同一探方，编号又是相邻
的两个窖藏g3和g4，两件残长相加165厘米，宽度为30—47厘米，边栏高
2.8—4.5厘米，厚度为2—2.8厘米。当时发掘处在一条狭长地带开方，没有大
面积揭露，南北向宽度不够，再加上地层压力，器物变形，造成一时疏忽，成了
二十年的疑案，现在跨湖桥遗址出土的独木舟，提供了形状和数据，罗家角"木
器"的宽度、厚度、弧度、"边栏"的高度以及先烧灼后锛挖的加工方法与跨湖
桥独木舟极为相似。从直观和推测，罗家角遗址出土的"拖泥板"状木器，应该
是与跨湖桥出土的独木舟类型相似或一致的独木舟。罗家角遗址曾出土大量榫卯

建筑构件，其中有明显加工痕迹的有 20 多件，这些构件的加工，多用火灼烤和斧锛砍劈相结合的方法，这与独木舟的加工方法是相同的。在这样的技术条件下，罗家角生民制作独木舟是完全可能而无疑义的。

河姆渡虽没有出土独木舟，但出土 6 支木质船浆和 1 件陶舟，浆柄和浆叶用同一块原木制成，长 63—92 厘米；陶舟长 7.7 厘米，高 3 厘米，宽 2.8 厘米，应该是独木舟实物的缩影，无疑河姆渡遗址已生产出更为先进的独木舟。

跨湖桥、罗家角、河姆渡是三处水网遗址。先民利用原始森林中大树作材料，用火烤灼，用木质锄形锛柄按装尖锐的石锛，（跨湖桥和河姆渡都出土木质锛柄）剞木成舟，用于水上交通，这对于获取水上食物，媾通婚姻，传布文化，交流技术，起到了不可磨灭的作用。

简论河姆渡遗址与跨湖桥遗址的关系

黄渭金（河姆渡遗址博物馆）

河姆渡遗址的发现和发掘，是我国新石器时代考古工作的里程碑。它以丰富而又新型的文化内涵吸引了世人的瞩目，因而被命名为河姆渡文化。之后的二十多年里，河姆渡与钱塘江北岸的罗家角遗址，一直被认为是浙江新石器时代最早的遗存。

跨湖桥遗址自1990年始先后进行了三次抢救性发掘，呈现出一种完全新颖而独特的文化面貌，与当时浙江已有的史前文化序列很难吻合。为了确认跨湖桥遗址在浙江乃至全国新石器时代中的地位，学者们对其与浙江、乃至长江中游的新石器时代文化进行了广泛地比较研究。[1] 随着近年来距今1万年左右的上山和小黄山遗址发掘，目前已有愈来愈多的人相信跨湖桥遗址的年代确实比河姆渡和罗家角遗址古老。

河姆渡遗址和跨湖桥遗址直线距离仅100公里、年代又先后相继，它们之间是否有渊源关系自然成为大家关注的焦点。

一、年代关系

河姆渡遗址共测定了27个碳14标本，其中年代最早的第4文化层共有16个，分别为距今6850±120、6740±130、6720±145、6630±125、6905±155、5960±125、5905±115、6850±120、6600±115、6890±130、6905±220、6955±130、6715±125、6700±125、6570±120、6945±190年。除5905±115和5905±115的年代数据明显偏晚应舍弃外，其余的14个年代基本落在6955到6570年之间，并且数据的落差不大，基本上反映了河姆渡遗址第4文化层的真实

① 方向明：《试论跨湖桥遗址》，浙江省博物馆，《东方博物》，第二辑，杭州大学出版社1998年版；王海明：《二论萧山跨湖桥新石器文化遗存》，浙江省博物馆，《东方博物》，第四辑，浙江大学出版社1999年版。

年代。① 这些测定标本有单年生的橡子、菱角和草等有机物，也有掺和在陶胎中的炭粒，还有木构建筑构件。标本由中国社会科学院考古研究所实验室和北京大学考古实验室分别测定，1977 年冬第二次发掘时，北大考古实验室还派专人到河姆渡采集标本与当地的现代植物作为参考，应该说标本的选择和测定是谨慎可靠的。河姆渡遗址第 4 文化层堆积甚厚，达 100—165 厘米，第二次发掘时把它分成 4A 与 4B 两层。下部的 4B 层陶器的特点是陶质松软，器表常有粉末状斑驳，器底特厚，常见"烂底"现象，器表处理较粗糙。成型方法比上部的 4A 层更原始，烧成温度也低，陶胎中砂粒不多，但较粗大，这些砂粒可能和成型方法有关。陶器形态比上部 4A 层显得更为原始，釜、罐、盘、钵等主要器形有明显的演化关系，表明第 4 文化层曾经历了一个较长的发展演化过程，碳 14 测定第 4 文化层前后延续了 500 年左右应该是颇为合理的。

另外，余姚田螺山遗址在 2004 年发掘时送测了 4 个木炭标本，其中的 2 个标本为第⑧层采集，碳 14 测定年代为距今 6711 年 ±90 年和 6949 年 ±73 年（未经树轮校准）。② 这两个年代数据都落在河姆渡遗址第 4 文化层的年代范围之内，文化内涵也十分吻合，出土的同类器物几乎一模一样，难分伯仲。因此，田螺山遗址的这两个碳 14 测定年代数据进一步补充和佐证了河姆渡遗址第 4 文化层年代的准确性。

跨湖桥遗址进行了碳 14 测定和热释光测定，其中碳 14 测定分别由国家海洋局第二海洋研究所、北京大学文博学院考古与文物保护实验室和中国社会科学院考古研究所科技中心对 14 个标本进行年代测定，选取的标本有木头、木块、独木舟舟体和单年生橡子。国家海洋局第二海洋研究所测定的年代数据略偏早，其余的二家测定结果基本吻合。热释光由上海博物馆实验室测定，3 个采集于独木舟遗迹的陶片标本年代数据分别为距今 7900 ±800、8050 ±800、8100 ±800 年，可以作为碳 14 年代测定的补充和完善。另外，在遗址区勘探的全新世——更新世综合柱状剖面，也提供了 9 个包括文化层在内、具有前后地层关系的碳 14 测定数据，叠压在文化层底部的 2 个数据为 7910 ±250、8125 ±250 年（未经树轮校正），文化堆积层的两个年代数据为 6120 ±240 和 6370 ±230 年（未经树轮校

① 浙江省文物考古研究所：《河姆渡——新石器时代考古发掘报告》，文物出版社 2003 年版。河姆渡遗址发掘资料均来源于此，不再一一注明。

② 浙江省文物考古研究所、余姚市文物保护管理所、河姆渡遗址博物馆：《浙江余姚田螺山新石器时代遗址 2004 年发掘简报》，《文物》2007 年 11 月。

正），叠压在文化层上部的年代最早的是距今 6330 ± 190 年（未经树轮校正）。总体上，上述碳 14 测定和热释光测定的数据的分布符合逻辑，基本反映了遗址的年代，即大约距今约 8000—7000 年[1]。

由上可见，跨湖桥遗址的年代早于河姆渡遗址，可能还有一段相互平行的发展阶段。河姆渡遗址和跨湖桥遗址同处杭州湾南岸的萧绍平原上，遗址现代地面的海拔高度都只有几米，离海又很近，十分容易受到海平面涨落的影响。

在更新世晚期，随着末次冰期冷高峰的来临，全球各地年平均最低温度低于现在 8—10℃，我国东部沿海海面普遍下降，造成黄海全部和部分东海大陆架裸露成为陆地。距今 15000 年前后我国东部沿海的海平面约在现今水深 150—160 米附近，最远处的海岸线约在今日海岸线以外 600 公里之远[2]，现在的东海大陆架范围几乎全部成陆。此后随着冰期结束气候迅速回暖，气温和海平面迎来了持续、快速上升的海侵时期。到 11000 年前后，海平面大致上升到现在—40 至—30 米。距今 9000 年前后，海平面可能进一步上涨到了接近目前海平面的水平，而后又较快地回落到 —10 米左右。到距今 7000 年左右海平面达到最高位置。对河姆渡和跨湖桥遗址影响最大的是发生在距今 8000 多年以降至 6000 多年前的海平面波动。

河姆渡遗址第 4 文化层下叠压的是海相青灰色淤泥质黏土，这是最后一次冰期结束以后气温逐渐回升海平面随之慢慢上升形成的全新世中期的海相层。但自遗址形成以后就基本摆脱了海侵的影响，中间仅发生周围湖泊扩大增多和沼泽化的反复交替。[3] 地处湘湖的跨湖桥遗址文化堆积的上部被厚 345—445 厘米海相堆积叠压，文化层下伏地层的北侧最高，直接叠压在黄土层上，其他部分叠压在早期湖相沉积之上。其中文化层上厚 3、4 米的沼泽和潮上带、潮间带沉积土，根据年代测定推测，遗址的废弃很可能与全新世的这次海侵有关，因此发掘者称跨湖桥遗址是被海洋颠覆的文明是有一定道理的。

河姆渡遗址第 4 文化层底部的海拔大致为 – 1.5 米。跨湖桥遗址 2001、2002 年发掘区依托的生土面海拔标高 – 1.2 至 – 0.9 米，文化层堆积的顶界标高海拔 1.5 米。如果叠压在跨湖桥遗存之上的厚达 3、4 米的海相堆积是东海海平面上升所形成，年代又在距今 7000 年以后，就没有办法理解姚江谷地的河姆渡文化的

① 浙江省文物考古研究所、萧山博物馆：《跨湖桥》，文物出版社 2004 年版。

② 冯怀珍、王宗涛：《全新世浙江的海岸变迁与海面变化》，《杭州大学学报》（自然科学版）第 13 卷，1986 年第 1 期。

③ 吴维棠：《七千年来姚江平原的演变》，《地理科学》1983 年第 3 期。

存在。因为跨湖桥遗址海相堆积的顶界标高海拔在 6 米左右，而河姆渡文化底界标高为 -1.5 米，两者海拔高差 7.5 米左右。其中的主要原因应与杭州湾喇叭口地形造成的钱塘江涌潮所形成的潮位差有关。杭州湾喇叭口地形至少在 6000 年前已经形成，那时的潮位可以用近现代潮位进行推测。宁波在姚江大闸未建之前，曹娥江的曹娥江站平均潮位比甬江宁波站潮位高 2.43 米（高潮时）和 3.41 米（低潮时）。另一组数据相差更大，平均高潮位差 6.49 米，平均低潮位差 7.75 米，最高潮位差 8.08 米。[1] 这组数字大体和跨湖桥遗址海相沉积顶界标高、河姆渡遗址第 4 文化层的底界标高间总高差相吻合。曹娥江汇入钱塘江的位置不是钱塘涌潮潮位最高处，涌潮到跨湖桥遗址附近的钱塘江、浦阳江段时的潮位当高于曹娥江。跨湖桥遗址位于钱塘江和浦阳江附近，原应有水道与钱塘江或浦阳江相通，遗址在钱塘江涌潮顶托使其淹没水底，而位于姚江谷地的河姆渡遗址此时安然无恙。另外，河姆渡遗址附近"工"字形地貌的促淤作用。姚江谷地正好夹在东西走向的四明山和慈南山地之间，在河姆渡遗址附近又有一道南北向的分水岭，依次耸立着葛山、羊角尖、乌石山、黄山、云山和鸡鸣山等低山缓丘，它们共同组成"工"字形地貌，在海侵时具有加快促淤成陆的功能。河姆渡文化早期的河姆渡、田螺山[2]、鲻山[3]和傅家山[4]遗址都位于这个"工"字形地形的周围不是偶然巧合。

二、文化内涵的比较

（一）遗迹

河姆渡遗址第 4 文化层发现了大面积的干栏式建筑遗迹，主要是一排排密集排列的桩木和纵横交错的木板、长圆木及榫卯木构件等。发掘者根据第一次发掘的第 8、10、12、13 排桩木推测，这是一种用排桩将居住面架空的带前廊的干栏式长屋，进深约为 7 米左右，面宽 23 米以上。在原始聚落的外围可能还有栅栏围护。（图一）

---

[1]　邵九华等：《水环境压力和河姆渡文化迁徙的研究》，《余姚水利志》，中华书局 2003 年版。

[2]　浙江省文物考古研究所、余姚市文物保护管理所、河姆渡遗址博物馆：《浙江余姚田螺山新石器时代遗址 2004 年发掘简报》，《文物》2007 年第 11 期。

[3]　浙江省文物考古研究所、厦门大学历史系：《浙江余姚市鲻山遗址发掘简报》，《考古》2001 年第 10 期。

[4]　蒋一娜：《宁波傅家山遗址撩开面纱》，《浙江日报》2004 年 12 月 3 日。

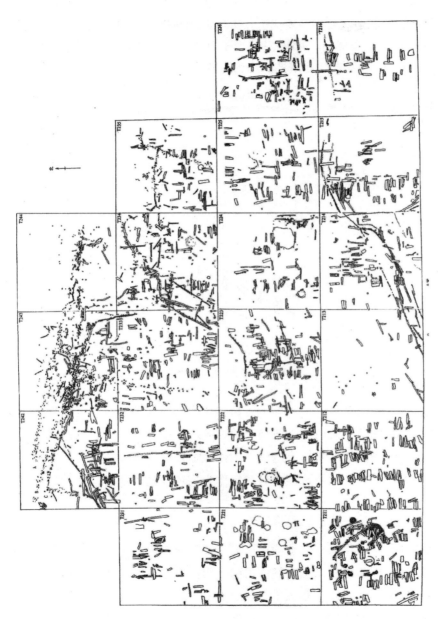

图一　第二次发掘第一期文化（4A层）干栏建筑遗迹图
1. 第1号栅图　　2. 第2号栅图　　3. 第3号栅图　　4. 第4号栅图
A、B、C为T242、T243、T244第一期文化（4A层）三排小木桩遗迹

　　跨湖桥遗址的建筑遗迹主要发现于第一期发掘区。发现 4 处残破的房屋遗迹，大多残破过甚，难以进行整体观察分析，但从残存的一些迹象判断均为地面建筑。F4 残存部分土质墙体，墙体内侧等距打入一列排桩，室内残存烧土面一处。（图二）另外，还发现几处室外的用火遗迹。

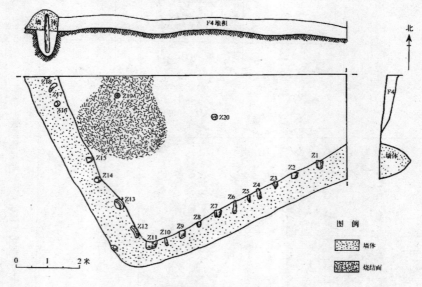

图二　跨湖桥遗址 F4 平、剖面图

　　河姆渡和跨湖桥遗址都有储藏橡子等植物果实的储藏坑，但它们的保护措施不同。河姆渡遗址储藏坑的坑底一般垫有植物叶片、稻秆等，坑口没有其他保护设施，跨湖桥遗址储藏坑的坑口有些用木构件等加以保护，而缺少对坑底的铺垫保护。跨湖桥先民还重新利用废弃的储藏坑作为烧烤食物的场所，这种情况不见于河姆渡遗址。

（二）遗物

　　河姆渡遗址第 4 文化层石器多选用质地坚硬的黑色或灰色的燧石、凝灰岩和硅质岩，采用打、琢和磨的工艺，制作粗糙，明显可见打制痕迹，仅刃部磨砺精细。跨湖桥遗址石器选用硬度较低的石料，也采用了打、琢、磨相结合的工艺，大多通体磨光，仅个别器物的表面留有少量打琢痕迹。河姆渡遗址石器以石斧、石锛、石凿和砺石等木作工具为主，另有少量石球、弹丸及玉石质装饰品。跨湖桥遗址石器种类比河姆渡遗址少，仅石斧、石锛、石凿、石镞、石锤、磨棒和璜形饰等数种，其中装饰品仅 1 件璜。河姆渡遗址木作工具器形大多偏小，一般都在 10 厘米以下，需要捆绑在木质或骨质柄部上才能使用。跨湖桥遗址的石斧、石锛的器形相对较大，尤其是石斧横截面多扁（椭）圆形，边棱圆润，适宜于手握直接使用，因此没有发现石斧柄。（图三）

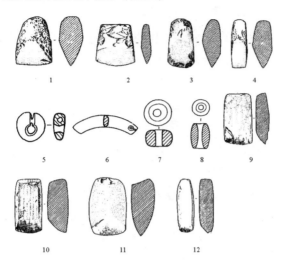

图三　河姆渡遗址与跨湖桥遗址石器比较图

河姆渡遗址：1. 石斧 T235（4A）：121，2. 石斧 T244（4B）：196，3. 石锛 T25（4）：51，4. 石凿 T235（4B）：137，5. 玦 T234（4B）：301，6. 璜 T244（4B）：204，7. 珠 T242（4A）：147，8. 管 T234（4B）：299。

跨湖桥遗址：9. 石锛 T0411⑤A：3，10. 石锛 T0411 湖Ⅳ：1，11. 石斧 T0411⑥A：32，12. 石凿 T0411⑥A：32。

河姆渡遗址第 4 文化层与跨湖桥遗址出土陶器的化学成分差异明显，主要是河姆渡遗址的陶土的氧化铁含量很低。河姆渡遗址第 4 文化层的陶系以夹碳黑陶为主，夹砂黑陶次之，极少量的彩陶，其夹碳黑陶的胎质松软，硬度较低。跨湖桥遗址以夹砂灰红陶为主，夹碳黑陶次之，还有一些夹蚌陶和彩陶，无论是夹碳陶还是夹砂陶或夹蚌陶，均存在着明显的碳粒，只是所含碳粒数量有所不同。河姆渡遗址第 4 文化层陶器的制法以泥条盘筑法为主，个别手捏成形，造型不太规整，胎壁厚薄不均，烧成温度不高，在 850℃ 左右，吸水性强。跨湖桥遗址的陶器大多器形规整，厚薄均匀，成形工艺既有比较原始的"贴筑法"工艺，又有较为先进的慢轮修整技术，大多数陶器分段拼接而成，烧成温度较低，一般在

750℃—850℃间。河姆渡遗址第 4 文化层的陶器器表多有繁缛的花纹装饰，采用拍印、滚压、刻划和戳印，常见绳纹、弦纹、贝齿纹和谷粒纹等。陶釜腹底多拍印绳纹，釜的肩部及罐、盆、盘、钵、盂、豆、器座等器皿的口沿多有装饰花纹。少数动植物纹图像刻于盛储器的腹部，偶见彩绘。跨湖桥遗址陶器的装饰以绳纹、镂孔为主，也有刻划花纹，陶衣盛行，彩陶比较发达。绳纹集中在釜类器上，分竖向和斜向交错两种，施纹方法有拍印与滚压之分，绳纹比河姆渡遗址细。跨湖桥遗址的彩陶远比河姆渡遗址发达，器表一般有红色或白色陶衣，磨光后施彩，红衣上白彩、个别黑彩，白衣上红彩，色泽对比明显，彩绘纹样除太阳纹外，其他均为几何纹样，如直条纹、曲折纹、十字纹、网格纹等。河姆渡遗址第 4 文化层的陶器种类简单，造型厚重，器型有平底器、圜底器和圈足器，不见三足器，这与跨湖桥遗址相同，器类有釜、罐、盆、盘、钵、盂、豆、器盖、器座、釜支架、陶纺轮等，跨湖桥遗址器类为釜、罐、钵、盘、豆、盆、甑、器盖、支座、纺轮、线轮和陶饼、小陶玩等，但线轮是跨湖桥遗址特有的器类。两遗址同类器虽然名称相同但外形差别明显：河姆渡遗址陶釜都有长而粗的颈部、口沿和肩部有明显的突脊、腹底饰绳纹。跨湖桥遗址陶釜束颈明显而短，很少有肩脊，基本不见口沿下的突脊，腹底部较深而下垂，这种腹底深垂的特征在河姆渡遗址最早的 4B 层比较常见，有些陶釜的口沿沿面内凹、绳纹至肩的作风又具有河姆渡遗址第 2 文化层陶釜的特征，但它们的整体造型相差悬殊。河姆渡遗址陶罐、陶钵都作大平底，跨湖桥遗址的罐和钵都作圜底。河姆渡和跨湖桥遗址常见的双耳罐，双耳部位相同，差别是河姆渡遗址陶罐的双耳是宽泥条做成的半圆形，跨湖桥遗址则是牛鼻耳；其次是河姆渡遗址是大平底，跨湖桥遗址是圜底。河姆渡遗址盘和豆盘一般作宽沿、斜腹、小平底或圈足，跨湖桥遗址的盘几乎都有圈足，而盘或豆盘的形状又与河姆渡遗址第 2 文化层豆盘比较接近。河姆渡遗址陶盆一般作敞口、斜直腹、大平底，器形厚重，与跨湖桥遗址陶盆大都有矮圈足不同。河姆渡遗址的陶甑是平底陶盆的底部穿甑孔，到第 3 文化层才出现；跨湖桥遗址陶甑是圜底陶釜底部穿甑孔，甑孔比河姆渡大。河姆渡遗址器盖呈覆盆形，半环形钮；跨湖桥遗址器盖呈浅盘形，钮呈杯形、蘑菇形或花瓣形。河姆渡遗址的釜支架体形高大厚重，类似的器形在跨湖桥遗址也有发现，不过跨湖桥遗址另有一种器身矮小者，为河姆渡遗址不见。河姆渡遗址陶纺轮都是用手直接捏成，器物造型丰富，分为圆饼形、馒头形、圆台形、算珠形、滑轮形和剖面凸字形等多种；跨湖桥遗址纺轮基本上是用陶片打磨。（图四）

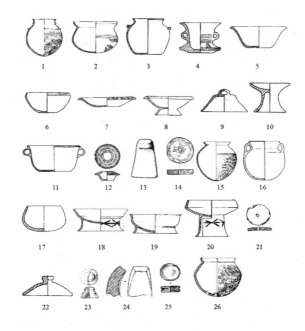

图四　河姆渡遗址与跨湖桥遗址陶器比较图

河姆渡遗址：1. 陶釜 T23（4）：44，2. 陶釜 T226（2B）：19，3. 罐 T226（4A）：123，4. 器座 T212（4B）：155，5. 盆 T224（4A）：179，6. 钵 T232（4B）：121，7. 盘 T215（4B）：320，8. 圈足盘 T235（4B）：145，9. 器盖 T222（4B）：217，10. 豆 T221（4B）：198，11. 甑 T31（3）：8，12. 盂形器 T36（4）：31，13. 支座 T226（4B）：150，14. 纺轮 T235（4A）：102

跨湖桥遗址：15. 釜 T0512⑧A：27，16. 釜 T0411⑦A：22，17. 钵 T0411⑧A：21，18. 圈足盘 T0511⑧A：8，19. 盆 T0411⑨A：36，20. 豆 T0411⑤A：12，21. 纺轮 T0510⑤B：2，22. 器盖 T0412湖Ⅳ：14，23. 支座 T0510⑧A：3，24. 支座 T0513湖Ⅳ：6，25. 线轮 T0410④：3，26. 甑 T0411⑨A：49

　　河姆渡遗址出土骨器数量众多，几乎占出土文物的一半，一般利用原骨的自然形状稍加加工而成，器形十分丰富，器类计有耜、器柄、镞、哨、凿、锥、匕、针、梭形器、镰形器、靴形器、钻头、鱼鳔、蝶（鸟）形器以及各种装饰品。跨湖桥遗址的骨器数量不多，仅100多件，器类、器形比河姆渡遗址少，也是利用了原骨的自然形状加工而成，因此两遗址的同一器类外形相同的现象十分普遍，但有一些器类还是有差别的。河姆渡遗址骨耜的木柄是捆绑在骨耜正面的，耜面有一竖向凹槽，下端两侧各凿有一孔，顶端有的还有一横銎。跨湖桥遗址骨耜肩臼部中间凿纵向圆孔，以插装木柄，此种装柄方法与马家浜文化出土骨耜相同。河姆渡遗址镰形器仅一侧磨出大致等距的锯齿，锯齿向柄部倾斜。跨湖桥遗址镰形器前端及两侧均有锯齿，锯齿较正。骨镞是河姆渡遗址出土最多的器物，数量远比跨湖桥遗址多，器形也比跨湖桥遗址丰富。河姆渡遗址骨锥取材广

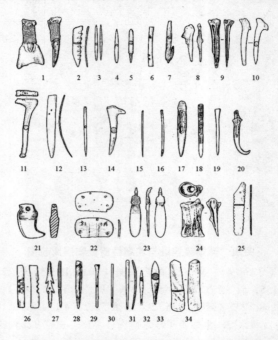

图五　河姆渡遗址与跨湖桥遗址骨器比较图

河姆渡遗址：1. 骨耜 T224（4B）：175，2. 锯齿状器 T211（4B）：469，3. 骨镞 T22（4A）：32，4. 骨镞 T242（4B）：362，5. 骨镞 T233（4A）：177，6. 骨哨 T24（4）：35，7. 鱼镖 T242（4A）：305，8. 骨凿 T231（4B）：295，9. 骨凿 T34（4）：28，10. 角凿 T235（4A）：167，11. 器柄 T232（4B）：129，12. 骨匕 T244（4A）：186，13. 骨锥 T211（4B）：470，14. 骨锥 T22（4）：45，15. 骨针 T242（4B）：356，16. 管状针 T213（4B）：110，17. 梭形器 T20（4）：28，18. 骨笄 T215（4A）：50，19. 骨笄 T19（4）：36，20. 角坠饰 T233（4B）：194，21. 角坠饰 T223（4A）：99，22. 蝶形器 T18（4）：43，23. 鸟形象牙匕 T244（4A）：124。

跨湖桥遗址：24. 骨耜 T0410⑤A：6，25. 锯齿状器 T0410⑦A：14，26. 骨哨 T0410⑥A：32，27. 骨鱼镖 采集：18，28. 骨锥 T0512 湖Ⅰ：18，29. 钉形器 T0512⑧A：3，30. 钉形器 T0411⑦A：1，31. 骨针 采集：15，32. 骨镞 T0512⑦A：3，33. 骨镞 T0512④：3，34. 骨匕 T0410④：15。

泛，器形丰富，跨湖桥遗址仅见动物管状骨剖开后加工的一种。河姆渡遗址骨笄有的后端刻划了花纹，跨湖桥遗址有一种钉形器，形制与河姆渡遗址骨笄相同，估计是作骨笄使用。河姆渡遗址的骨哨有一孔、二孔、三孔和五孔四种，二孔骨哨一般哨孔位于两端，跨湖桥遗址骨哨的哨孔靠近中部。河姆渡遗址骨鱼镖仅是下端一侧带倒钩；跨湖桥遗址骨鱼镖两翼各有一至两个倒钩。另外，值得注意得是河姆渡遗址有大量骨凿、管状针和象牙蝶形器等不见于跨湖桥遗址（图五）。

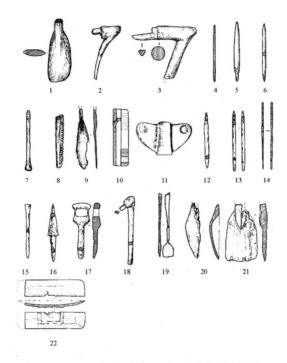

图六　河姆渡遗址与跨湖桥遗址木器比较图

河姆渡遗址：1. 木铲 T24（4）：39，2. 器柄 T212（4B）：243，3. 器柄 T36（4）：28，4. 器柄 T211（4B）：489，5. 木矛 T18（4）：67，6. 木棍 T26（4）：53，7. 木杵 T233（4A）：115，8. 锯齿状器 T226（4A）：105，9. 木桨 T243（4A）：234，10. 木筒 T214（4A）：102，11. 蝶形器 T17（4）：37。

跨湖桥遗址：12. 木锥 T0512⑧A：7，13. 木锥 T0409⑤A：1，14. 木弓 T0512⑨A：17，15. 木钉形器 T0512⑥A：6，16. 木镞 T0512④：10，17. 器柄 T0411⑦A：16，18. 器柄 T0411⑧C：7，19. 木桨 T0512⑥A：35，20. 木勺 T0613⑥A：6，21. 木铲 T0512⑨A：1，22. 木盘 T0411 湖Ⅲ：11。

河姆渡遗址出土木器数量多、种类丰富，加工精致，且保存情况良好。主要器形有木铲、器柄、矛、棍、针、桨、纺轮、锯形器、槌形器、杵、筒形器、饼、蝶形器、陀螺、凹形器、木鱼和一些未定名器等。跨湖桥遗址木器数量仅是河姆渡遗址的三分之一，但器型种类比较丰富，有不少器形为河姆渡遗址未见，主要有锥、叉、弓、镞、勺、桨、铲、浮标、梯、器柄和一些不名器物功能的器物。铲是两个遗址共有的器物，以整块木料加工而成，铲叶和柄连成一体，差别是河姆渡遗址铲器形较小，跨湖桥遗址器形较大。河姆渡遗址器柄形制多样，用途各异，有石斧柄、石锛柄、骨耜柄等；跨湖桥遗址器柄仅见石锛柄和可能为骨耜柄的环首直柄两种。河姆渡遗址和跨湖桥遗址出土的木桨，用整块木料加工而成，桨叶和桨柄连成一体，河姆渡遗址木桨叶、柄分界明显，柄部粗壮，桨叶扁薄，跨湖桥遗址木桨叶、柄厚度基本一致。河姆渡遗址较有特色的木筒、木锯齿状器、木矛、木杵、木机刀和木蝶形器等不见于跨湖桥遗址，跨湖桥遗址特有的木盘、木勺、独木梯、弓、木镞等也不见于河姆渡遗址。（图六）

另外，两遗址都发现一些有机质的编结物，河姆渡遗址有绳子和芦苇编结物；跨湖桥遗址编结物是一件竹编簸箕，另一件是木质条骨编织其中的席状编织物。

三、相互关系的探讨

通过上述比较，我们可以看到河姆渡遗址虽然与跨湖桥遗址地理位置临近、年代前后相继，但文化内涵差异性要远远大于相似性，跨湖桥遗址所呈现出的是一种完全新型文化类型，它们分别代表着两种不同的文化类型。

在河姆渡与和跨湖桥遗址的文化内涵比较中，不难发现跨湖桥遗址中包含了一些比河姆渡遗址先进的文化因素，如石器的整体精细磨制工艺，陶器中的器表施陶衣工艺，磨光黑陶，发达的彩陶、慢轮修整技术等。其实仔细分析，这些文化因素中仍然有相当多的原始性。如跨湖桥遗址石器由于选用了质地较软的石料，使整体精细磨制工艺得以顺利实施，并且有些还利用卵石稍加磨砺而成。河姆渡遗址石料硬度大，磨制费时费力，难度极大。至于跨湖桥遗址的陶器无论是夹碳陶还是夹砂陶或夹蚌陶，均存在着明显的碳粒，只是所占的比例不同而几，制陶工艺中与慢轮修整技术共存的是更为原始的"贴筑法"工艺，彩陶也是施于手制的器形尚不是特别规整的器物上。器表的施陶衣工艺则可以追溯到 10000 年以前，在浦江上山①、嵊州小黄山②遗址为代表的上山文化中已经出现大量夹炭陶施红色陶衣的现象。因此，跨湖桥遗址"先进"与"原始"是并存的，是不可分割的整体，它们在当时的技术与环境条件下出现都是合理的。③

河姆渡和跨湖桥遗址由于地域上的近临，年代上又有衔接。因此蒋乐平先生以"马家浜文化与崧泽文化、崧泽文化与良渚文化、良渚文化与马桥文化的关系"来比附"上山与跨湖桥、跨湖桥和河姆渡的关系"，言下之意是河姆渡文化是由跨湖桥文化发展而来的。对此我们不敢赞同。首先，这两种考古学文化的分布地域不同。三十多年来的考古发现表明，河姆渡文化的早期遗址如河姆渡、鲻山、田螺山和傅家山都集中分布在河姆渡——二六市一线附近，而后才向外扩散。曹娥江以西地区虽有几处河姆渡文化的遗址发现，但年代都比较晚，并且越往西河姆渡文化影响越小，所以河姆渡文化并不是由跨湖桥文化分布的曹娥江以西地域为中心逐渐向东发展的。其次，河姆渡文化的遗址大多依山面水布置，以架空基座为特征的干栏式长屋，是为了适应多水的沼泽环境建造的，早期的河姆渡和田螺山遗址中发现鲸鱼、鲨鱼和金枪鱼遗骨，表明了先民对大海的亲近。跨湖桥遗址虽然最终被海水吞没，然而文化内涵中难觅海洋文化的踪迹。河姆渡和跨湖桥遗址的木器、骨器的器形雷同现象应是与取材和加工技术的限制，先民很难有发挥的余地，并不能把它们当作两遗址相互联系的关键证据。综合现有的考古资料，河姆渡文化和跨湖桥文化在文化内涵上的共性应该是河姆渡文化少量或部分地继承了跨湖桥文化的文化因素，只能说跨湖桥文化是河姆渡文化的源头之一，但不是最主要的源头。

关于河姆渡文化来源学术界有两种截然不同的看法，可以概括为"下海"说和"上山"说。"下海"说认为自更新世晚期最末一次冰期最高峰来临，全球各地气温随之下降，海面也随之普遍下降。距今15000年前后我国东部沿海的海岸线约在现今水深150—160米附近，现在的东海大陆架范围几乎全部成陆，并逐渐成为以森林草原景观为主的宽阔平坦的沿海大平原。此后随着冰期结束气候迅速回暖，气温和海平面迎来了持续、快速上升的海侵时期，直到距今8000—7000

---

① 张恒、王海明、杨卫：《浙江嵊州小黄山遗址发现新石器时代早期遗址》，《中国文物报》2005年9月30日。

② 蒋乐平、盛丹平：《浙江浦江上山遗址进行第三次考古发掘》，《中国文物报》2006年2月8日。

③ 曹兵武：《跨湖桥与河姆渡：东南区域文化传统源头的若干问题》，《中国文物报》2005年2月4日。

年，海平面已上升到 -4 米。这次海侵历时近万年，海平面波动式地上升，逐渐淹没了沿海的大片土地，但这个过程是经过了近万年的时段才缓慢完成的，而且还经历了无数次的小幅回落，因此古人类完全有可能赶在海水淹没家园以前，从容地后撤到更高的地方再度安身，这些时间差的存在足以保证形成最终被海水淹没地区的一个个不太长久的定居点。[①] "上山"说认为全新世以来的持续海侵使宁绍地区及其附近地区较河姆渡遗址第 4 文化层底界标高更低的地域在 7000 年前不具备人类生存条件，河姆渡文化的遗址分布是由山地丘陵向沿海平原拓展，而名山后发现的 1 件细石器的事实，令人相信宁绍平原南缘丘陵、山麓是河姆渡文化渊源所在。[②]

"下海"说主要依据的是地理科学的有关研究成果，但全新世以来的最后一次海侵使整个宁绍平原堆积了十几到几十米深的海相淤泥层，东海大陆架更有波涛万顷的海水，要在这里寻找早期新石器时代遗址可以说是很困难的。近年来，舟山市博物馆陆续征集到 120 余件出自水深约 96 米的金塘海域的哺乳动物化石。这批化石经中科院古脊椎动物与古人类研究所、中国社会科学院考古研究所、台湾自然科学博物馆等专家学者鉴定，令人欣喜的是，其中有 4 件带人工砍砸和切割痕迹。有 1 件古菱齿象象牙化石经北京大学文博学院进行年代测试，距今约 2.19 万年。由此推断，距今约 3 万到 1 万年，这片古动物群活动过的舟山平原曾生息着一群古人类。[③] 这无疑为"下海"说注入了一支强心针，使我们看到了在宁绍平原及东海大陆架寻找新石器时代早期遗址的一线希望。

---

① 孙国平：《宁绍地区史前文化发现不平衡现状初解》，载《宁波文物考古研究所文集》，科学出版社 2008 年版。

② 王海明：《河姆渡文化渊源思考》，《河姆渡文化研究》，杭州大学出版社 1998 年版。

③ 胡连荣：《舟山海域哺乳动物化石研究》，《浙江海洋学院学报》（自然科学版），2004 年第 3 期。

浙江跨湖桥与陕西关桃园出土骨耜比较研究

徐日辉　（浙江工商大学）

浙江省著名的萧山跨湖桥遗址，最早发现于20世纪50年代，第一次正式发掘是在1990年10—12月，其后在2001年、2002年先后又进行了两次发掘，获得了重要发现，2001年被评为全国十大考古新发现之一。2004年又被认定为"跨湖桥文化"，成为浙江省继良渚文化、河姆渡文化之后的又一考古学文化概念。

跨湖桥遗址的年代距今在7000年以上，突破了河姆渡距今7000年的上限，作为浙江省重要的考古发现之一，其意义之重大是不言而喻的。

跨湖桥遗址出土的遗物虽然不是太多，但相比于所谓的"良渚古城"要踏实得多，而且确实有继续深入研究的必要，这也是本文敢于以跨湖桥遗址出土之骨耜与陕西关桃园遗址出土的骨耜作比较研究的关键所在。

一

骨耜，作为新石器时代农业文明的代表性生产工具，在稻作农业与旱作农业区都有发现，其中以稻作农业为普遍。在浙江省的考古发现中，过去是以河姆渡出土的骨耜为代表（如图一），影响很大。

宋兆麟先生在研究浙江河姆渡出土的"骨耜"时认为："大量史料说明，耒耜是先后出现的两种翻地农具。在农业发明以前，人类已经使用尖木棒挖掘植物块根。农业出现后，尖木棒又成为播种工具。随着耕作技术的改进，人类在尖木棒的基础上，略加改进，即在一根较长的尖木棒下部，安装一个脚踏横木，形成单齿木耒"[①]，这是后话。河姆渡骨耜发现的意义就在于为我们展现出捆扎安柄法的使用方式，从而解决了长期以来关于骨耜使用方法的诸多问题。跨湖桥遗址出土的骨耜虽然不多，因其使用方式与河姆渡遗址出土骨耜的使用方式不同而颇

---

① 宋兆麟：《河姆渡遗址出土骨耜的研究》，《考古》1979年2期。

具特色。

　　考古发现表明，跨湖桥遗址出土的"骨耜用大型哺乳动物的肩胛骨制作，端部有圆形插孔用以装柄，与罗家角遗址相同，而与河姆渡遗址的捆扎安柄法不同。从一件半成品观察，成孔方式是用火烫灼后再行挖凿"①，即凿孔插装安柄法（如图二）②，并且分为有平头和双刺两种。

　　图二这件跨湖桥遗址出土的骨耜长 15.2 厘米、刃部宽 8 厘米、孔径 2.4 厘米、深 10 厘米，并且是使用过的生产工具，因为骨耜的双齿在劳动中被折断，所以才成为现在骨铲的模样。

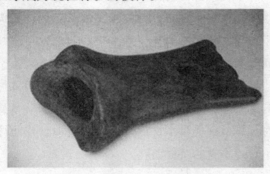　　　　

　　　　图一　　　　　　　　　　　　　　　　　图二

　　有意义的是，跨湖桥遗址与河姆渡遗址在同一地区，是什么原因造成骨耜在使用方法上的差异。我认为，跨湖桥遗址与河姆渡遗址出土的骨耜在使用方法上的差异，首先是当时生产环境不同造成的差异。从使用角度分析，河姆渡骨耜捆扎安柄法，能有效地加强骨耜与柄之间的紧密结合，可以翻掘比较坚硬的土地。而跨湖桥骨耜的凿孔插装安柄法，较之于捆扎安柄法在工艺上要简单一些，很难达到捆扎安柄法那样耜与柄的紧密结合，经常会发生脱落的现象，类似于今天农村常常出现的铁锹掉头。跨湖桥骨耜安装工艺上的简单，充分说明其年代之久远，同时也反映出当时跨湖桥遗址的土地比较疏松宜于翻掘。因为考古工作者在黄土高原上的陕西关桃园出土的 7000 多年前的骨耜，其使用方式就与跨湖桥遗址骨耜的凿孔插装安柄法完全不一样。

　① 王心喜：《杭州史前文化研究》，人民出版社 2007 年版，第 81 页。
　② 浙江省文物考古研究所：《跨湖桥——新石器时代遗址考古报告》，文物出版社 2004 年版。

二

　　2002 年初，陕西考古所工作队和宝鸡考古队在渭水上游的河谷中段的今陕西省宝鸡市和甘肃省天水市之间的拓石关桃园，为配合国家重点工程宝鸡——兰州铁路二线工程的修建，在进行抢救性发掘时，发现了一批距今 7000 多年前的骨耜，意义十分重大。专家们认为，由于骨耜在过去"在北方地区一直没有明确的发现，这次有成批的骨耜出土，不仅填补了北方地区农业生产工具的空白，而且为探讨我国北方旱作农业的起源和发展水平提供了最直接的实物证据"[①]。关桃园遗址的年代"第三期在距今 7300—6900 年之间，第二期在距今 7300 年以前，第一期在距今 7800—7600 年的范围"[②]。从年代上讲，关桃园遗址中的"骨耜"早于距今约 7000 年的浙江余姚河姆渡出土的"骨耜"[③]，与跨湖桥遗址出土的骨耜年代相当。

图三　　　　　　　　　　　　　　图四

　　根据发掘报告，关桃园前仰韶第二期文化遗存出土了一批 9 件骨耜，分为

　　① 　陕西省考古研究院、宝鸡市考古工作队：《宝鸡关桃园》，文物出版社 2007 年版，第 326 页。
　　② 　陕西省考古研究院、宝鸡市考古工作队：《宝鸡关桃园》，文物出版社 2007 年版，第 324—325 页。
　　③ 　浙江省博物馆：《三十年来浙江文物考古工作》，载《文物考古工作三十年》，文物出版社 1979 年版。

AB 两型。其中 A 型 8 件，分三式①，制作精良，有使用过的痕迹（如图三、四)②。在前仰韶第三期文化遗存出土了一批 16 件骨耜，分为 AB 两型。其中 A 型 15 件，分两式③。其中标本 H206：18 骨耜"长 14.5、单齿宽 7 厘米，柄部宽 2.5、厚 1.5 厘米……动物肩胛骨磨制而成。大体呈权状。体表光亮。端部利用肩胛骨的曲颈作握手，正面保持了肩胛骨的自然原样，背面经过磨制加工，刃部经过长期使用，一个齿已经磨秃，另一个齿已经不复存在"④。（如图五、六)⑤。通过图片五、六我们清楚地看到该骨耜使用之长久，主人不但没有将已经残缺不全的骨耜丢掉，反而将其保存下来，可见先民们与生产工具之间的感情，着实令人惊叹不已。

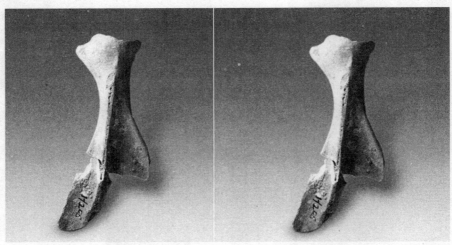

图五　　　　　　　　　　　图六

对于关桃园遗址骨耜的使用方式，作为当时宝鸡考古队的领队刘明科先生认为："关桃园遗址这次发现的骨耜数量之多，时代之早是黄河流域史前考古中罕见的，这些骨耜均出在早期的灰坑中，H221 中就出土了 3 件。与骨耜共出的多有石斧、石碾盘、刮削器、骨铲、骨锥等生产工具。这些骨耜形状基本相同，唯大小有别，均是用鹿或牛的肩胛骨制成。以标本 H221：10 为例，其通长 25cm，

---

① 陕西省考古研究院、宝鸡市考古工作队：《宝鸡关桃园》，文物出版社 2007 年版，第 23 页。
② 陕西省考古研究院、宝鸡市考古工作队：《宝鸡关桃园》彩版六，文物出版社 2007 年版。
③ 陕西省考古研究院、宝鸡市考古工作队：《宝鸡关桃园》，文物出版社 2007 年版，第 94 页。
④ 陕西省考古研究院、宝鸡市考古工作队：《宝鸡关桃园》，文物出版社 2007 年版，第 94—95 页。
⑤ 陕西省考古研究院、宝鸡市考古工作队：《宝鸡关桃园》彩版一八，文物出版社 2007 年版。

刃宽 12cm。上端以肩胛骨的自然曲颈形成握手，往刃部成三角形逐渐加大加宽，刃部有两齿，其加工使用痕迹明显。有的标本由于长期使用磨损之原因，齿刃部已经磨损去了相当一部分。从曲颈用以握手的情况说明，耒耜最初是先民们蹲下直接用手握曲颈用以挖坑翻土或栽培农作物的，并不是像后来人们所想象的是捆扎固定在木棒上使用的"①。刘明科先生所言应该是西北地区骨耜特有的使用方式，我应邀到过关桃园遗址的发掘现场，发现关桃园遗址是土地比较坚硬的黄土地，采用"蹲下直接用手握曲颈用以挖坑翻土或栽培农作物"的方法用力直接，可以避免骨耜的双齿被折，以延长骨耜的使用寿命，要知道在 7000 年前制作一件骨耜并非易事。

关桃园遗址中"骨耜"的发现，推翻了过去一直被认为"骨耜"主要应用于长江流域的观点，表明"骨耜"不仅仅使用于稻作农业，而且同时使用于旱作农业，为我们进一步认识陕西以及西北地区农业文明的起源和发展提供了不可多得的实物依据。陕西关桃园遗址成批骨耜的发现，充分证明在西北地区曾经有过与跨湖桥、河姆渡相同或者说相似的农业耕作方式。所不同的是跨湖桥种植的是水稻，而西北地区种植的则是黍、粟等旱作谷物，并且证明了"骨耜"使用的范围以及其本身的发展历程。

中国是一个传统的农业国家，而农业发展的基础是生产力水平的体现。因此，生产工具的产生、发展与淘汰，始终与农业生产为主体的生产过程相适应，只有那些有利于生产活动的工具才会得到延续和改进，否则就会被淘汰，这是普遍的规律。

作为新石器时代重要的生产工具，跨湖桥遗址在出土骨耜的层位同时发现稻谷的颗粒，说明这里的耜耕农业已经形成，当有 7000 年以上的历史，理所当然地成为追溯稻作农业起源的重要依据。

跨湖桥遗址在出土了 1000 多颗稻谷、稻米和稻壳。其中有 50% 属于栽培稻，这充分说明跨湖桥从一开始就是以农业经济为主体的生产方式，也就是说在距今7000 年前的长江下游地区已经进入到稻作农业时期，作为农业发展的模式，这是我们今天的看法。

但是，这种看法却经历了一个长时期的认识过程，而且比较困难。对此，农

---

① 刘明科：《宝鸡关桃园遗址早期农业问题的蠡测——兼谈炎帝发明耒耜和农业与炎帝文化年代问题》，《农业考古》2004 年 3 期。

业考古专家陈文华先生指出："关于农业起源问题，过去有一种传统的观点，认为畜牧业先于种植业，以后人们为了解决饲料的需要才产生种植业。摩尔根在《古代社会》一书中指出：东半球（旧大陆）的农业，是游牧部落为了解决牲畜的饮料而产生的。恩格斯在《家庭、私有制和国家的起源》中也引用同一观点；'十分可能，谷物的种植在这里首先是由牲畜饲料的需要所引起的，只是到了后来，才成为人类食物的重要来源。'恩格斯的这一论述，曾在中国史学界产生很大影响，某些学者甚至将它与古代文献记载中的'伏羲氏'和'神农氏'传说结合起来，提出'伏羲氏'是代表牧业发生时期，'神农氏'则代表农业发生时期。由于《易经·系辞下》有：'伏羲氏没，神农氏作'的记述，于是就认定中国也是先有畜牧业，然后因畜牧业发展引起的饲料需要才发明农业。李根蟠、黄崇后、卢勋在《试论我国原始农业的产生和发展》和《再论我国原始农业的起源》等论文中首次对这种观点提出异议，明确提出：原始农业（种植业）是从采集渔猎经济阶段直接产生的，其间并没有经过一个畜牧经济阶段，不是畜牧业的发展引起了农业；畜牧业虽然也是萌芽于狩猎采集经济阶段，但它的真正发展，特别是游牧经济的形成，往往是以农业生产的一定发展为必要条件的。李氏等人首先从考古学角度进行考察，指出解放后所发掘和调查的大量新石器时代遗址，基本上都呈现了以农业（种植业）为主的综合经济面貌，至今未发现一处是以畜牧经济为主的早期农业文化遗址。过去将'细石器文化'当作'游牧文化'是不正确的，它应该属于狩猎经济，而农业是直接从采集经济发展而来的。因此考古学并没有提供畜牧业引出农业的任何证据，能够提供的倒是否定的证据"①。考古实践证明摩尔根关于东半球的中国的农业发展的观点是错误的，中国的学者们用我们自己的辉煌历史和科学的考古实践回答了西方人的错误看法，意义十分重大。

王在德先生认为："从原始农业生产结构来看，从采集渔猎到种植业和饲养业结合也是一个逐渐转变的过程"②。至少在长江下游地区浙江省的跨湖桥文化、河姆渡文化可为代表。因此，跨湖桥遗址稻作农业的发现，从某种意义上讲也就是对中国农业文明发展史的有力支撑，丰富了中华民族的农业文明。

---

① 陈文华：《农业考古》，文物出版社 2002 年版，第 17—18 页。
② 王在德：《试论我国原始农业起源与发展》，《农业考古》1991 年第 1 期。

跨湖桥文化是浦阳江文明的传承与发展

于立岳　　　　　　　　　柴海生
（浙江省企业法律顾问协会）　　（萧山名人研究会）

8000 年前的跨湖桥文化遗址，是浙江省境内浦阳江流域新石器时代一个典型集落，对它的独特性进行深入研究，并追溯其来龙去脉，意义深远。2001 年发现的跨湖桥遗址，在中国的考古界犹如发现一颗突然升起的新星，马上被评为"全国十大考古新发现"。

跨湖桥位于杭州市萧山区的湘湖，湘湖古代是一个海湾，越中的大江潘水即浦阳江在此入海。在这富饶的三角洲地带，夷、蛮、越的先民们，其原始制陶、造船、建屋和石器加工等技术，已明显先进于同时期的其他地区。2001 年以后在浦阳江上游发现的上山遗址，距今已有一万年之遥，这是浙江旧石器晚期原始文明的发源地之一。"上山"与"跨湖桥"这两处划时代的重要文化遗址，分别处在浦阳江的头和尾，相互呼应着 8000 年至一万年前的文化信息，加上整条浦阳江流域近年发现的茅草山、楼家桥、金山、眠犬山等新石器时代的遗迹，就可较完整、清晰地印证出跨湖桥文化与浦阳江文明的必然联系，跨湖桥文化是浦阳江文明的传承与发展。

浦阳江是浙江省境内一条由南向北流的钱塘江大支流，该江源于浦江县西的花桥乡天岭岩南的深袅山，主江道流经金华市的浦江县、绍兴市的诸暨县和杭州市的萧山区，从萧山北部的湘湖一带入注杭州湾即东海，全长三百余华里。今浦阳江流域，包括浦江、义乌、东阳、诸暨、萧山、富阳六个县区，地域面积也有3500 平方公里。古代浦阳江在下游的萧山境内经常改道，但其入海处主要是在现湘湖一带的萧然山两侧的海湾。南宋时浦阳江曾改走西小江至绍兴三江口；明代中叶义桥镇南的碛堰山开通后①浦阳江流向西折，流经现义桥镇后约三公里在小砾山与富春江汇合，入注钱塘江杭州湾海域。而宋元时浦阳江流经的区域据清朝康熙《萧山县志》记载："浦阳江又名小江，其源出金华府浦江县，北流一百

---

① 民国《萧山县志稿》卷三之水利门，（第44页）：据万历县志载，碛堰在治南三十里，天顺间知府彭谊建议开通碛堰于西江，又筑临浦、麻溪二坝以截之。明万历年间浦阳水已改从碛堰山入钱塘江。

余里入诸暨县与东江合流，至官浦浮于纪家汇东，北过峡山，又北至临浦，又北而东至钱清，又东入于海。①"古浦阳江下游的主水流一直是从临浦往北直泻萧山，而这段浦阳江古河道之名就叫潘水。《汉书·地理志》载："馀暨县萧山，潘水之所出，东入海"②。故潘水是沿馀暨之萧然山入海的，这正包括现湘湖跨湖桥一带，潘水也即浦阳江别名也。两晋时，这里泥沙淤积，从渔浦湖中分出了湘湖，北宋时萧山县令杨时重修湘湖，环湖九乡，周长达 81 华里。明代在上下湘湖间筑跨湖桥，才有了今日的"跨湖桥"之名称。在这段历史中，跨湖桥文物被深埋在湖底二十多米厚的泥层之下。值得一提的是，嵊县小黄山遗址（距今10000—8000 年），也曾是浦阳江流域，其依据可见《上虞县志》和《郡国利病书》："曹娥江始实名浦阳江，其源自东小江亦由浦江来。③"唐《十道志》载："浦阳江，一北由诸暨直下至山阴萧山间；一则纡而东至嵊县始宁门。④"《萧山县志稿》："上虞之曹娥江亦浦阳江支流也。⑤"所以，跨湖桥文化可从一万年前的上山遗址中和嵊县小黄山遗址找到源头，跨湖桥文化肇始于本省浦阳江流域，而并非外地文化输入浙江才突然出现的文明。

一、跨湖桥文化是一支独特的土著文化

跨湖桥文物的最初发现者是何天行先生和郑苗先生，郑苗先生当时是萧山电视大学的学生，他们把花坞桥文物（即跨湖桥）送到萧山文管会后，才引起了浙江文物部门的重视。在浦阳江边，近年还发现了茅草山遗址、楼家桥遗址、金山和眠犬山遗址等，浙江省文物考古所高瞻远瞩，决定对浦阳江流域的史前遗址进行一次大调查，并对跨湖桥遗址进行抢救性发掘，经 1990 年、2001 年二次发掘，出土了一大批石器、陶器、木器、兽骨等文物，经上海、北京的科研单位测定，为 8000—7000 年前的遗物。器物有石斧、石锛、陶豆、陶里手、木舟、木构件及鹿角等。在以后的发掘中，出土了独木舟，比南非的独木舟早约 2000 年，据说是世界上最早的较为完好的独木舟实物。

在下孙遗址的发掘中，又发现灰坑中的成排木桩，是房屋构架用的。下孙遗

---

① 康熙《萧山县志》卷五之山川条。（第 16 页）浦阳江条。
② 《汉书地理志》第八，会稽郡条，浙江古籍出版社 2000 年版，第 556 页。
③ 民国《萧山县志稿》卷二之山川门，第 15 页，引《上虞县志》和《郡国利病书》。
④ 民国《萧山县志稿》卷二之山川门，第 15 页，引《十道志》。
⑤ 民国《萧山县志稿》卷二之山川门，第 14 页，浦阳江条。

址在跨湖桥东 2 公里的周代遗址固陵山麓。

据《参考消息》报道，8000 年前的跨湖桥遗址中，还发现筑堤塘的遗存，是一个护田种水稻的水利工程①。在彩陶中，已有太阳纹、鸟纹（原定十字纹）及在鹿角中刻有的符号（可能是文字），证明有原始宗教图腾崇拜。有些专家认为：从出土器物看，该文化与附近的马家浜文化、河姆渡文化有很大的差异，如陶器的纹饰上、形态上、风格上及木器类型、石器凿孔的方式上，都有独特的个性，与上山、小黄山文物也有较大的不同②。换句话说，跨湖桥文化是浙江地区一支独特的古文化，我们用"人类总得不断地总结经验，有所发现、有所发明、有所创造"的观点看古人和今天，随着发掘和研究的深入，让世人瞩目的跨湖桥文化的来历和内涵日益明朗。

我们认为跨湖桥人应是本地的先民，不一定是远方奔袭来的外来族。约 8000 年前，这里是东方的夷人（鸣夷）或南蛮人所居，后来转化为於越人。著名学者王国维先生在《浙江考》一文中说得很清楚，夷、蛮、越三种不同的民族文化，不同的技艺与风尚，自然会有不同的风格，它会表现在使用过的器物上③。古代夷、蛮、越三个民族的来龙去脉我们今天依然没有搞清楚。然而，它们共同生长在这块水土上，又必然会有所联系，取长补短，例如仿造器物、传承技艺，因此必有它的共性，比如用石作刀、用陶做碗、用木构屋、用玉作饰、用麻做衣等。虽然它与湖北的一些同期遗址有相似之处，但湖北先民当时为何要远奔数千里到萧山落户呢？我们找不到可信的信息。而萧山一带已发现类似旧石器的器物，应值得引起重视，也许和 8000 年的跨湖桥文化有关。可以预见，在萧山一带发现旧石器遗址，我们认为只不过是时间问题。

二、跨湖桥文化是浦阳江水孕育而成的几点商榷意见

浦阳江主流以南北向贯穿于浙江中部，东临余姚曹娥江，西依富春江。这里山多林密，气候温暖湿润，湖泊河道密布，是人类居住繁衍的"乐园"。但雨水多，必常受洪涝之灾。在跨湖桥人居住的地方面临东海，潮水也很大，水咸不能吃，但上游山区下来大量的淡水，完全可以供跨湖桥人饮用。古浦阳江的水质清

---

① 2007 年 9 月 27 日《参考消息》。8000 千年前，萧山湘湖已筑堤种水稻了。

② 《萧山历山研究》2006 年版，王心喜文。《萧山记忆》第一辑第一页，施加农文。

③ 《王国维文集》浙江考，第 100 页。

纯，生物多样性非常丰富。在跨湖桥遗址中，发现大量兽骨，证明周边动物很多。特别是鹿角，在上世纪中期连老百姓也常常在地里拾到。吾弟于立康曾是湘湖边上最大的取土单位——浙江省建材厂厂长，他讲在上世纪七八十年代，其厂占地五六百亩的取土坑里，每当挖到 20 米以下深度时，经常可挖出粗大的已成泥炭的原木段和其他形状的木头，晒干后还能燃烧；再值得一提的是，萧山文史工作者柴海生先生等，于 2003 年在杭州萧山区浦阳镇桃花源景区发现了古生物"桃花水母"，当为成了杭州一大新闻。这种生物 10 亿年前已有，至今仍能存在不灭，主要靠浦阳江优越的水质和今天上游各地对生态环境保护。数万年前的大象骨也在浦阳江流域被频频发现，证明此地人类生存环境的合适。

诸多史料证实，跨湖桥文化遗址正处在浦阳江出海口的三角洲，其出土的很多文物都证明这里的动植物生存环境相当优越，可为原始人的渔猎生活提供充足食物，还有先进的舟楫与遍布的水网，为他们提供了相互交流的便利。

近几十年来，浦阳江流域不断发现新石器文化遗址及遗物，主要有茅草山遗址、金山遗址，眠犬山、虎爪山遗址及诸暨县的楼家桥遗址，多数是属良渚文化遗址相近时期的，但东小江地区发现了马家浜文化遗址，那就是前良渚文化的遗迹。其中 4500 年前的涂山、茅草山遗址，相传是当年大禹治水的工程遗址，6500 年前的楼家桥遗址，当地村民介绍，只在 2 米多深的土下，就挖掘出了诸多大象股骨，还在陶器上发现了龙的图腾，这应是中国最早的龙图腾。茅草山遗址属良渚文化中晚期，除进化镇的泥桥头村外，还包括对江的浦阳镇江南村，以及闸上村一带，其面积较大，石器、陶器的数量也较多。传说帝舜曾耕于此，故有"舜湖"村名。虎爪山和眠犬山是跨湖桥南三五公里处的两个新石器遗存点，今属义桥镇，古称渔浦。据方志记载，渔浦是中华始祖虞舜捕鱼耕作的地方，故名渔浦，也是帝舜五耕砾山（历山）之地。今"砾山"地名犹在，就在义桥镇东方文化园北侧。渔浦北头古代有一个小海湾，曾名渔浦潭，与跨湖桥文化所在的上湘湖最近。那么在渔浦发现的二个新石器时代遗址是否同跨湖桥文化有关呢？从渔浦遗址出土的文物看，渔猎用的石箭头最有特色，距今约 5000 年，它和三公里外的跨湖桥文化差 3000 年历史，相互的关系似乎不明显。但纵观两地历史必有一定的关联度，我们认为渔浦遗址应是跨湖桥人的迁徙地和文化传承的支流。另外，义桥镇人总是把虞舜当成是中国最早的祖先，并不去计及它是 5000年还是 8000 年。

浦阳江上游的浦江县黄宅镇渠南村在 2001 年发现了上山遗址，测出其年代距今约 9000—11000 年，并发掘出许多文物，包括 1 万年前的夹碳陶器。2004 年又进行了发掘，发现了万年前陶器里的稻谷壳。这一发现，为萧山跨湖桥文化、河姆渡文化、良渚文化、甚至嵊县小黄山遗址（距今 8000—10000 年）找到了"源头"。嵊县小黄山遗址，古代处于浦阳江中游，出土器物有稻谷、建筑遗存物、石制人头等，比跨湖桥早一至二千年、距跨湖桥较近。现在我们可以这样说：浦阳江文明和跨湖桥文化，向世人呈上了中华文明形成年代要大大推前的佐证，即浦阳江流域的"三宝一龙"：一万年前的人工稻谷；9000 年前的石制人头像；8000 年前的独木舟；和中华民族最早的龙图腾。

三、研究跨湖桥文化及源流，可为华夏文明史翻开新的一页

新的发现包括新的遗址、遗物和新的研究成果，在已出土的跨湖桥文物上，仍有许多未解之谜。故现在还不能停留在原始农业文明上来追溯它的源与流，也不能简单的用年代相近、出土物类似而相距万里的外地遗址来"结亲"。我认为，追寻跨湖桥文化的源头，还得靠广大人民群众的不断探索、发现以及专家学者们的不懈努力，让更多的出土文物来说话。

众所周知，许多重要的文化遗存是群众发现后向文物部门报告的，包括跨湖桥遗址、茅草山遗址、蜀山遗址等，还有河姆渡、良渚文化也如此。跨湖桥文化中的下孙遗址就是杭州铁路局的倪航祥先生发现的。跨湖桥文化的源头，我们认为首先是在浦阳江流域，但它的去向必定会超出这个范围，例如发展为马家浜文化、河姆渡文化、良渚文化、吴越文化。跨湖桥文化是母系社会的"产物"，而盘古、女娲、三皇等传说故事，给我们带来了远古社会的信息，我们也可以从中国远古社会的传说人物来研究跨湖桥文化的脉络。

浦江的上山，是浦阳江之源；小黄山，是浦阳江中游遗址。作为下游的跨湖桥文化之源，从器物上看、从水系上看，上述两处都可能是文化传承链接点，但还不宜过早下定论。因为探寻 8000—10000 年前的文化源头，已进入旧石器晚期，地域上是浙江流域一带，从建德发现的 50000 年前的智人牙齿和安吉上马坎的数十万年前的石工具看，在跨湖桥地区发现旧石器人类遗址是很有可能的。实际上本地老人似乎早有预测，如《萧山县志稿》上记载："桃源渔浦，追忆秦虞。"[①] 这就是说，桃源和渔浦是萧山最古老的两个地方，而跨湖桥遗址，古代

---

① 民国《萧山县志稿》卷三十三艺文。明朝进士来集之诗云："桃源渔浦，追忆秦虞。"

正处在渔浦之地。萧山水利局的陈志富先生，还把萧山旧石器时代人类活动点（称萧山人）写进了《萧山水利志》，多达十余处。我们期望在这次跨湖桥文化国际研讨会后，在浦阳江流域和她的下游地区的民众，对寻找史前文明有更高的参与热情和更大的社会关注度。可以预见，随着时间的推移，这里必然会有更多更重要的文化遗产新发现。

很难预测，在浦阳江和钱塘江下游的跨湖桥一带，8000年前的这里，很可能犹如幼发拉底河与底格里斯河这两河流域孕育的世界最早文明那样，曾有一个要比古巴比伦城早2000年的城市雏形，集落着诸多如造船、建巢、制造工具器皿、开展贸易甚至还有文字规则等方面的灿烂东方文明，只不过被7000前至8000年间的连续洪水，使海平面上升了近40米，让它深深地湮埋在湘湖底一层一层的青灰色的海相沉积淤泥之下。

跨湖桥遗址陈列厅内容设计亮点探究

吴 健

　　跨湖桥遗址位于杭州市萧山城区西南约3公里的城厢街道湘湖景区内，其年代距今8000—7000年。遗址经三次发掘，出土有大量的陶器、骨器、木器、石器、人工栽培水稻以及独木舟等相关遗迹。跨湖桥遗址的横空出世打破了原有的河姆渡、马家浜文化对浙江新石器文化的两分体系，建立起区域文化的多元格局，掀开了长江下游及东南沿海地区人类文明的新篇章。2004年12月，跨湖桥遗址因其独特的文化类型和丰富的文化内涵，被命名为"跨湖桥文化"。

　　2006年9月，萧山区委、区政府为更好的宣传萧山，打响跨湖桥文化金名片，跨湖桥遗址公园博物馆项目正式立项。项目占地83亩，建筑面积6800平方，由遗址保护厅和博物馆两部分组成，建设资金1亿人民币。目前，该项目土建工作接近尾声，博物馆展陈工作已全面展开。展陈形式多，内容较丰富，这里就不一一赘述。本文就跨湖桥文化内涵如何作亮点展示进行探讨，并大致按照蒋乐平先生撰写的展陈段落标题顺序——跨湖桥文明的诞生、跨湖桥人的活动、农业起源的探索、聚焦跨湖桥遗址四部分进行内容阐述，求教于诸方家。

一、陈述跨湖桥文明的诞生和消亡原因是内容设计的前提

　　第一，展陈跨湖桥遗址丰富的文化内涵，首先要让观众了解跨湖桥文化的来龙去脉，它诞生和消亡的原因与丰富文化内涵的展示一定有着必然的联系。

　　跨湖桥遗址发现之初，因文化面貌十分新颖独特，而碳14年代测定出土文物年代距今8000—7000年，打破了浙江考古界一直以河姆渡文化为参照探寻新石器遗址的习惯性思维，曾经引发了考古学界对遗址年代和性质的争议。但据近年考古成果表明，在浙江中部山区浦江县上山遗址（距今11000—9000年）和嵊州市小黄山遗址（距今10000—8000年）的文化内涵中都存在不少跨湖桥文化因素，这一现象充分说明，跨湖桥文明的诞生无论在时间序列和区域范围都符合人类文明的总体路径是从山地、洞穴向河谷、平原发展的事实。同时，在内容表达上，**跨湖桥文化不再是单一的区域文化**，而是作为浙江新石器时代由丘陵山地向

沿海平原过渡的考古文化类型。

第二，跨湖桥文化为什么最后消亡，要回答这个问题，首先要了解跨湖桥时期人类生存的大环境，这与当时的气候变化和环境变迁有着密切的关系。

距今 8000 年前，随着末次冰期的结束，气候回暖，海平面随即上升，到距今 7000 年左右经历了一个相对的海退期，相对较低的海平面吸引了长期在干寒山地游荡的跨湖桥先民从山地向河口三角洲地区迁徙。在抵达古湘湖后，温暖湿润的气候，茂密的亚热带森林和期间出没的食肉动物，开始了跨湖桥文明的演变史，在长达 1000 年的时间里先辈们在此繁衍生息，从事采集、狩猎、耕作。但此后由于全新世大暖期的影响，海平面持续上升，到距今约 6500 年涨到历史最高点。水位的升高，对寄居在沿海地区的人类活动造成最直接的影响。跨湖桥遗址发掘过程中，叠压在跨湖桥文化层之上的地层中有明显的海侵迹象，尤其是同一区域的下孙遗址之上，叠压着厚达 4 米的潮上带和潮间带堆积，可以看出遗址被海潮冲溃的直观景象。这些证据表明，正是海侵的原因，直接导致了跨湖桥遗址的淹没和毁弃。那么，跨湖桥文化的继承者又到那里去了，迄今为止的考古发掘尚没有发现跨湖桥后续文化的相关踪迹。

二、跨湖桥人的活动是跨湖桥文化内涵最丰富的内容

跨湖桥人在古湘湖地区生活了近千年之久，日出而作，日落而居，采集、狩猎、耕作是他们的主要生活，动物驯养和纺织的出现为他们的生活提供保障，火烧锛剜制作的独木舟是渔猎和交通的伟大发明。跨湖桥人活动涉及的文化内涵非常丰富，在展陈中恐怕不能涵盖全部，下面结合出土文物及相关遗迹，就陈列内容重点作一阐述。

（一）独木舟的制作

跨湖桥出土的独木舟是迄今为止发现的世界上最早的独木舟，这已是不争的事实。但就陈列而言，单方面的强调年代数据似乎有些意犹未尽。因为，就出土文物本身及相关遗迹反映出来的还有独木舟制造方法及木作加工场等相关信息：

1. 独木舟经鉴定是由整根松木通过火焦法再用石器逐步挖凿碳化层加工而成。至今独木舟舟体上保留着两块大小不等的黑焦面，这些黑焦面是借助火焦法挖凿船体最早的证据。

2. 从独木舟及相关遗址现场看，舟体周围打入多根木桩，在船体底部还有几根横木，据此推断，独木舟当时可能处于架空状态。同时还在其周围发现了一

堆木头，有剖木和整木两类。剖开的木料与独木舟平行摆放，截面呈扇形，显然源于一根整木。同时，还出土了木桨、石锛、锛柄、编织物等，尤其是木作工具较集中的发现，为我们推测提供了想象空间。从综合现象分析，这应该是独木舟有关的木作加工现场。这对世界造船史的研究具有极高的研究价值和文物价值。

（二）建筑构件——独木梯

跨湖桥遗址因保存范围的局限，发掘面积较小，建筑遗迹揭露的不是很完整。但2002年出土的一件独木梯残件，是跨湖桥架空式干栏建筑的一种间接说明。从出土情况看，几座建筑残址中缺乏大型的、垫有柱础的立柱，与河姆渡遗址比较，跨湖桥遗址带榫卯的建筑构件比较缺乏，但从出土的少量榫卯残件及独木舟的制作技术分析，跨湖桥时期已经具备了相应的木作技术，为距今7000年前河姆渡遗址发现的相当进步的榫卯木构技术找到了它的源头。

（三）纺织和编织

1. 纺织技术的出现，是跨湖桥人类活动的亮点之一。跨湖桥遗址不但发现了纺织用木制定经杆和骨质纬刀，还发现了陶纺轮、线轮等纺织工具。其中，线轮出土时槽间还残留有缠绕的纤维线圈。这些文物的出土表明，距今8000—7000年前，跨湖桥的人类已经采用了水平式踞织机的原理进行原始的纺织作业。而出土的精美骨针，为缝制跨湖桥人穿戴的麻布和兽皮提供了依据。

2. 跨湖桥出土的编织物是中国现存最早的编织物之一。编织物以纵横木条作撑骨，由类似苇草的禾本科植物茎秆的外表层材料编织而成，编织手法与现代江南地区的篾类制品无异，体现了跨湖桥人已经掌握极高的编织工艺。

（四）弓箭及生漆使用

我国新石器时代遗址中石镞出土屡见不鲜，但弓十分罕见。跨湖桥遗址出土的木弓是中国迄今为止发现年代最早的木弓。木弓残长121厘米，弓身细圆，弓拊完整，采用韧性良好的桑木边材制作。特别是据日本专家研究，弓身表面涂有生漆。此项研究成果同时表明，跨湖桥遗址出土的木弓也是世界上迄今为止发现的最早的漆器之一。

（五）慢轮修整技术

跨湖桥人在生产、生活过程中发明的慢轮修整技术，无疑是制陶技术的一场革命。出土的木质陶轮底座，为展陈场景复原提供了依据：

1. 新石器时代的陶器制作以泥条盘筑法为主，后经捏塑、切削、拍打成形，手指和制作工具的痕迹明显，器形往往不规整，显得粗糙。而跨湖桥出土的陶器中，许多罐、钵、豆等都出现环状平行规整的弦纹。这种弦纹是使用慢轮修整技术的明确证据。

2. 慢轮修整技术是将未干的陶胎置于自由旋转的转盘上，用一手转动转盘，另一手用木器、骨器或石器接触要修整的胎体，同时器壁表面会遗留环状弦纹。跨湖桥遗址出土了一件木质陶轮底座，这个木质陶轮底座像个梯形圆台，台面中心位置有一个凸起的小圆柱，有明显摩擦痕迹，它就是陶轮转盘用的轴。如果制一件圆形木质转盘放在木制陶轮底座上，那么一个完整的陶轮就被复原了。

3. 世界最早的陶轮出现在两河领域，距今 5700—5300 年，此次跨湖桥遗址出土的木质陶轮底座，比两河流域早了约 2000 年。

另外，在跨湖桥遗址出土的黑光陶一直是专家关注的焦点，器物表面光滑且泛有黑色光泽，有学者认为是由于食盐烧熔后和陶器表面反应产生的玻璃相物质，但专家的实验分析否定了这一说法。

（六）草药罐

"草药罐"实际上是跨湖桥出土装有植物茎枝陶釜的代称，之前有专家称之为"中药罐"，考虑到跨湖桥时期与中药的概念不符，更名"草药罐"。此件陶釜的发现意义深远，展陈作重点版面图文介绍，需解读的内容有：

1. 此件陶釜出土时呈煎裂状态，倾斜弃于泥中，釜内盛有一捆形状相近的植物茎枝，茎枝之间不夹杂泥巴，与底腹的接触面也十分清爽。从现象观察，这捆植物茎是丢弃前就在釜内，在丢弃过程中茎枝没发生散乱，而是紧密粘在一起，比较符合茎枝被煮过后的特点。另外，陶釜外壁有烟熏火燎痕迹，确实经过火炊。考虑到这些茎枝不可能直接食用，综合分析，可能是丢弃的煎药罐。

2. 植物标本送浙江省药品检验所中药室检测，定为茎枝类。医学界将中药起源时间定在《黄帝内经》的先秦时期，但"神农尝百草"的传说表明，人类早在史前时期就已经认识到自然药材的药用价值，这一资料对研究我国中草药的起源提供了重要线索。

3. 另一种观点认为，这是一种原始的煮茶遗迹。同时，有专家也提出了茶、药同源问题，但由于煎煮物无法进行植物鉴定，无法做出绝对的结论。但跨湖桥遗址的确发现了目前世界上最早的茶树种籽。

（七）甑与蒸

跨湖桥出土的陶器类别较多，有罐、釜、盘、豆、钵等。之所以把甑作为代表器物做重点说明，是因为甑的用途和它所具有的更深层次的文化意义：

1. 甑形状与罐非常相似，用途类似与现代的蒸笼，使用时放置在另一个陶罐上方，甑底部带有多个小孔，利用水蒸气蒸熟食物。现在我们所知道的甑，在陶器出现之初还没有发现，它是人们对谷物烹饪有了新的要求之后的产物。用釜加工谷物，人们得到的只是粥与羹之类的流质，当人们认识到蒸气的作用，又希望得到口味不同的非流质食物，甑便应运而生了。

2. 甑的发明，不仅为人类提供了一种新的食物加工方式，还具有更深层次的文化意义。甑的使用是人类利用蒸汽能的最早实践，也是东方饮食文化和西方文化的一个明显标志。直到今天，西方人烹饪时仍然很少采用甑的方法，而擅长于烘烤，吃的是面包和烤肉，东方人则习惯于食用米饭和馒头。

（八）崇火拜日的宗教观念

跨湖桥文化时期形成崇火拜日这种原始宗教观念的原因，主要是太阳一天中的东升西落，一年四季中的高低变化以及由此产生的冷暖效应都会对人类的生产、生活乃至于生命产生巨大的影响。这也使原始先民的心目中幻化出许多美丽的幻想，从而催化出人类最原始的宗教——太阳崇拜。联系到展陈内容，需传播的信息有：

1. 彩陶是跨湖桥文化最重要的特征之一，彩陶器上的圆圈、放射线组合图案，都是以太阳为模仿题材的，但表现形式较为直接而质朴，到了河姆渡、良渚时期，太阳崇拜的表现形式更加抽象而繁复。跨湖桥遗址彩陶中所见的太阳纹和火焰纹图案是我国东南地区所见的最早形式的太阳崇拜。

2. 跨湖桥遗址出土的一件陶罐肩部对称双耳的正面各有一个"田"字符号，也有木锥上端正反两面的"元"、"彡"符号，这些符号是否与宗教观念有关还是原始的数字符号，在展陈中要作提示性研究说明。

3. 跨湖桥遗址还出土了一种分层的台形建筑相关遗迹，平面略呈圆形，共分19层之多。每层都发现一个烧土面，筑台的过程，实质上表现为烧土面的递增过程。专家认为，土台是伴随周围的地层堆积形成的，较难从实用的功能角度理解烧土面的意义。因此，可能是一种与太阳崇拜有关的祭祀场所。

4. 从下孙遗址出土的铁矿石碎片及红烧土块上残留的红色矿物质说明，跨湖桥人类已经掌握了采集、加工矿物质来烧制彩陶的原理。

三、农业起源探索佐证长江流域稻作农业起源中心说

（一）稻作农业

跨湖桥文化时期，人类的生存形态已经开始从单纯依赖自然资源的狩猎采集向食物生产过渡，其中最引人注目的就是动植物驯化。本部分意以世界三大文明与农业起源的关系，以跨湖桥人工驯化稻为证据，向观众阐述长江流域是稻作农业起源中心的观点以及长江流域下游在长江流域稻作农业起源中的地位：

1. 从世界范围看，农业起源有三大中心。①西亚伊拉克及周边地区，约10000年前，开始了大小麦的种植，这一区域后来诞生了著名的两河流域文明并衍生出古埃及和古印度文明；②黄河流域、长江流域的粟、稻起源区，诞生了我们伟大的中华文明；③美洲墨西哥一带的玉米起源区，诞生了玛雅文明。由此可见，农业起源与人类文明息息相关。

2. 20世纪80年代末期以来，长江中游和和淮河上游地区新石器遗址又发现了一系列水稻遗存，如江西仙人洞遗址、河南贾湖遗址等。随着这些遗址的发现，稻作农业"长江起源说"、"淮河流域起源说"风靡一时。但随着跨湖桥遗址、上山遗址的发现，长江下游在稻作农业起源中的地位越来越受到重视。迄今为止，考古发掘出土的早期水稻遗存大多在长江流域。

3. 跨湖桥遗址的稻作遗存在遗址中的分布范围较广，50%以上的稻谷明显不同于普通野生稻，是人类驯化后的栽培稻，从而再次佐证了长江流域是世界稻作农业起源中心的观点。

（二）橡子储藏坑

据相关专家分析，跨湖桥文化时期平均气温为16摄氏度，基本和现在持平，在这样气候条件下，必须储存足够的食物以满足冬春两季的需要。陶罐等容器只能用于短期内少量食物的储藏，要想储藏足以过冬的食物资源，需要窖穴之类更大、更有效的储藏容器，在这样的背景下，橡子储藏坑便应运而生：

1. 跨湖桥遗址出土的橡子储藏坑遗迹制作相当考究，先挖出筒状或袋状的坑，口部乃至边壁用木料搭成框架结构，交叉叠压，坑内有木桩支撑木构，有的坑底铺垫木板，上面铺有一层沙，以达到橡子储藏保鲜效果的温湿度和通风透气的要求。

2. 另外一个现象是，许多橡子坑有二次利用的痕迹，坑口形成焦积的锅底状灰烬烧土坑。说明橡子坑的使用不是长年的，而是具有季节性的。这帮助我们

对橡子坑的性质作出推断，它可能不是一般的贮藏坑，而是针对橡子食性的一种加工程序。因为橡子中所包含的鞣酸味涩，只有通过在水里浸泡，才能更符合食用味觉要求。从出土的种种迹象表明，跨湖桥人基本掌握了橡子储藏和加工的复杂技术。

（三）猪的驯养

野猪驯化成家猪，有一个漫长的过程。猪在被驯化的过程中，饮食习惯和食物结构的改变，引起肢体上的适应性改变。具体表现为下颌骨缩短，牙齿特征弱化等。在弱化过程中，牙齿尺寸的改变比骨骼尺寸的改变要缓慢，从而造成齿列明显扭曲。跨湖桥出土的猪下颌骨标本显现，猪牙齿因下颌的缩短而造成牙齿齿列挤压错位。这些现象说明，跨湖桥时期已经出现了南中国地区最早的家猪。

四、聚焦跨湖桥遗址是研究历程和成果的展示

跨湖桥遗址自1990年第一次发掘至今历时近二十年，遗址因河姆渡文化被忽略，也因与河姆渡文化不同的文化内涵而被倍加关注。跨湖桥遗址的发现，为长江流域新石器时代文化研究中的整体观念的形成树立了新的坐标。期间，社会各界和多学科专家对跨湖桥遗址的研究和保护倾注了大量心血，本部分就这些历程分四个部分做陈列展示回顾：

第一，社会各界对跨湖桥遗址的关注通。过看板的形式，图文并茂的反映2001年"全国十大考古新发现"评比成果和萧山区政府召开多次学术研讨会，以及著名考古学家严文明、张忠培等与会的盛况。同时也记录中央电视台及各大媒体报道独木舟和专家接待的情况。

第二，跨湖桥遗址考古纪实。记录跨湖桥遗址和下孙遗址的发掘情况，并通过跨湖桥遗址发掘微缩模型的形式，展现当年考古发掘者的工作状态和专家风采。

第三，跨湖桥研究成果。展示历年各学科专家学者研究发表在各类学术刊物上的论文和出版的专著，其中包括学术界著名的《自然》、《科学》杂志。并将所有论文制作数据库，由电子触摸屏的形式供观众点击查询。

第四，评价与文化命名。反映2004年12月跨湖桥文化命名和《跨湖桥》考古报告首发式的盛况，记录著名考古学家严文明等国内著名学者共聚萧山，一致认同《跨湖桥》考古报告提出的文化观念，正式命名"跨湖桥文化"的过程。

跨湖桥遗址虽然发掘面积不大，但文化内涵却非常丰富。用吴汝祚先生的话

说，跨湖桥遗址当年两次发掘，面积共 630 平方米，这样小规模的发掘，能评为2001 年十大考古新发现之一，反映了这个遗址出土的遗迹和遗物的重要性。时过境迁，跨湖桥遗址博物馆也即将建成开放，陈列厅展陈的内容囿于面积的限制，不能将专家的研究成果一一展示在观众面前，但我们仍然会利用多媒体等高科技载体，采用各种形式，丰富跨湖桥展陈内容，宣扬和传播跨湖桥文化。

参考文献：

1.《跨湖桥》，文物出版社 2004 年版。

2.《跨湖桥遗址博物馆信息解读脚本》，复旦大学文物与博物馆学系，2007 年 9 月。

相关论述及其他

独木舟
——新石器时代东北亚地区海上文化交流的工具

[韩] 姜寅虎

一、引言

笔者从事东北亚考古研究二十余载，其间最为困扰笔者的问题之一是，新石器时代的先民们，究竟是通过什么手段来实现相距数千乃至数万公里，尤其是海峡两岸之间的文化交流的。陆路上的文化交流，无论两地之间的距离相隔有多么遥远，仍属于今人的想象范围之内，但是海峡两岸之间的文化交流，尽管史学界许多人都提到了利用独木舟一类的最原始的水上运输工具来达到这一目的的构想，然而以实证科学来再现古代社会面貌的考古学者来讲，这种说法无异于痴人说梦，天方夜谭。

令人难以置信的是，无论今人是否相信新石器时代的人们是否具备航海能力，但从大汶口文化到岳石文化，在长达 1500 多年之久的漫长岁月里，辽东半岛的考古学文化受到了来自山东半岛的强烈影响，而这种文化的交流的的确确是渤海海峡两岸之间直接进行的！当然，还有朝鲜（韩）半岛的考古学文化，自商周以来受到了来自鸭绿江对岸广大地区以及环渤海地区文化的强烈冲击；而日本列岛（尤其是九州一带）的考古学文化，自弥生文化早期伊始，不仅受到了来自朝鲜（韩）半岛方面的影响，还可能受到了来自黄海海峡对岸的中国大陆的影响。

在上述横跨海峡的文化传播中，有陶文化的传播，也有玉文化、青铜文化、稻作文化、墓葬文化（积石墓、支石墓、砖室墓等）以及铁器文化的传播。由于篇幅关系，本文拟重点梳理上述诸文化中的三种文化，即：陶文化、玉文化和青铜文化的传播路径，同时重点对新石器时代东北亚地区的海上文化交流做一深入检讨和反思。错误和疏漏之处，一定在所难免，如蒙海内外师长们及学界同仁们批评指正，笔者将不胜感激。

二、陶文化的传播

陶器，是指将泥土和水溶液搅拌在一起制作成一定形状，并在 400℃度以上的温度下固定形成的器皿①。因为，在这个温度以上烧制的泥土，经水浸泡后不会还原成泥土②。陶器的出现，对人类历史的发展具有划时代的意义。就陶器的起源而论，学术界普遍认同多元起源论。但在东北亚地区，目前还难以确认究竟有多少个陶器起源中心。不过，在东北亚地区普遍发现了新石器时代早期陶器，它们几乎都有一个共同的特征，即：器形单一，烧制火候低（一般不高于800℃，不用陶窑烧制），胎质疏松且夹杂一些石英、植物纤维等杂质。从年代上讲，一般都在距今 1 万年左右。其中，在日本列岛的东部地区出土的素面陶片，其年代达到了距今 1.5—1.2 万年③；西伯利亚东部地区的黑龙江流域 Khummy 遗址上出土的陶器（可能是平底大口罐），其文化层的碳 14 测年数据也达到了距今1.3—1 万年④。

图一　筒形陶罐

"之"字纹筒形陶罐，是整个东北亚地区新石器时代的一个典型文化特征（图一）。这种陶器的器形很单一，但比较讲究器表上的装饰纹样，施纹的方法有刻划、压印、戳印等技法；其类别、器形和纹样，随不同地区稍有差别。这种筒形陶罐的分布，东起日本列岛、朝鲜（韩）半岛，西达冀中、燕辽地区，北至西伯利亚东部地区⑤。因此，在距今 7000 年前，有可能存在一条从中国东北到俄罗斯沿海州，再跨越到达日本列岛北半部的文化交流路线⑥。这一现象说明了在新石器时代早

---

①　Darvill，T. 2002. *The Concise Oxford Dictionary of Archaeology* ．Oxford：Oxford University Press.

②　由于烧制陶器的温度较低，故在日、韩学术界形象地称其为"土器"。

③　堤隆：《日本列岛晚冰期人类对环境的适应和陶器的起源》，《稻作、陶器和都市的起源》，中国文物出版社 2000 年版，第 65—80 页。

④　Zhushchikhovskaya1997. *On Early Pottery —making in the Russian Far East* ．Asian Perspectives Vol. 36（2）：160—174.

⑤　姜寅虎：《兴隆洼文化"之"字纹筒形陶罐分析》，载《红山文化研究》，中国文物出版社 2004 年版，第 519 页。

⑥　王巍：《从玉玦看东北亚地区史前文化的交流》，载《名家论玉》，中国科学出版社 2009 年版，第1—7 页。

期，东北亚各地区间的文化交流不仅异常活跃，而且人们的远足能力和航海能力已经超出了我们的想象。

如果说，上述理论还存在一些模糊印象，那么，在新石器时代中晚期出现的中国彩陶文化的传播之路，则显得明晰可鉴（图二）。

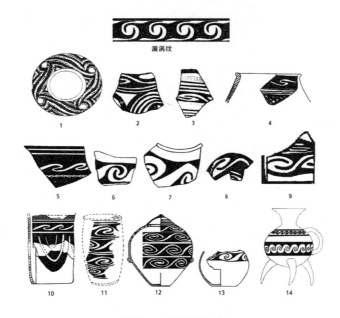

图二　中国彩陶文化

一、西北地区（1. 地巴平）二、内蒙河套地区（2. 清水河 3、4. 托克托海生不浪）三、河南地区（5. 庙底沟）四、辽东半岛（6、7. 长海郭家村）五、辽西地区（8. 喀左东山嘴 9. 凌源城子山 10. 阜新胡头沟 11、12. 凌源牛河梁）六、山东半岛及苏北地区（13. 北庄 14. 大墩子）

中国的文献资料表明，丝绸之路开通于汉武帝时代，距今已有 2000 多年，这已是举世公认的一个史实。但是，早在新石器时代的中晚期，就存在一条自甘青地区横穿内蒙古大草原，再到辽西、辽东半岛，直至山东半岛的文化传播之路。我们知道，红山文化的中晚期彩陶，与中原地区的后岗一期文化和仰韶文化庙底沟类型的彩陶有着比较密切的联系。但是，最新考古资料表明，红山文化晚期，还与中国西部地区的马家窑文化的彩陶具有某种联系①。在马家窑彩陶文化中，漩涡纹（或称涡纹、勾漩纹、勾连纹）源于马家窑类型晚期，到了半山类型时期便有了空前的发展，出现频率非常之高。这种漩涡纹并不是红山文化彩陶纹饰的主流风格，更不是大汶口文化的彩陶艺术风格。但是，自西向东出现的这一文化传播现象本身，再一次说明了在新石器时代中国的北方地区存在一条文化交流的通道。

值得我们关注的是，辽东半岛和山东半岛之间的这种彩陶文化的交流，很可能是渤海海峡两岸之间直接进行的。

三、玉文化的传播

如果说，西方世界崇尚的是钻石文化，那么，东方世界则对玉石文化情有独钟。最早的玉器很可能只是人们的装饰品而已。但是在中国，远古时代人们视玉器为神物，巫者常以其事神；当王者战胜巫神后，玉器又赋以王权，此时以瑞玉为首，祭玉为辅；三代（夏商周）王玉到了秦汉衍为帝王玉；儒家则以君子比得于玉，所佩戴之玉，无故不离身；唐以后，玉器进入民玉阶段，全民共享，雅俗共赏至今。

现有考古资料表明，玉石玦是已知各类玉器中最早出现的玉器之一，而这种玦饰物广泛出土于东亚各地区的新石器时代的遗址中。其中，在中国辽西地区的兴隆洼文化遗址中出土的一对玉玦的年代最早，大约距今8000年左右②。黑龙江一带出现的玉石玦的年代也达到了距今7000年左右，而在其临近的俄罗斯滨海地区出现的距今5000—4000年前的玉石玦，则是迄今已知的最北限——北纬60°③。当然，中国的长江中下游地区，在距今7000—6000年前的新石器时代，玦饰文化也已相当发达。

泰国的北部平原（距今约4000年左右）、越南的北部红河三角洲及北部湾沿

---

① 吴耀利：《从红山文化看我国东西部史前文化的交流》，《红山文化研究》，中国文物出版社2004年版，第234页。

② 杨虎、刘国祥：《兴隆洼文化玉器》，《东北亚玉器》第一册，香港中文大学中国考古艺术研究中心出版1998年版。

③ Komissarv, Sergei A., *The Ancient Jades of Asia in the Light of Investigations by the Russian Archaeologists*. East Asian Jade: Symbol of Excellence. Vol. Ⅱ. (Hong Kong: Center for Chinese Archaeology and Art, 1998), P. 267.

海（距今约 4000 年左右）、越南南部及马来西亚（距今约 3000 年左右），也都相继出现了玦饰品①（图三）。

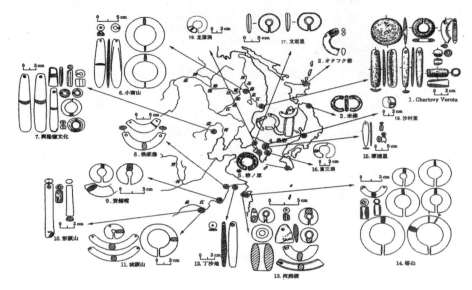

图三　东亚地区新石时代的玉石玦及其他器玉器组件

（参照邓聪先生《东亚玦饰的起源与扩散》图文修订）

朝鲜（韩）半岛出土的早期玉石玦的年代，要比中国的兴隆洼文化和河姆渡文化的玉石玦年代偏晚，其年代为距今约 5500 年左右②（图四）。

在这里，我们所关注的是日本列岛上出现的玉石玦的起源或来源问题。1916年 10 月，京都大学滨田耕作教授最早指出，这些日本本土出现的成对的玉石环，与中国文献记载的玦饰相类；大概在同一时期，京都大学的另一位著名学者内藤湖南教授进一步指出，日本出土的玉石环即为中国古玉中所说的玉玦，同时认为，在新石器时代中日两地间有着文化上的交流关系③。上世纪 70 年代，日本学者藤田富士夫先生发表文章（《有关玦状耳饰的起源》，1978 年《富山史坛 69》）

————————

① 邓聪：《东亚玦饰起源的一些争论》，《红山文化研究》，中国文物出版社 2004 年版，第 488 页。

② 韩国国立文化财研究所：《高城文岩里遗蹟》2004 年版，第 63 页。

③ a. 樋口清之：《玦状耳飾考——石器時代身體裝飾品之研究其一》，《考古學雜誌》第 23 卷第 1 號，1933 年，36—50 頁。b. 川崎保：《玦状耳飾系統·起源論概觀》，《環日本海の玉文化の始源と展開》，敬和學園大學人文社會科學研究所出版，2004 年，35—43 頁。

图四　韩国江原道高城郡文岩里遗址出土的玉石玦及陶、石器群

指出，鉴于日本最早的玦饰物大都分布在日本北陆一带，且其形态与中国江南地区新石器时代的玦饰物相类似，因此他主张日本的玉石玦是从中国南方地区传播而来的观点。到了上世纪80年代，日本学者西口阳一先生，对碳14测年数据比较分析后认为，中国的河姆渡文化的年代要比日本的绳文文化年代要早，而且这两地都是女性佩戴这种耳饰①，两者具有共同的文化习俗，所以日本的玦饰文化是由河姆渡玦饰文化传播而来的②。当然，也有日本学者认为，通过对日本出土的玉器组合件（包括玉匕形器、玉管珠、玉玦等）来分析，日本的玉器很可能起源于中国的东北地区，并经俄罗斯阿穆河流域再到滨海地区传播至日本列岛的。但是，无论日本的玉石玦是由中国的南方地区还是中国的东北地区传播而来的，这一玦饰文化是新石器时代的人们横渡海峡而传播到日本列岛上去的，这一点是毫无疑问的（图五）。

事实上，不仅仅是玉石玦这个单一玉文化由中国传播到了日本，还有其他玉器组件，诸如玉匕形器、玉斧、玉钺、玉管珠一类的玉文化，同时也传播到了朝

---

① 很多玉石玦是伴随男性遗骨出土的，因而学术界认为新石器时代的男性也佩戴这种耳饰。

② 西口阳一：《耳飾からみた性別》，1983年，《季刊考古学》第5号，52—56页。

鲜半岛和日本列岛（参见图三）。

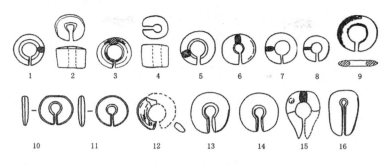

图五　东亚地区出土的新石器时代玉石玦类型

1、2. 内蒙兴隆洼 3、4. 辽宁阜新查海 5. 浙江余姚河姆渡 6. 上海崧泽 7、15. 四川
巫山大喜 8. 台湾台北圆山 9. 俄罗斯沿海州 10、11. 韩国江源道文岩里 12. 日本北
海道共荣 B 14. 日本福岛三本松中之内 16. 日本秋田北浦

四、青铜文化的传播

青铜时代，是人类历史上极其重要的一个时代。不同的地区步入青铜时代的
情况是有早晚区分的。在世界历史上，最早进入青铜时代的是西亚地区，距今约
5000 多年前，并在距今 4000 多年前，就已进入青铜文化的鼎盛时期。

在中国甘肃东乡林家马家窑文化遗址中出土的一把小刀，是迄今为止中国境
内最早的青铜小件，据激光光谱分析为锡青铜，其年代大约为距今 4600 年左
右①。但是，无论是在仰韶文化遗址还是在马家窑文化遗址、龙山文化遗址中出
土的零星青铜小件，并不能代表中国乃至东亚地区已经进入了青铜时代。事实
上，从新石器时代进入青铜时代是一个缓慢而艰难的过程，在真正进入青铜时代
之前，还要经历一个很长时间（大约千年左右）的铜石并用或红铜时代。大约在
西亚地区进入青铜文化鼎盛时期的同时，中国则刚刚步入了青铜时代的门槛——
二里头文化时代。到了商周之际，中国中原地区的青铜文化便达到了巅峰状态。

在青铜文化中，冶铜术和铸造术是其重要的内涵之一。毫无疑问，中国人在
青铜铸造术和工艺方面，都取得了举世瞩目的辉煌成就，二里头时代以降出现的

---

① 北京钢铁学院（今北京科技大学前身）冶金史组：《中国早期铁器的初步研究》，《考古学报》
1981 年版第 3 期。

中国青铜器无疑都是本地铸造的，但这也只是冶金术传播的一个结果。中国古代冶铜术的来源，一直是一个有争议的问题，与西方学者相反，中国许多学者始终坚持包括冶铜术在内的中国青铜文化本土起源论。不过，无论是二里头、三星堆也好，还是新干大洋洲、大甸子也好，这些地区不大可能是冶金术的起源地，迄今也没有这一方面的有力依据。

青铜冶炼是技术含量极高的一项工程，它决不会是一人一时一地所能发明的，它的出现必定是众人共同协作的一个伟大成果。根据不同的合金比例，青铜可细分为砷青铜、锡青铜、铅青铜和铅锡青铜。锡青铜器是中国青铜器的主流，但是，夏商统治地区的核心地带都十分缺乏锡资源，铜资源同样如此。研究结果表明，二里头、二里岗以及殷墟地区的青铜原料，很可能来自江西瑞昌铜岭、湖北大冶铜绿山、河南、河北、辽宁一带[1]，或者可能来自山西中条山[2]、云南[3]、四川[4]等地。迄今为止，国际学术界对冶金术的具体起源地的认识，并没有取得一个广泛的共识。在这里我们无意探讨这一复杂命题，只是重点地探讨一下东北亚系青铜短剑（即曲刃青铜短剑）文化的传播途径来说明本文的命题。

一般学术界认为，青铜剑这种兵器不大可能是中国人发明的。在中国中原地区，直到商初主要的青铜兵器是戈、戚、钺、镞、矛等，而没有青铜剑。中国最早的青铜剑见于商代晚期，是一种叫曲茎铃首的短剑。与此剑同时的还有曲茎兽首短剑，它们和兽首刀、管銎斧等构成了商代北方地区青铜文化的鲜明特征。在安阳殷墟发现的曲茎铃首短剑、曲茎兽首短剑和管銎斧，显然是受到北方草原青铜文化的影响所致[5]。长期在殷墟遗址一线进行发掘、研究工作的郑振香教授，也赞同殷墟出土的兽头刀、管銎斧等是受了北方青铜器文化的影响，认为殷墟的銎内戈大概是引进北方的管銎技术铸造的[6]；乌恩先生则认为，管銎斧、管銎戈

① 彭子成等：《赣鄂豫地区商代青铜器和部分铜铅矿来源的初探》，《自然科学史研究》1999年第3期。

② a. 刘莉等：《城：夏商时期对自然资源的控制问题》，《东南文化》2000年第3期；b. 李延祥：《中条山古铜矿遗址的初步考察研究》，《文物季刊》1993年第2期。

③ 金正耀：《晚商中原青铜的矿料来源研究》，载《科学史论集》，中国科技大学出版社1987年版。

④ 李晓岑：《从铅同位素比值试析商周时期青铜器的矿料来源》，《考古与文物》2002年第2期。

⑤ 李伯谦：《商周青铜剑发展谱系的缩影》，载《中国青铜文化结构体系研究》，中国科学出版社1998年版。

⑥ 郑振香：《商文化与北方地区古文化的关系》，《北京建城3040年暨燕文明国际学术研究会会议专辑》，北京燕山出版社1997年版。

源于西亚①；而林沄先生主张，在北方系青铜器文化中，青
铜短剑可能来自古伊朗或西亚地区②。

当历史的步伐进入青铜时代以后，在中国北方的燕山
南北地区，夏家店上层文化的青铜器文化，在西周中后期
逐渐发展成为整个欧亚大陆草原地区最为繁荣发达的青铜
文化之一。与此同时，辽西地区也自然成为了长城地带最
为重要的政治、经济和文化中心，该地区为周边地区的青
铜文化发展带来了深刻的影响和变化。其中，包括在日、
韩学术界称做"辽宁式铜剑"（即短茎式曲刃青铜短剑，
韩国学术界也做"琵琶型铜剑"）在内的东北亚系青铜短
剑文化的影响最为深广（图六）。

根据我们多年的考察和研究，东北亚系青铜短剑的所
有类型，追根溯源，几乎都源于夏家店上层文化遗存中的
銎柄式直刃短剑和銎柄式曲刃青铜短剑。对这两种青铜短
剑的出现年代，学术界的认识较为一致，为商周或西周早
期。种种迹象表明，这种銎柄式直刃或曲刃青铜短剑，就
是所有东北亚系青铜短剑的原始祖型。

东北亚系青铜短剑，由最初的实用性很强的銎柄式直
刃短剑，逐渐演变为象征王权的曲刃短剑，最后在日本列
岛共与铜矛、铜铎成为专属王权祭祀用的平行铜剑。其具
体演变过程如下：

图六　辽宁式铜剑

銎柄式直刃铜剑（銎柄、直刃、有剑格）→銎柄式弧
尾直刃铜剑（銎柄、直刃、无剑格、剑尾弧曲）→銎柄式圆尾曲刃铜剑（銎柄、
叶刃弧曲、剑尾圆弧）→短颈式曲刃铜剑（短颈、剑尾圆弧内收宽大、叶刃弧
曲、有节尖和束腰）→T形柄曲刃铜剑（由各种T形剑把头和短颈式曲刃短剑结
合而成）→细型铜剑（短颈、节尖消失、曲刃消失）→平行铜剑（短颈、节尖
突尖、两剑刃平行）（图七）。

---

① 乌恩：《殷到周初的北方青铜器》，《考古学报》1985年第2期。
② 林坛：《商文化青铜器与北方地区青铜器关系之再研究》，载《考古学文化论集》（一），中国文
物出版社1987年版。

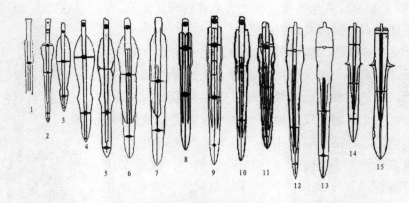

图七　东北亚系青铜短剑部分类型及演变规律

一、管銎式铜剑（1. 赤峰龙头山 2. 水泉城子）二、短颈式铜剑（3. 新金双房 4. 辽阳
二道河子 5. 沈阳郑家洼子 6. 锦西寺儿堡）三、细形铜剑（7. 新城高碑店 8. 集安五
道沟 9. 韩国大邱晚村洞 10. 韩国月城郡 11. 俄罗斯沿海州 12. 日本岛根县志谷奥）
四、平行铜剑（13. 日本福冈县冈垣 14. 日本爱媛县古田 15. 日本德岛县左右内山）

　　值得一提的是，分布在军都山一带的玉皇庙文化中，T 形柄曲刃青铜短剑的
剑柄部，大都衍化为人体或动物形状，这一文化特征在夏家店上层文化中也有体
现。

　　在东北亚系青铜短剑中，短茎式曲刃短剑和 T 形柄曲刃短剑的分布范围极其
宽广，除夏家店上层文化之外，在辽西的十二台营子文化和水泉文化，辽东半岛
和辽东地区的岗上类型和双房类型文化，吉林地区的西团山文化，以及在中国境
外的俄罗斯沿海州、朝鲜（韩）半岛和日本九州地区也都有分布①。

　　后来，短茎式曲刃短剑和 T 形柄曲刃短剑，在辽东（包括吉林南部地区）、
辽东半岛、朝鲜（韩）半岛以及日本九州地区演变为细形铜剑（韩国学术界也
称作"韩国式铜剑"）；传到日本九州一带后不久，细型铜剑又演变为平行铜剑。
考古发掘资料表明，铁器得到普及后，又开始出现了细形铁剑，在辽东地区和朝
鲜（韩）半岛这种细形铁剑与细形铜剑继续并存和流传，直到汉代，甚至更
晚②。

---

①　乌恩：《北方草原考古学文化比较研究——青铜时代至早期铁器时代》，中国科学出版社 2007 年
版，第 180—193 页。
②　姜寅虎：《箕子东走路线的探索》，《东北亚古物》（A 卷），中国文物出版社 2004 年版，第 97 页。

关于东北亚系青铜短剑文化的传播途径，综合起来有两种观点：一是，由辽西地区经辽东、朝鲜（韩）半岛再到日本列岛[①]；二是，由辽东半岛直接横渡黄海海峡到达朝鲜（韩）半岛，最终抵达日本列岛[②]。但无论哪一种传播途径，当时的人们都克服了横渡海峡的巨大困难，把这一文化传播到了朝鲜（韩）半岛和日本列岛。

其实，青铜文化的传播方面，除了东北亚系青铜短剑外，还有铜戈、铜矛、铜镜（粗、细纹多钮镜）、铜铎（最初的功能可能是铜玲）等青铜器，也都随东北亚系青铜短剑文化一起，广泛传播到了俄罗斯沿海州、朝鲜（韩）半岛和日本列岛。

五、讨论与结语

1971 年 7 月 5 日，世界许多国家的报刊上，都在显要位置上刊登了韩国忠庆南道公州郡宋山里古墓群中发掘出韩国三国时代的一座百济王陵——百济国第二十五代国王武宁王及其王妃的合葬墓的新闻报道。

根据笔者对此墓的多次实地考察和研究，这座墓葬的外形为圆形坟丘，直径大约为 20 米左右，规模不大，与其相邻的 5 号、6 号墓葬无甚区别，看起来并不像一座王陵，这也正是这座王陵得以完整保存到今天的主要原因之一。其墓室为南北向，属砖室墓，由墓道、甬道和墓室构成，总长约 17 米，最高处约 2.93 米；墓内的壁上，有砖砌成的桃形灯笼，墓底砌有排水沟，砖上都印有钱形、菱形和莲花形等花纹。上述这些墓葬风格都与中国南朝的墓葬形制几无二致，这从考古学角度上证实了二十四史《梁书·东夷传》中，韩国百济国与中国梁朝之间保持友好关系的记载是可靠的。当时，许多韩国学者提出了这种墓葬文化是由中国南朝横渡黄海海峡甚至是东海海峡传播而来的观点，对此笔者是持有怀疑态度的。

到了上世纪 90 年代，韩国水下考古队陆续在黄海海域打捞上来触礁沉没的中国南宋时期的船骸，有的船上满载着中国南宋时期的精美瓷器，其他商品因完全腐蚀而无法辨认其全貌。虽然这一事实使笔者认同了前述韩国学者们的观点，但是，我对上古时代（尤其是新石器时代）的人们具有航海能力的说法，还是抱

① 姜寅虎：《箕子东走路线的探索》，《东北亚古物》（A 卷），中国文物出版社 2004 年版，第 97 页。
② 李健茂：《韓國的遼寧式青銅劍》，《韓國的青銅器文化》，韩国汎友出版社 1992 年版。

有根深蒂固的否定态度的。

尽管在日本的多处古遗址中，出土了诸如独木舟、木桨一类的绳文时代、弥生时代的遗物，但是，这些遗物同样无法彻底改变笔者最初的观念。在笔者看来，这些独木舟之类的东西，充其量只是在浅海地区进行捕捞作业的渔猎工具而已。

2007 年，笔者应中国师长们的亲切邀请，荣幸地参观了杭州跨湖桥文化遗址。当笔者看到在距今 8000—7000 年前的跨湖桥文化遗址中出土的独木舟及其相关遗物时，被眼前的场景所深深震撼。此时，似有一束灵光在脑海中闪过，长期冰封在笔者心中的困惑，似乎也在渐渐消融。两年多来，跨湖桥文化遗址出土的独木舟的影子，始终挥之不去，每每想起来，不断促使我对东北亚地区的新石器时代的文化交流，尤其是通过海路实现文化交流的方式，进行了深刻的反省和检讨（图八）。

图八　新石器时代的独木舟

（左图为日本青田出土的绳文时期的独木舟及木桨，
右图为中国杭州跨湖桥遗址出土的独木舟及木桨）

那么，新石器时代的人们究竟是如何实现横渡海峡的壮举并实现文化交流的呢？这种一叶独木舟之类的原始水上运输工具，果真能帮助新石器时代的人们实现横渡海峡的梦想吗？跨湖桥遗址出土的独木舟及其相关遗物，又能给我们一个什么样的启示呢？

笔者曾对跨湖桥遗址出土的所有遗物及其遗址所处的环境，在师长们的陪同下，进行过综合考察。两年来又对跨湖桥遗址挖掘报告和相关研究资料进行了深入细致的研读，受益匪浅。我们认为，跨湖桥独木舟本身可能没有横渡过什么大海峡，但是，伴随着独木舟一起出土的许多木桩、横木之类的遗物很容易使我们联想到，当时的人们很可能将若干个大小不一的独木舟和一些横木巧妙、牢固地结合在了一起，这样就制造出了一个相对单体独木舟安全系数大很多的巨型渡海工具。这种渡海工具由于增加了排水量而大幅度地提高了水的浮力，因此避免了巨大海浪颠覆的危险性；另外，还可以尽可能多地承载渡海人员，要知道，相互间的鼓励协作和众人的智能发挥，在渡海中显得尤为重要。这种渡海工具有一个显著的优点，就是只要独木舟与横木之间绑缚的十分牢靠，那么无论在海上遇到何种恶劣情况，它是不会像后来发明的楼船和现代的铁船一样沉默海底的。最坏的结果无非是，由海浪的冲击和拍打，导致独木舟和横木解体，然后各自漂浮在茫茫大海之中。

其次，利用好海流和季风的自然条件，对远古人们的渡海是大有帮助的。1985年，日本海洋学会公布了朝鲜海峡和对马海峡的海流研究报告书。这一调查报告从另一个侧面也说明了古代的人们是有可能实现漂洋过海的壮举的。根据这份报告书，那时的人们可以利用海流抵达日本北部的许多地方。

海流，顾名思义，即流动着的海水。海流一般是在海水表面流动，当两个或两个以上的海流相遇时，水温低而比重大的海流就下沉，成为潜流在水温高、比重小的表流下面流动，到了表流的尽头时，它再浮到水面流动而成为表流。在日本列岛的周围，海流经常在水面流动。在朝鲜海峡和对马海峡的诸多海流中，最长的一支海流沿着朝鲜（韩）半岛南部海岸线北上，大概在韩国东部海岸38°纬度地区突然迂回，并横渡日本海峡直抵日本列岛的青森县一带；而千岛海流则是在犬吠崎冲潜到海底，成为潜流而向南流；里曼海流也在朝鲜半岛东部与对马海流相遇，并潜入海底成为潜流南下，到济州岛附近，因对马海流转向而上浮，并沿黄海、东海南下，成为西朝鲜表流。另一方面，作为表流的对马海流，在对马海峡分成两支，主流沿着日本列岛山阴、北路沿岸，经津轻海峡、宗谷海峡北上，在北海道、库页岛西岸和里曼海流相遇，在日本海内形成环流；而其支流则在对马海峡西侧，越过韩国的济州岛海域，沿朝鲜（韩）半岛西岸北上，由于受到上浮的潜流影响，形成一股不安定的海流，再顺着中国大陆沿岸南下。这两股海流的流动方向是相向的，但到日本列岛和朝鲜（韩）半岛之间，则形成了逆时

针方向的左旋环海流①。右上图是笔者综合有关海内外资料绘制出来的海流图
（图九）。

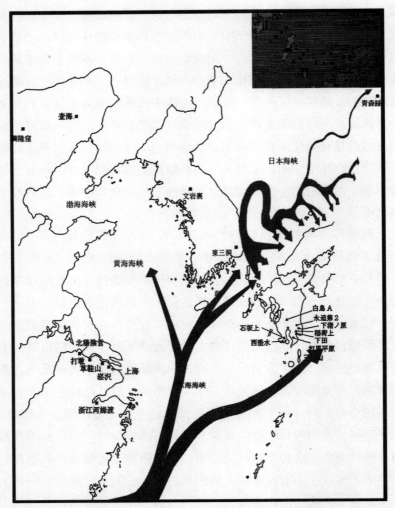

图九　朝鲜海峡、对马海峡以及黄海海峡的海流图

当第四纪末期日本列岛与亚洲大陆分离后，远古的人们可以利用这一海流规

①　大原利武：《海流与民族》，《朝鲜史讲座》，第3、4号，1988年。

律，从朝鲜（韩）半岛的东部到达日本列岛上的山阴、北陆地区。再考虑到新石器时代的有关考古发掘资料，这一航线很可能就是日本列岛与大陆之间的最原始的海上文化交流通道。

在这里，我们顺便举一实例来说明海流的实际作用。在日俄战争期间，沙俄人曾在海参崴港外敷设了许多水雷，当战争结束后，沙俄人没能完全清除这些水雷，结果有 313 枚水雷浮上了水面。在海流的作用下，其中有 59 枚水雷顺着海流方向，飘流到了朝鲜（韩）半岛的东岸和郁陵岛一带，还有 198 枚水雷则漂流到了日本本州的岛根、新泻及津轻海峡一带①。这一事件给我们提供了人们顺着海流是完全可以抵达海峡彼岸的强有力的铁证。

季风，中国古时称信风，是随着季节的改变由海洋和陆地间的温度差异所产生的风力风向。毫无疑问，季风也是支配着海上交通往来的重要因素之一。

日本列岛位于亚洲大陆的东部，东南濒临太平洋，它既受到海洋气候的影响，又受到亚洲大陆北部冷空气的侵袭，加之，日本列岛北起北海道北部，南迄冲绳岛南端，两者之间的纬度相差达 21°，故在同一季节南北部地区的气候、风力风向也是不尽相同的。一般说来，日本列岛在夏季主要受海洋风力风向的支配，而到冬季则受到来自西伯利亚地区寒风的影响最大。具体地说，从四月中旬起，日本列岛附近的风向，在东北部是东南风，中部和西南部的本州、四国、九州一带，则是南风或偏南风；五、六月份的风向变化不大，一直持续到八月份，才逐渐改变风向；九月份伊始，即转向冬季季风阶段，先是偏东风，到十月末十一初，由于西伯利亚袭来的冷空气团抵达日本列岛，风向亦随即改变，东北部是西北风，中部和西南部是北风或西北风。

长期生活在海边的远古人们，虽不能像现代人那样利用高科技手段来对海流和季风有深入而详尽的了解，但他们靠着一代一代的长期积累，是完全可以观察并掌握到海流和季风的表象规律的，进而利用这一自然条件来完成飘洋渡海的目的。事实上，即使是到了八、九世纪的唐代，航海的工具和技术有了质的飞跃以后，人们还是继续利用海流和风力来渡海的。但是，一直到八、九世纪，日本先民们似乎未能充分掌握和运用好上述自然规律。根据有关文献记载，在日本遣唐使的往返中，有的时候是逆向季风行驶的，这说明当时的日本人至少是未能正确利用海流和季风条件来渡海航行的。再联想到新石器时代的考古发掘资料，只有

---

① 　汪向荣：《古代中日关系史话》，中国青年出版社 1999 年版，第 16—17 页。

中国大陆文化向日本列岛的传播，而没有日本绳文文化在大陆出现的现象，这说明即便是新石器时代的人们利用海流和季风横渡海峡，也只能是单程，逆程的可能性很小。最后，我们以第四纪末期以来的海平面升降情况，再来探讨一下远古人们横渡海峡的可能性。笔者以为，海平面下降时期出现的天然的有利环境，是远古人们有可能得以实现横渡海峡壮举的最重要因素之一。

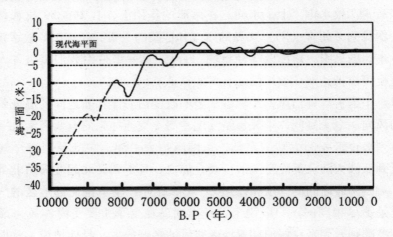

图十　全新世中国地区海平面升降情况

根据最新的海洋调查研究表明，分别在距今 8000—6000 年前和距今 4000—2000 年前，反复出现过海平面的位置分别低于现代海平面 5—15 米和 2—5 米两个大的波动时期①（图十）。这是一个什么样的概念呢？简单地说，在目前海平面升高 2—5 米的情况下，世界最著名的大城市，诸如纽约、东京、上海等，都将淹没于海底。换言之，在这两个时期内，由海平面的降低所带来的海水退却，使陆地抬高，由此陆地面积大幅度扩大。这样一来，这段时期内海峡两岸之间的距离将大大缩小，其距离远远小于现在海峡两岸之间的距离。我们知道，现在的渤海海域、黄海海域、东海部分海域、朝鲜海峡以及对马海峡均属于浅海海域，其深度远远小于其他海域的深度，黄海海域的最深处也只有 140 米左右，这与水深达数千米的其他海洋地区是无法相提并论的。而黄海海峡、渤海海峡、朝鲜海峡和对马海峡的靠近陆地部分的海域，其水深只有 50 米左右。这样一来，现在

---

① Zhao Xitao（赵希涛），1993, *Holocene Coastal Evolution and Sea—level Changes in China* . Haiyang Press，Beijing.

淹没于渤海海峡、黄海海峡、朝鲜海峡以及对马海峡中的许多岛屿，那时候是露出海平面的，而且相互之间有可能是隔海相望的，甚至有些地方已变为陆地，岛屿之间完全相连，这给渡海的远古人们带来了十分有利的自然条件。

为了验证小船之类的简单渡海工具能否横渡大海，1977 年 5 月 16 日，日本东京大学的平本文男教授，亲自率领 11 名队员，驾驶着船体长仅为 12 米的叫"野性号二世"的小船，由菲律宾北端出发，历经 44 天，于 1977 年 6 月 29 日，顺利抵达了日本的鹿儿岛。而 1946 年在菲律宾的一个小岛上，有 9 名日本士兵不知道日本已经投降，抢占当地居民的一只仅 15 米长的小船，利用自己制造的木桨和风帆，于当年的 5 月 13 日启程横渡太平洋回国。经过 29 天、航行 2500 公里后，终于抵达日本的屋久岛。上述两个事件是发生在现代社会的真实渡海故事，这在当年的《朝日新闻》、《东京新闻》等日本主要新闻媒体上均有报道。

菲律宾与日本之间，由浩阔的太平洋相隔，漫说是朝鲜海峡，即使是黄海海峡、东海海峡也不可与其同日而语。究其得以顺利横渡大海的成功因素，最主要的还是大海中的那些大大小小的岛屿给了渡海的人们以足够的希望和信心。从菲律宾到日本的大海，看似浩淼无垠，但其间岛屿星罗棋布，岛与岛之间的距离并不太远，最长的一段是从宫古岛到那霸间，大约有 200 海里，其余大都在 50—60 海里，如果采取逐岛分段航行的办法，再利用海流、风力和风向来横渡的话，很显然，这种方法虽然在时间上要拉长一些，但无疑是一个行之有效且安全可靠的最佳渡海方法。

以往，人们大都想象的是：一个无任何航海知识的远古人，驾驶着原始的不能再原始的一叶独木舟，在浩瀚无际的大海中，试图全程直航到海峡彼岸……这是怎样一个遥遥无期而一去不复返的远航啊！所以我们觉得以独木舟之类的简单水上工具来渡海是无法想象和难以置信的一件事情。但是，如果远古人们正如我们在前面所介绍的那样，众人协作，驾驭着一个由若干个大小不一的独木舟和横木组成的巨型渡海工具，再采用逐岛分段渡海的方法，我们就会觉得，即便是在远古时代横渡海峡也不是什么遥不可及的一件事情。当然，远古人们是否采用了这一方法我们不得而知，但是今人能想到的办法，为什么远古人就不能够想到并付诸实施呢？

今人往往低估古人的智力和能力。实际上，这一思想本身就是远远落后于古人的一种低级思维方式。许多考古资料表明，在生产力水平极度低下的新石器时代，人们的智力水平并不亚于现代人，人们的开创能力也不逊于现代人，人们的适应环境能力则可能远远超过了现代人。那时的人们完全有可能具备了最原始的航海能力。无论是古代还是现代，人们的想象力和创造力是无限的，从埃及的金字塔到中国的万里长城，从中国古代的嫦娥奔月到现代的登月飞船，有道是"没有做不到的，只有想不到的"，这是对人类开创能力的最佳诠释，从古至今，无数事实都验证了这一理论的正确性。

据《汉书·地理志》载，日本列岛上的人，"以岁时来献"，那时的日本人肯定是利用了海流、风力、风向等自然条件来渡海并到达中国大陆的。这也是有关日本列岛上的居民，渡海来到中国大陆的最早文献记载。这时，我想中日两国间的文化的交流，不再是单向的了。

综上所述，我们最终可以得出这样的一个结论，即：新石器时代的渡海工程，纵然有过多少次的失败，渡海的速度有多缓慢，在人类不屈不挠的屡败屡渡的航海过程中，终究还是有成功抵达海峡彼岸的那一天。我们有理由相信，古代的人们不仅在陆地上具有翻山越岭、横穿戈壁沙漠的远足能力，还有敢于漂洋过海的超凡的智力和勇气。尽管由于时间和篇幅关系，在本文中无法探讨稻作文化、墓葬文化以及铁器文化的传播情况，但是，我们的先民们在中、日、韩三地之间，克服重重困难都一一实现了上述诸多文化的交流壮举。

环杭州湾地区史前文化与早期东亚海洋文化交流圈

刘恒武（宁波大学人文与传媒学院历史系）

从地图上看，黄海和东海是一片被中国大陆、中国台湾岛、琉球群岛、日本列岛、朝鲜半岛等地理单元围合起来的辽阔海域，可以称其为东亚的"地中海"。事实上，自远古时代开始，黄海、东海周边各地就有了文化上的联系，这种跨海域的文化交流，无疑主要借助海路航行来实现，而黄海、东海海域的洋流与季风则使得长距离航海和漂流成为可能。

从文化地理学的视角而言，环杭州湾地区值得特别关注。正如杭州湾水域的喇叭形状所喻示的那样，环杭州湾地区在文化传播史上长期都是中国大陆文化对外输出的门户，同时也是接受外来文化的窗口。东海、黄海周边各地早期文化的传播与交流，可以从水稻遗存、玉器、漆器以及墓葬等考古学比较研究中得到明晰的阐释。而环杭州湾地区的相关考古发现，则反映出史前时代该区域已经与东海、黄海沿岸其他地区拥有了直接或间接的联系。

一、环杭州湾地区史前稻作遗存与稻作的传播

杭州湾南侧余姚江流域是中外闻名的河姆渡文化的核心分布区域。众所周知，河姆渡文化以稻作遗存和干栏式建筑遗存为标志性特征。根据考古发掘资料可知，河姆渡文化从第 1 期起就有了稻谷的栽培，这说明杭州湾地区的稻谷栽培历史至少可以追溯到距今 7000 年前。余姚河姆渡遗址出土的稻类遗存最为丰富，在 4A 文化层棕褐色有机质堆积层中发现了大量的水稻茎叶、秕谷稻壳，其保存之好，数量之多，令世人惊叹。经研究者鉴定，这些遗存属人工栽培稻无疑（图一）。此外，河姆渡文化遗址还出土了大量骨、木农具，也反映出河姆渡文化时期作物栽培的发展程度。河姆渡文化的农具以耜为主，多以骨制，也有木制的。

一般认为耜是用于翻土整地的农具，耜的发现表明河姆渡文化时期耜耕农业已经开始。河姆渡文化第 1 期还有一种镰形骨器，它们一般以动物肋骨制成，一端呈尖状或圆形，另一端为握柄，器身下侧加工出锯齿，完整器物长度为 20 余厘米。这种骨器应该是一种用于作物收割的工具。

1982 年，严文明在《中国稻作农业的起源》一文中指出稻谷栽培起源于中国的杭州湾和长江三角洲地区[1]。这一观点一经提出，即在国内外学界产生了广泛影响，河姆渡文化丰富的稻作遗存是其论文的主要依据之一。上世纪 80 年代后期以后，湖南澧县的彭头山遗址[2]和八十垱遗址[3]先后发现了稻谷遗存，前者的年代被推定为距今 8200—7800 年前，后者则被推定为距今 7540—7100 年前，均早于河姆渡遗址第 1 期，两遗址中稻谷遗存的发现使人们将探索水稻起源问题的视线转移

图一　河姆渡遗址 T223（4A 层）出土的稻谷堆积（引自：浙江省文物考古研究所《河姆渡》，文物出版社 2003 年版，彩版 41—2）

到了长江中游地区。尽管如此，从稻作考古资料的确实性、完整性和丰富性来看，河姆渡遗址对于稻作起源问题的研究依然是至关重要的。至少可以说，杭州湾地区始终是探索原始稻作农业发展史的重点考察区域。

1990 年开始发掘的跨湖桥遗址，给杭州湾地区稻作考古工作带来了新的契机。该遗址中发现了数量较多的稻谷、稻壳等遗存，表明杭州湾地区水稻栽培的历史可以上溯到距今 8000 年以前。[4] 2001 年，上山遗址开始得到发掘，该遗址位于浦阳江上游的浦江县黄宅镇渠南村，遗址地点虽然属于浙中金华地区，但是向北不远即进入绍兴，与浦阳江下游的跨湖桥遗址同处一个流域。上山遗址的测年数据表明，该遗址距今 11400—8600 年，早于跨湖桥遗址的测年数据。遗址出土的夹炭陶胎土中夹杂有谷壳，被认为具有早期栽培稻的性状。[5] 由此可见，环杭州湾地区稻作栽培的起始时代还有向早推进的可能。

稻谷栽培技术产生之后，渐次向中国南北各地以及朝鲜半岛和日本列岛传

① 严文明：《中国稻作农业的起源》，《农业考古》1982 年第 1 期、1982 年第 2 期。

② 湖南省文物考古研究所、澧县文物管理所：《湖南澧县彭头山新石器时代早期遗址发掘简报》，《文物》1990 年第 8 期。

③ 湖南省文物考古研究所：《湖南澧县梦溪八十垱新石器时代早期遗址发掘简报》，《文物》1996 年第 12 期。

④ 浙江省文物考古研究所、萧山博物馆：《跨湖桥》，文物出版社 2004 年版，第 273—277 页。

⑤ 蒋乐平《浙江浦江县上山新石器时代遗址—钱塘江流域早期稻作文化遗存的最新发现》，《中国社会科学院古代文明研究中心通讯》第 7 期。

播。关于稻作技术向朝鲜半岛的传播路径，从理论上来讲，可以由陆路经河北、辽宁传播，也可自山东半岛直接跨海至朝鲜半岛西岸。山东栖霞杨家圈遗址的考古发掘①，证明公元前 2000 年左右稻谷栽培技术向北传播到了山东半岛，根据现有的考古资料来看，杨家圈遗址标示着公元前 2000 年稻作北传的最前线。假设稻作技术经由山东半岛扩散至朝鲜半岛，那么，朝鲜半岛最早稻作遗存的时代应当在公元前 2000 年之后，然而，近年韩国京畿道的牛岛、佳岘里、农所里等地陆续发现了公元前 2000 年左右的稻谷遗存②。这些资料使人们开始重视稻作技术从长江下游沿海直传朝鲜半岛的可能性。

关于稻作技术传至日本列岛的路线，学界聚讼不决，一部分学者认为，起源于中国大陆的稻作技术经由朝鲜半岛逐渐扩散至日本列岛。另有一些学者则认为，稻作技术自中国江南直接渡海传至日本列岛的可能性更大。迄今在日本发现的能够确定的稻谷遗存晚于朝鲜半岛的同类遗存，另外，朝鲜半岛稻作文化与日本列岛、尤其是北九州地区的稻作文化表现出明显的共通性，因此，从考古学视角来看，朝鲜半岛渡来说似乎更具说服力。但是，近年日本学界 DNA 遗传学水稻 SSR 类型的研究结果显示，日本本地水稻 a、b、c 三类遗传因子中的 a 类很可能来自朝鲜半岛，而朝鲜半岛本地稻种所欠缺的 b 类遗传因子则应直接来自中国大陆。③ 根据这一研究成果，上述两种观点都是正确的。

环杭州湾地区是早期稻作文化萌芽、发展、繁荣的区域，杭州湾口又有舟山群岛作为通往外海的"引桥"，故而极可能是稻作文化东传的始发之地。

二、环杭州湾地区新石器时代前期与日本绳文时代的漆器和石（玉）饰件

我国环杭州湾地区与日本列岛是世界上最早生产和使用漆制品的地区。1970 年代余姚河姆渡遗址发现的红漆木胎碗是现存最古老的漆器，它出土于遗址第 3 文化层，属河姆渡文化第 2 期遗存，年代距今约 6300—6000 年。这件漆碗的胎体以整段木块镂削而成，器身为鼓腹、圈足、敛口，通高 5.7 厘米、口径

---

① 北京大学考古实习队、山东省文物考古研究所：《栖霞杨家圈遗址发掘报告》，载《胶东考古》，文物出版社 2000 年版。

② ［日］西谷正：《日本の原始農耕と韓国との関係》，《韓国先史考古学報》7 号，2000 年。

③ ［日］佐藤洋一郎：《稲の日本史》，角川书店 2002 年版，第 104—109 页。

9.2—10.6 厘米、底径 7.2—7.6 厘米[①]（图二）。

现存实物虽略有残损和变形，但仍透显出一种厚重、圆润的美感，器表斑驳的红色漆皮则令人惊叹中国髹漆工艺的源远流长。另外，根据河姆渡遗址的发掘报告，遗址第 4 文化层还出土了个别"器表留有少数黑色涂料"的木筒，第 4 文化层距今约 7000—6500 年[②]。报告中并未说明所谓"黑色涂料"化学成分的鉴定结果，但国内外一些文献已将这种木统称为"漆器"[③]。无论真实情况如何，这几件木筒的出土至少说明，对木器表面进行涂装的行为已经流行于六七千年前的杭州湾地区。

图二　河姆渡遗址 T231（3B 层）出土的漆碗（引自：浙江省文物考古研究所《河姆渡》，文物出版社 2003 年版，彩版 57—3）

河姆渡遗址的漆器考古发现，曾使人们在很长一段时期认为河姆渡是世界漆器工艺的源头。然而，2000 年夏，日本北海道南茅部町垣之岛 B 遗址发现了一件涂红色漆的纤维制品，其年代被判定为距今大约 9000 年[④]。日本的这一考古发现，无疑动摇了杭州湾地区漆器起源说。但是，据此得出某种结论还为时过早。垣之岛 B 遗址发现的"涂漆制品"内里材料为纤维，出土时呈薄片状，将其作为漆器工艺业已确立的证据显得比较勉强。此外，令人遗憾的是，这件遗物已经毁于火灾，无法对其做进一步的考察。尽管如此，垣之岛 B 遗址"涂漆制品"的发现仍然意义重大，它让我们看到了漆器起源问题的复杂性。根据对漆树 DNA 的测定，日本漆树系日本列岛固有树种，并非移自大陆，从理论上讲，史前列岛居民对于漆树的接触与认知不一定晚于大陆居民。因此，日本列岛与中国江南地区一样，也是漆器探源研究的重要区域。

河姆渡遗址发现的木胎漆碗，作为一件显示出一定工艺成熟度的漆器而弥足珍贵，目前，这件遗物仍然是迄今发现的世界上最古的木胎漆器。笔者相信，随着环杭州湾地区史前考古的进一步展开，将会有年代更早的原始漆制品被发现。

---

① 浙江省文物考古研究所：《河姆渡》，文物出版社 2003 年版，第 291 页。

② 浙江省文物考古研究所：《河姆渡》，文物出版社 2003 年版，第 144—147 页。

③ ［日］高桥隆博：《江南の漆芸》，《浙江と日本》，关西大学出版部 1997 年版。

④ ［日］三浦正人：《北海道の漆文化—縄文？ 続縄文の漆文化》，http：//isikari. genin. jp/kitano-kodaisi/kitanojiyomon/urusinobunka/ususinobunka. html 2003 年。

萧山跨湖桥遗址第 3 期发掘中，发现了一件厚度约为 3 毫米的弧形木质残器，这件器物器壁光洁，器表颜色暗红，与黄色内胎形成鲜明对比，有研究者认为该遗物或为一件漆器①。根据跨湖桥文化的绝对年代推测，这件器物距今约有 8000—7000 年。

在日本列岛各地，还发现了几件绳文时代前期（距今 6000—5000 年前）② 的漆器。其中，福井县鸟浜遗址出土的漆梳最具代表性，这件漆梳距今约 6000 年，年代晚于河姆渡遗址漆碗③。此外，北海道南茅部町ハマナス野遗址和木古内新道 4 遗址出土了红漆木胎盆④，这证明日本列岛绳纹时代前期已经出现了木胎涂漆容器。上述日本绳文时代前期的漆器均为红色漆皮，与河姆渡遗址所出漆器具有共通性。单就木胎漆器而言，迄今为止，我国杭州湾地区发现的遗物要早于日本列岛的同类遗物，但是据此得出某种结论还为时过早。无论如何，两地原始漆器的考古发现，支持了环中国东海各地的跨海交流在远古时代就已存在的推论。

图三　田螺山遗址出土的玦（引自：浙江省文物考古研究所等《浙江余姚田螺山新石器时代遗址 2004 年发掘简报》，《文物》2007 年第 11 期）

较之史前漆器考古而论，史前早期装饰性石（玉）器的比较研究更具说服力地昭示出东亚海域远古文化交流的历史可能性。安志敏先生曾举石（玉）玦为例来说明史前长江下游地区和日本列岛之间的文化联系⑤。玦是一种圆形有孔的小型石（玉）饰件，按照孔径所占器径的大小比例，分为环形玦和璧形玦两种，与一般的小型环形器和璧形器不同，玦的器身剖有一道连通孔径和外缘的缺口，玦也因此得名（图三）。

目前为止，长江下游及杭州湾地区发现的最古的石玦出自河姆渡遗址第 1

---

① 王心喜：《杭州史前文化研究》，人民出版社 2007 年版，第 82 页。

② 本文有关日本绳文文化的时期区分及绝对年代参照：［日］佐々木高明《日本史の誕生》，集英社 1991 年版，第 102—110 页。

③ 《ウィキペディア（Wikipedia）フリー百科事典》"漆器条"，http：//ja. wikipedia. org/wiki/漆器；［日］森川昌和撰、蔡敦达等译：《鸟滨贝冢》，上海古籍出版社 2008 年版，第 47—49 页。

④ ［日］三浦正人：《北海道の漆文化—縄文？続縄文の漆文化》，http：//isikari. genin. jp/kitano-kodaisi/kitanojiyomon/urusinobunka/ususinobunka. html 2003 年。

⑤ 安志敏：《长江下游史前文化对海东的影响》，《考古》1984 年第 5 期。

期文化遗存，其年代距今大约7000—6500年。河姆渡遗址第1期文化遗存出土6件石玦，以萤石、叶腊石制成。与石玦并出的饰件还有璜、珠、管、环、斧形坠饰、蝶形器等等（图四），制作材料包括硅质凝灰岩、石英、叶腊石、萤石，其中还有一件带孔珠以玛瑙制成。[①] 河姆渡遗址第2、3、4期文

图四　河姆渡遗址第1期璜和管（浙江省文物考古研究所：《河姆渡》，文物出版社2003年版，彩版24—2）

化遗存（年代范围为距今约6300—5300年）也发现有玦、璜、珠、管、环一类石质饰件，玦的材质除了萤石、叶腊石之外，还有石英。[②] 河姆渡遗址出土石玦多达32件，如果将余姚江流域河姆渡文化各遗址所出石玦合起来统计，此数字还会翻番。位于河姆渡遗址东北约7公里的田螺山遗址中曾发现一个性质特殊的灰坑，坑内出土了一批萤石、燧石制品，其中包括块状原料、管珠玦类半成品和燧石质钻具，这些遗物应当是石质饰品加工的遗留物。[③] 田螺山遗址是近年余姚江流域发现的又一处河姆渡文化时期的重要遗址，该遗址各文化层也出土了相当数量的玦、管、璜、珠、坠等饰品。[④] 河姆渡遗址和田螺山遗址的考古发现足以使我们相信，杭州湾南侧的余姚江流域是杭州湾沿岸及长江下游新石器时代前期装饰性石（玉）器制作与利用的中心地。

此外，跨湖桥遗址探方T0512出土有1件璜形饰件，质地为萤石，呈淡青色，短璜状，截面为椭圆形。[⑤] 罗家角遗址T137第1层出土1件玉管，该遗址T120第3层则出土1件利用残破玉管改制的玉坠饰。[⑥] 这些早期玉（石）饰件也值得关注。

日本列岛考古发现的石玦大多是绳文时代前期（距今约6000—5000年前）

---

① 浙江省文物考古研究所：《河姆渡》，文物出版社2003年版，第78—84页。

② 浙江省文物考古研究所：《河姆渡》，文物出版社2003年版，第262—265页、第319—321页、第355—357页。

③ 孙国平、黄渭金：《浙江余姚田螺山遗址初现端倪》，《中国文物报》2004年8月6日第1版。

④ 浙江省文物考古研究所等：《浙江余姚田螺山新石器时代遗址2004年发掘简报》，《文物》2007年第11期。

⑤ 浙江省文物考古研究所、萧山博物馆：《跨湖桥》，文物出版社2004年版，第169页。

⑥ 罗家角考古队：《桐乡县罗家角遗址发掘报告》，《浙江省文物考古所学刊》，文物出版社1981年。

的遗物，形制与中国大陆石玦基本相同，制作材料则以滑石和蛇纹岩为主。[1] 与石玦并出的石质饰件还有铲状坠饰和斧状坠饰，而河姆渡文化也发现有形状类似的坠饰。绳文时代中期（距今约 5000—4000 年前），日本列岛开始流行硬玉坠饰，这种硬玉主要采自日本北陆地区，主要矿物成分为翡翠辉石，硬度达到摩氏 6—7 度。绳文中期的小型硬玉坠饰形状不一，包括长卵形、斧形、铲形、圆珠形等等，器身均钻有圆孔（图五）。还有一种一侧呈弧形、一侧平直的坠饰，很可能是绳文晚期（距今约 3000—2300 年前）流行的"C"形勾玉的雏形。绳文后期（距今约 4000—3000 年），由硬玉玉管和玉珠串缀而成的琏饰开始出现，这样的组合琏饰到了绳文晚期加入了"C"形勾玉，成为一种身份标志物（图六）。"C"形勾玉形制的确立，有可能是受到了中国大陆新石器时代至青铜时代一脉相承的玉璜形态的影响，中国玉璜呈弧形，两端或一端穿孔。珠、管之类的

图五　日本新潟县长者ヶ原遗址出土的绳文中期铲形翡翠饰件（日本国立科学博物館《翡翠展——東洋の至宝》，每日新聞社，2004 年，第 86 页）

琏饰构件早在河姆渡文化第 1 期就已经出现，尽管我们还无法确定日本列岛绳文时期的珠、管类组合饰件与中国沿海地区同类遗物之间是否存在某种联系，但是这类玉（石）饰件与玉玦一样，体现出环东海、黄海以及渤海各地玉器文化的共通性（图七）。在东亚环海洋玉器文化带中，环杭州湾地区既是新型器物的策源地，又是相关技术和实物传播、扩散的枢纽。

　　或许有人会质疑史前时期不同地域集团之间越海交流的可能性，持这种论见者往往过多地强调了海洋的地理屏蔽性，而未能关注到海洋作为跨区域交通界面的属性。相比于陆地远程交通，海上交通只需依靠一种交通工具——舟船即可完成全程移动，而且可以借助自然动力，无需耗费太多的人力、畜力，尤其是随着人类对海洋天候、季风、洋流等知识的积累逐渐丰富后，航海交通的优势会愈发凸显。另外，在越洋交通中，由出行始发地至目的地之间的风险主要来自自然，而在陆上长距离交通中，除了有难以预料的自然变数，还要面对途中滋生于社会、人为因素的种种威胁。因此，我们相信，即便是在远古，只要有望洋兴叹者，必然也会有破浪而行者。

---

① （日）千田稔：《海の古代史—東アジア地中海考》，角川書店，2002 年，第 120—146 页。

 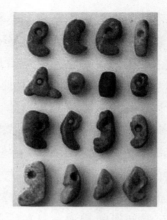

图六　日本青森县六ヶ所村上尾骹
遗址出土的绳文晚期翡翠链饰
（日本国立科学博物馆
《翡翠展——東洋の至宝》，
每日新聞社，2004 年，第 91 页）

图七　日本青森县朝日山
遗址出土绳文晚期勾玉、玉管及玉珠等
（日本国立科学博物馆
《翡翠展——東洋の至宝》，
每日新聞社，2004 年，第 92 页）

　　亚洲东部海域的航海条件，虽然并非优越，但也受到了自然的眷顾。首先，冬夏之间方向交替变化的季风给东亚海域带来了航行之便。受东亚季风影响，每年 5、6 月份至 8 月份东亚海面以南风为主，每年 9 月份开始至次年 3、4 月份则盛行北风。中国濒海地区、日本列岛、朝鲜半岛均可利用东亚季风进行远距离航海活动。另外，洋流的影响值得注意，其中，东亚海域最大洋流——黑潮，在文化传播中的意义尤为重要。黑潮源于北赤道，经菲律宾群岛东侧，北上流过我国台湾附近海面，然后向东北经琉球群岛，流向日本列岛南北两侧，其中一条分支在日本九州西侧北流成为黄海暖流。黑潮流速强、流量大，堪称东亚海域交通的天然动脉。一方面，黑潮构建了由西太平洋其他岛屿到达日本列岛的便捷通道，不少日本学者认为，日本固有文化中南岛因素的由来与黑潮的存在有着直接关系。另一方面，由我国闽浙沿海驶入东海东部海域之后，也可借助黑潮及其支流的洋流动力迅速到达日本九州或朝鲜半岛西部沿海。

　　1997 年 6 月，中韩两国组织海上联合漂流探险队，乘坐竹筏从浙江舟山出发，成功地横渡东海和黄海到达了韩国仁川港。[①] 漂流队使用的竹筏以 80 根奉化

① 金健人：《中国江南与韩国的史前海路》，《中国航海》1997 年第 2 期。

毛竹捆绑而成，长 10 米，前宽 4.5 米，后宽 5 米，总重量 2000 多公斤。漂流队于 1997 年 6 月 15 日自朱家尖起航，6 月 30 日竹筏漂至朝鲜本岛西南端附近的大黑山岛，7 月 8 日到达仁川港。这次海上漂流从舟山群岛的朱家尖岛至韩国大黑山岛仅用了 16 天时间，而且 6 月 27—28 日还遭遇了台风，竹筏航向受到干扰。竹筏与独木舟一样，都是较为原始的水上航行工具，中韩联合探险队跨海漂流的成功充分说明，史前环杭州湾地区与朝鲜半岛、日本列岛之间的越洋交流绝不仅仅是一种理论上的推测。

本文系王宽诚教育基金会资助研究成果，在此作者对王宽诚教育基金会的资助谨致谢忱。

民族考古视野下的"岛夷卉服"①

吴春明（厦门大学人文学院）

在中原北方人文的视野中，华南早期土著的服饰文化与"华夏衣冠"迥异。《禹贡·九州》说扬州"岛夷卉服，厥篚织贝"，《后汉书·南蛮传》说"盘瓠"子孙"织绩木皮，染以草实"，唐宋以来史籍屡有"绩木皮为布"、"织树为布"等记载，大致说得都是同一件事。我结合新近在台湾阿美族都兰部落调查到的一组树皮布制作工艺，联系云南傣族、海南黎族、越南 Bru—Van Kieu 人及西萨摩亚土著同类民族志，辅之学界热论的树皮布石拍的考古研究，重温数千年来亚太南部土著"岛夷卉服"的文化源流。

一、东南土著"岛夷卉服"、"织绩木皮"

伴随着古代"中国"对"四方"、"万国"文化的不断渗透、融合，中原华夏、汉民人文视野中的"东南方"、"扬州"的认知也不断深入。自上古迄于明清，在华南及邻近的东南亚半岛，"南蛮"或越、濮系土著的"岛夷卉服"、"织绩木皮"屡见于汉文史籍。虽然他们的话语中充满了"华夏衣冠""优越"的民族中心主义色彩，但仍折射出南方土著服饰文化的一段重要历史。

《尚书·禹贡》载"九州"风土人文，"岛夷卉服"是最特殊的一项。"淮海惟扬州。彭蠡既猪，阳鸟攸居。三江既入，震泽底定。筱簜既敷，厥草惟夭，厥木惟乔。厥土惟涂泥。厥田唯下下，厥赋下上，上错。厥贡惟金三品，瑶、琨、筱、簜、齿、革、羽、毛惟木。岛夷卉服。厥篚织贝，厥包桔柚，锡贡。沿于江、海，达于淮、泗。"对于东南扬州的"岛夷卉服，厥篚织贝"，顾颉刚注"卉服，孔颖达说即草服，南方居亚热带，岛民以草编织成衣服"。就是说，上古东南土著着"树皮草服"。

《后汉书·南蛮传》谈到南蛮图腾，也有"织绩木皮"之语。"昔高辛氏有犬戎之寇。……时帝有畜狗，其毛五彩，名曰盘瓠。……织绩木皮，染以草实，

① 本文受教育部人文社会科学重点研究基地重大项目"台湾原住民研究"（2006JJDGAT002）资助。

号五色衣服，制裁皆有尾形。……衣裳斑斓，语言侏离。好入山壑，不乐平旷，帝顺其意，赐以名山广泽。其后滋蔓，号曰蛮夷。"南蛮的"织绩木皮，染以草实"，与"岛夷卉服"应是一脉相承的文化内容。

《史记·越王句践世家》载："越王勾践，其先禹之苗裔，而夏后帝少康之庶子也。封于会稽，以奉守禹之祀。文身断发，披草莱而邑焉。"这里的"披草莱而邑焉"，显然说越王句践也不是衣冠华夏。

在整个中古时期，南方民族都以织树皮著称。明邝露《赤雅·卉服》说"南方草木可衣者曰卉服。织其皮者，有勾芒布、红蕉布、弱锡衣苎麻所为"。也印证了前引《禹贡·九州》之"岛夷卉服"就是土著树皮布。

宋《太平寰宇记》卷169"儋州"条引："《山海经》曰儋耳，即离耳也。俗呼山岭为黎，人居其间，号曰生黎。杀行人，取齿牙贯之于顶，以显骁勇。弓刀未尝离手，弓以竹为弦。绩木皮为布，尚文身，富豪文多，贫贱文少，但看文字多少以别贵贱。"卷169"琼州"条载："有夷人，无城郭，殊异居，非译语难辨其言，不知礼法，须以威服，号曰生黎。巢居洞深，绩木皮为衣，以木棉为毯。""儋耳国"、"雕题国"属于"骆越"一支，是海南岛上古土著，中古以来以"黎"、"黎峒"著称，《山海经·海内南经》载："离耳国、雕题国、北朐国，皆在郁水南，郁水出湘陵南海。"晋郭璞注记"馈离其中，分令下垂以为饰，即儋耳也。在朱崖海渚中。"《太平寰宇记》的记载明确海南土著有树皮布文化。佐证还有，马端临《文献通考》卷331"黎峒"载："黎峒唐故琼管之地，在大海，南距雷州，泛海一日而至，其地有黎母山，黎人居焉。旧说五岭之南，杂夷獠，铢崖环海，豪富兼并，役属贫弱。妇人服缌缏，绩木皮为布。"清顾炎武《天下郡国利病书》第29册"广东下"说："黎人的短衣名黎桶或即树皮布所制。"

随着汉人东渡开发台湾，台湾原住民的"织树为布"也明确地见载于明清以来的汉文采风民族志上。早期迁台的汉族移民常常看到披着草裙、树皮的山地"番族"景观，讶异于原住民"织树为布"的"化外人文"，并饶有兴趣地记录在游记史志中。陈第《东番记》就说："冬夏不衣，妇女结草裙，微蔽下体而已。"郁永河在《稗海纪游》中谈到裸番在冬天包裹的番毯就是用树皮制成，

"男女夏则裸体，惟私处围三尺布，冬寒以番毯为单衣，毯缉树皮杂犬毛为之。"[1]《诸罗县志》卷八《风俗志·番俗》："半线以上多揉树皮为裙，白如苎。……达戈纹出水沙连，如毯，纻杂树皮成之，色莹白。斜纹间以赭黛，长不竟床。出南路各社者皆灰色，有砖纹或方胜纹者，长亦如之。番以被体，汉人则以为衣包，颇坚致。"《皇清职贡图》卷三所载多支台湾原住民支系都有树皮文化，如"诸罗县诸罗等社熟番"载："男番首插雉毛，以树皮织为长衫，夏常裸体。""凤山县山猪毛等社归化生番"载："其居择险隘处叠石片为屋，无异穴处，男女披发裸身，或以鹿皮蔽体，富者偶用番锦嗶吱之属，能织树为布。""彰化水沙连等社归化生番"载："盖藏饶裕，身披鹿皮，织树皮，横联之间有著布衫者。""彰化县内山生番"语："巢居穴处，茹毛饮血，裸体不知寒暑。……番妇针刺两颐如网巾纹，亦能织树皮为屦。"又"淡水右乃武等社生番"语："生番倚山而居，男女俱裸，或联鹿皮，辑木叶为衣"。

此外，汉晋以来许多南下的航海家也目睹了印尼群岛、泰国等地土著的树皮布文化。印尼群岛的树皮布文化见于《通典》卷一八八《边防四·南蛮下·火山》引三国吴康泰、朱应《扶南土俗传》，"火洲在马五洲之东，……诸左右洲人以春月取其木皮，绩以为布，……又有加营国北、诸簿国西，山周三百里，……人以三月至此山，取木皮绩为火浣布。"[2] 泰国古曰"扶南"，树皮织布文化见于《梁书·扶南国传》载："又传扶南东界即大涨海，海中有大洲，洲上有诸簿国，国东有五马洲，复东行涨海千余里，至自然大火洲。其上有树生火中，洲左近人剥取其皮，纺织作布，极得数尺，以为手巾，与焦麻无异。"东南亚的土著民族错综复杂，但与华南濮、越文化关系密切，东南亚地区的"剥取树皮，纺织作布"与华南土著的树皮布文化应是一个文化系统。

二、华南、东南亚与太平洋土著民族志上的树皮布工艺

从上古"岛夷卉服"到清代台湾原住民的"织树为布"，以及东南亚土著"剥取树皮，纺织做布"，大致反映了汉民人文视野中的古代华南、东南亚树皮布文化的历史变迁。但华南土著树皮布，只是中原华夏民族的"他文化"，上述汉

---

① 郁永河：《裨海纪游》卷下第 33 页，"台湾文献丛刊第 44 种"，台湾文献史料丛刊第七辑，台北大通书局 1984 年。

② 火洲、加营国在印尼群岛，参见陈佳荣编：《外国传》第 23 页，香港海外交通史学会 2006 年版。

文史籍对树皮布文化的记载只有零星的只言片语，缺乏周详的内涵描述，因此，残存于华南、东南亚和太平洋土著民族志上的树皮布技术工艺就成为重建树皮布文化史的重要途径。台湾阿美族、云南傣族、海南黎族、越南 Bru—Van Kieu 人及西萨摩亚土著社会中迄今残存的树皮布工艺，真实地再现了这一特殊民族文化的内涵形态。

　　台湾原住民残存的树皮布文化屡见于现代民族志，1930 年代林惠祥教授看到的台湾原住民服饰就有麻布、兽皮、树皮三类，其中树皮有椰树皮、芭蕉皮等。刘其伟先生编著的台湾土著物质文化史中，仍是"台湾各原住民往昔的衣料，多为自制的手织麻布或芭蕉布，但也有以皮革为衣的"。[①] 最近，笔者又在台东县东河乡都兰村的阿美族部落，发现了迄今台湾原住民仅存的树皮布制工艺。都兰是一个阿美族的传统大部落，隶属阿美族卑南群。树皮打布工艺见于一个叫"巴奈达力功坊"（Panay Talikong Fang）的原住民传统工艺作坊，创办人巴奈（Panay）是都兰部落的首领之一，其妻子阿沙噢（Ashao），向我展示了阿美族树皮布制作过程及各种树皮布产品。

　　1. 选择"落浪"（Rolang）、"约那"（Yono）作为制作树皮布的原料。"落浪"就是构树，学名 Broussonetia papyrifera，桑科构树属，俗称构桃树、楮树、楮实子、沙纸树、谷树、谷浆树、奶树等，常见于华南及东南亚、太平洋群岛中低海拔地区。"约那"（Yono）学名 Ficus superba，俗名鸟榕、赤榕，是一种热带落叶乔木。这两种树都有很好的纤维延展性，适合打制树皮布。

　　2. 用木锤敲打树材表皮，使得树皮松动，并将树皮从树材上剥落下来，将剥下的树皮放在水中浸泡，使得树皮更具有延展性、柔软性，以利于锤打。

　　3. 将浸泡过的树皮平展在树墩做成的案台上，反复锤打，去除树皮中的树脂，延展、整合树皮中的纤维，形成较之树皮原材面积更大、柔软的树皮布。

　　4. 树皮布打制完成后，成为制作各种服饰、衣帽的布料，巴奈原住民工艺作坊中已完成的树皮布制品有各种上衣、裤子、帽子、包袋等（图一）。

　　阿美族是分布于台湾东海岸山地的一支原住民族群，巴奈长老的这一套树皮打布工艺，是迄今台湾原住民社群中仅见的树皮布文化，对于认识亚太地区历史

---

　　① 林惠祥：《台湾番族之原始文化》上篇第三，前中央研究院社会科学研究所专刊第 3 号，1930 年，转载蒋炳钊编《天风海涛室遗稿》鹭江出版社 2001 年版，第 91 页；刘其伟：《台湾原住民文化艺术》，台湾雄狮图书 2004 年第八版，第 124 页。

上树皮布文化的内涵、发展，是十分珍贵的活的资料。

图一　阿美族的树皮布产品

川滇黔高原所在西南地区自古是濮越杂处之地，越人支系庞杂，滇越、夷越、腾越等相继活动于这一带，随着汉晋以后西瓯、骆越等支系的西迁，西南越人后裔相继发展演变，成为当代之傣、布依、侗、水、壮等壮侗（壮傣）语族各民族文化，他们包含了大量的百越民族特有文化的积淀，云南西双版纳傣族树皮布就是其中之一。据西双版纳博物馆的调查，傣族是华南大陆保存完整树皮布工艺的少数族群之一，傣族将选好构树段后，用特殊的木锄将树皮缓缓剥下来，之后用大型木锤锤打树皮，锤打过程中不断淋水于树皮之上，直到将树皮拍打成柔软、延展的树皮布，并缝制成帽子、衣服、裤子、毡子、坐垫、被子等丰富的树皮布产品（图二）。①

图二　云南西双版纳傣族的树皮布服饰（云南西双版纳博物馆藏品）

在近现代民族志上，黎族树皮布文化仍见于三亚、五指山、东方、琼中、保亭、陵水、乐东、昌江、白沙等县市，其树皮布又称纳布、楮皮布、谷皮布等，制作树皮布的主要步骤是扒树皮、修整、将树皮放在水中浸泡脱胶、漂洗、晒

————————————————————

① 笔者在云南景洪西双版纳博物馆陈列所见资料。

干、锤打成片状和缝制，树皮布可剪裁缝制枕头、被子、帽子、上衣、裙子等。在陵水、保亭、通什、白沙、昌江等县市的黎族博物馆斗陈列有树皮布制品。

　　越南是东南亚半岛少数保存树皮布工艺民族志的地区之一。越南的 50 个民族中，绝大多数为越芒语族，其中京（越）族人口将近全越 90%，为古代百越一支骆越民族的后裔，居于越南中北部，此外中南部还有南岛语系的印度尼西亚语族的占人。树皮布工艺见于中部山地民族布鲁—云侨族（Bru—Van Kieu），属于南亚语系的猛高棉语族。布鲁—云侨族的树皮打布工艺与傣族类似，这里的土著人用刀背将树皮从树材剥下来后，要在水中浸泡 10 天，然后晾干，再拍打成柔软的树皮，之后树皮布被裁缝成各种需要的帽子、服饰（图三）。①

　　美拉尼西亚、波利尼西亚土著南岛语族的树皮布文化是迄今世界上最精美、最充分发展的，树皮布制作工艺保存得相当晚近，新西兰奥克兰博物馆的民族学家 Roger Neich 与 Mike Pendergrast 于 1980 年还在西萨摩亚群岛上调查记录了土著妇人 Totoa Fagai 制作树皮布的精彩画面。西萨摩亚人树皮打布的首选树材也是 Broussonetia papyrifera（构树），也有少数使用 Bread-fruit/Artocarpus（面包树）和 Banyan/Wild Ficus（野生榕）的。制作树皮布时，Totoa Fagai 将构树段上的树皮剥下来，用刀片和贝壳刮去树皮外皮保留内侧纤维层，然后将树皮平置于木墩上，用刻划有各种几何纹的木拍用力敲打，直到打出一片柔软的树皮布，打制成的树皮布再置于涂有红色颜料、刻有各种几何纹样的木印模板 Apeti 上印出精美的纹样。太平洋树皮布文化的完善与精美，充分表现在树皮布服饰的类型和纹样上，树皮布服饰不需复杂的裁剪和款式设计，自然流露的朴实、纯美是该服饰文化的内在魅力（图四）。②

图三　越南中部山地
Bru—Van Kieu 人的树皮布
（引自《越南民族大家庭》，
越南教育出版社 2006 年版）

① 笔者在越南河内越南"国立民族学博物学博物馆"陈列所见资料；并见 Bao Tang Dan Toc Hoc Vietnam, Dai Gia Dinh Cac Dam Toc Viet Nam, P. 14—15, Nha Xuat Ban Jiao Duc, 2006（越南国立民族学博物馆编《越南民族大家庭》越南教育出版社 2006 年版，第14—15 页）；Nguyen Van Huy, The Cultural Mosaic of Ethnic Groups in Vietnam, P19—22, Education Publishing House of Vietnam, 2004（阮文惠编《越南民族文化集萃》，越南教育出版社 2004 年版，第 19—22 页）。

② *Roger Neich and Mike Pendergrast , Pacific Tapa* , P12—15, University of Hawaii Press, 1997

图四　太平洋土著的印花树皮布服饰（*左，西萨摩亚；右，夏威夷*）

　　在历史文献与考古资料所反映的华南、东南亚至太平洋土著民族的树皮布文化圈中，除了前述台湾台东阿美族都兰部落长老巴奈家的树皮打布工艺外，民族志上的树皮布文化还见于与华南濮、越民族有密切源流关系的海南黎族、云南傣族、越南中部山地布鲁—云侨族（Bru—Van Kieu），及美拉尼西亚、波利尼西亚等太平洋上"南岛语族"的民族志中。这些珍贵的树皮布民族志，是研究重亚太海洋地带树皮布文化史不可或缺的资料。

三、树皮布考古：工具的发现与研究

　　树皮布作为一类特殊的物质文化，在考古遗址中难于保存、难于发现，考古学者重建亚太地区史前、上古树皮布文化的主要依据是制作树皮布的工具——石拍的识别、类型学和编年研究。这一工作首先是在台湾的史前考古中展开的，早在日据时代，日本考古学者鹿野忠雄在《台湾考古学民族学概观》中，就记录了台湾考古遗址发现的"有槽打棒"和"菜刀型打棒"，并将其解释为"树皮衣料

打棒"，就是锤打树皮布的主要工具。① 此后，凌纯声先生在华南及东南亚树皮布文化的研究中也相继确认了台湾史前考古发现的"树皮布石打棒"、"树皮布石拍"的功能。② 最近几年，香港中文大学邓聪教授依据考古发现的树皮布打棒遗存的分类与编年研究，提出树皮布产生于新石器时代中期的珠江三角洲的理论，认为发生于华南的楮树皮的无纺布，是土著先民具有世界性影响的重大发明，树皮布技术自南中国向南经中南半岛，席卷东南亚岛屿后，从海路上跨过太平洋岛屿进入中美洲。③

在亚太地区的考古发现中，树皮布石拍的空间分布与上述历史文献所见华南、东南亚土著民族历史上的树皮布文化空间分布基本吻合，在华南的浙江、福建、广东、香港、台湾、越南、泰国、印尼、马来西亚、菲律宾等地都有不同程度的发现。④邓聪先生根据东南亚和太平洋民族志上树皮布打棒的形态功能，将华南和东南亚考古发现的树皮打布石拍分成复合型（即装柄型）和棍棒型（即带把型）两类，依据考古出土的地层和年代学资料，考察了这一地区史前树皮布树皮布打棒从复合型发生，向棍棒型发展的序列（图五、图六），并从树皮打布石拍的编年，考察了树皮布文化的源流史，即起源于环珠江口距今 6000—5000 年前的大湾文化，之后向南传播越南北部距今 4000—3500 年间的冯原文化，距今3500 年前后的泰国及马来半岛，菲律宾、台湾等地不超过 3500 年，大洋洲岛屿在距今 3500 年之后。⑤ 树皮打布石拍的考古发现与编年研究，不但从考古实物资

---

① 鹿野忠雄着，宋文薰译：《台湾考古学民族学概观》（台湾：台湾省文献委员会，1955 年），页36—39。

② 凌纯声：《华南与东南亚及中美洲的树皮布石打棒》，《树皮布印文陶与造纸印刷术发明》（台湾：中央研究院民族学研究所，1963 年），页185—187。

③ 邓聪：《香港古代树皮布文化的发现及其意义浅释》，《东南文化》1999 年 1 期；《从二重证据法论史前石拍的功能》，《东南考古研究》第三辑，厦门大学出版社 2003 年版。

④ 邓聪：《香港古代树皮布文化的发现及其意义浅释》，《东南文化》1999 年 1 期；《史前蒙古人种海洋扩散研究——岭南树皮布文化发现及其意义》，《东南文化》2000 年 1 期；凌纯声：《树皮布、印纹陶与造纸印刷术的发明》，台湾"中央研究院民族学研究所"专刊之三，1963；何文瑨：《关于冯原文化遗址重的一些所谓"石拍"》，Amara Srisuchat：《泰国的树皮布石拍》，均载《东南亚考古研究》第三辑，厦门大学出版社 2003 年；连照美：《台湾的有槽石棒》，《大陆杂志》第 58 卷 4 期（1979 年）；李德仁主编：《郭德铃先生收藏史前暨原住民文物图录》，台湾史前文化博物馆 2003 年；H. Otley. Beyer, Philippine And East Asian Archaeology, P. 40, National Research Council Of The Philippines, Bulletin 29, University Of The Philippines，1948. F. landa Jocano, Philippine Prehistory, P. 101, University of the Philippines System, Diliman Quezon City, 1975.

⑤ 邓聪：《史前蒙古人种海洋扩散研究——岭南树皮布文化发现及其意义》，《东南文化》2000 年 1 期；《从二重证据法论史前石拍的功能》，载《东南考古研究》第三辑，厦门大学出版社 2003 年版。

料再现了华南、东南亚土著树皮布文化的内涵，而且石拍的编年所反映的树皮布文化的华南起源、东南亚和太平洋群岛传播扩散，还再现了华南百越先民与太平洋南岛语族的民族源流史。

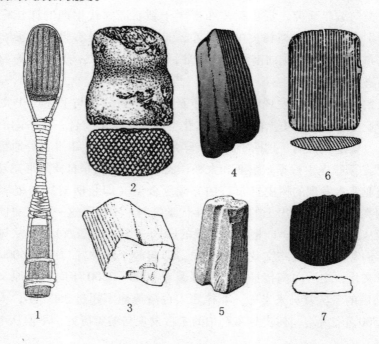

图五　华南、东南史前考古发现的复合型树皮打布石拍

1. 苏拉威西民族志上复合型石拍装柄法；2. 泰国素叻他尼府；

3. 越南冯原文化 Go Bong 遗址；4. 台湾台南白水溪；5. 菲律宾宿务；

6. 广东珠江口；7. 福建南安土地公埯山

太平洋群岛是华南树皮布文化在亚太海洋地带传播的远端，与华南、东南亚考古发现的大量树皮打布石拍有别的是，太平洋土著使用的树皮布打棒多是坚硬木材加工成的，形态上同于前述棍棒型石拍。考古发现太平洋最古老的树皮布文化遗存是波利尼西亚上法属社会群岛 Huahine 岛上距今 1100—700 年遗址中的木质树皮布拍，新西兰的 Waikato 也发现了距今 400—300 年的树皮布木拍。[1] 美国

---

[1] Roger Neich and Mike Pendergrast, *Pacific Tapa*, P9—15, University of Hawaii Press, 1997.

夏威夷 Bishop 博物馆收藏大量这类棍棒型树皮打布木棒，刻划有网格纹、条文、叶脉纹、曲折纹等各类几何纹样（图七）。

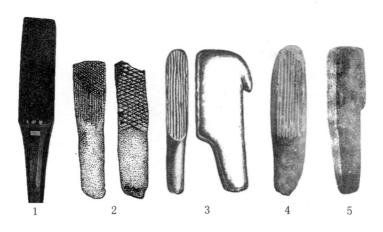

图六　华南、东南亚史前考古发现的棍棒型树皮打布石拍

1. 太平洋民族志；2. 泰国那空足贪玛叻府；

3. 菲律宾吕宋；4. 台湾大坌坑；5. 杭州良渚

图七　美国夏威夷 Bishop 博物馆藏太平洋土著树皮打布木拍

总之，经纬结构的纺织品与无纺形态的树皮布是人类服饰艺术史的两大系统，无纺树皮布文化起源、发展的中心在华南、东南亚至太平洋群岛，是百越先民和南岛语族共同的文化遗产。从华夏人文视野中"岛夷卉服"之零星印记，到近代民族志之阿美族、傣族、黎族、Bru—Van Kieu 人及南岛语族残存的树皮布制作工艺，以及树皮布文化之考古——石拍的发现与研究，塑造了一个亚太南部海洋土著地带的"百越—南岛"树皮布文化圈。

长江下游史前彩陶初析

佟珊（厦门大学历史系博士生）

彩绘是新石器时代陶器重要的装饰手法之一，是研究不同时空文化关系与区别的重要依据。中国的彩陶①起源于距今 7000 年之前，长江中游的皂市下层文化、长江下游小黄山和跨湖桥遗址以及黄河流域的大地湾类型和北首岭类型文化内出现了中国最早的彩陶器。② 本文试图对长江下游史前彩陶遗存作初步整理，在梳理发展脉络的基础上，通过比较研究寻找该地区彩陶遗存的特点及与周邻文化的关系。

一、长江下游彩陶遗存的发现与编年

长江下游地区包括以太湖流域为中心的长江下游南北两岸的平原、盆地等，即今江苏南部、安徽东南部、浙江北部和上海市。该地区的古文化由宁镇地区、太湖地区、杭嘉湖平原和宁绍平原几个分区文化构成。

1. 宁镇地区：指长江下游北岸，即江苏南部的部分区域，包括江宁、南京、镇江等县市。该地区典型遗址包括北阴阳营、青墩、薛城、圩墩等，新石器时代古文化以北阴阳营下层的一至四期遗存为代表。

南京市北阴阳营遗址经过四次发掘，在 258 座新石器时代墓葬内共发现了 28 件彩陶器，均属北阴阳营遗址第二期文化，绝对年代约为距今 6000—5000 年。彩陶器包括鼎、盉、碗、钵、盆等。彩陶器多先施白衣或红衣，再绘红、黑、白

---

① 本文所谓彩陶指施有彩色装饰的陶器，包括一般意义上的彩陶、彩绘陶和施彩衣陶。

② 何介钧：《环珠江口的史前彩陶与大溪文化》，《南中国及邻近地区古文化研究》，香港中文大学出版社 1994 年版；浙江省文物考古研究所、萧山博物馆：《跨湖桥》，文物出版社 2004 年版；张恒、王海明、杨卫：《浙江嵊州小黄山遗址发现新石器时代早期遗存》，《中国文物报》，2005 年 9 月 30 日第 1 版；甘肃省博物馆文物工作队：《甘肃秦安大地湾遗址 1978—1982 年发掘的主要收获》，《大地湾考古研究文集》，甘肃文化出版社 2002 年版；中国社会科学院考古研究所宝鸡工作队：《一九九七年宝鸡北首岭遗址发掘简报》，《考古》1979 年 2 期。

彩的图案，纹饰多样，包括宽带纹、菱形网格纹、××形纹、卷曲纹等。一般器物多装饰于外壁，钵形器的彩绘多施于内壁。①

海安青墩遗址内发现了红衣陶若干和彩陶十片，其中中文化层两片，下文化层八片，分别为罐、盆的口沿和圈足残片，多以黑白两彩构图，图案包括圆点四叶草纹、条纹、辐射形条纹等，该遗址下、中文化层年代与青浦崧泽中层遗存相当，约为距今6000—5300年。②

高淳薛城遗址下文化层内发现有少量的黑衣、红衣陶及二十余片彩陶片，彩陶片多为圈足浅盘的口沿与圈足残片，器表施有橙黄色陶衣，多以红彩绘图，图案仅有宽带纹、弦带纹等，年代约为距今6700—6000年；中层仍出有红衣、黑衣陶和彩绘陶器，彩绘陶器较为完整，器外也施有橙黄色陶衣，以红、白两色彩绘，纹饰增多，有弦带纹、宽带纹、网状纹、折线纹等，年代相当或略早于北阴阳营遗址二期，约为距今6000—5800年。③

常州圩墩遗址的下层发现有极少量的红褐彩彩陶片，纹饰为网格纹、宽带纹、喇叭形图案等，年代约为距今6800—6000年。另外在该遗址的上、中层内也发现有少量的红衣陶。④

金坛三星村遗址早晚期遗存中都发现有磨光红衣陶和彩陶，少数用褐、黑、黄、银灰等色绘宽带纹，少数陶盆口沿以褐红色弧线三角纹装饰，年代约为距今6500—5500年。⑤

江阴祁头山遗址中遗存的一个特色就是陶器外表普遍装饰有红衣，部分的三足钵、豆、鼎等器物采用彩绘装饰，所施彩绘以红色宽带纹为主，遗址分为I至IV期，年代约为距今6700—6000年。⑥

除此以外，在宁镇地区的张家港徐家湾、东山、吴江梅堰、龙南、昆山少卿、

---

① 南京博物院：《北阴阳营——新石器时代及商周时期遗址发掘报告》，文物出版社1993年版。
② 南京博物院：《江苏海安青墩遗址》，《考古学报》1983年2期。
③ 南京市文物局等：《江苏高淳县薛城新石器时代遗址发掘简报》，《考古》2000年第5期。
④ 吴苏：《圩墩新石器时代遗址发掘简报》，《考古》1978年4期；常州市博物馆：《1985年江苏常州圩墩遗址的发掘》，《考古学报》2001年第1期。
⑤ 江苏省三星村联合考古队：《江苏金坛三星村新石器时代遗址》，《文物》2004年第2期。
⑥ 祁头山联合考古队：《江苏江阴祁头山遗址2000年度发掘简报》，《文物》2006年第12期。

绰墩、吴县张陵山、草鞋山、常熟罗墩等遗址也发现有零星史前的彩陶遗存。[①]

2. 太湖地区：指太湖及其周边地区，包括上海及无锡等地，典型遗址有青浦崧泽、福泉山、马桥等，新石器时代古文化的发展大致经历了马家浜文化、崧泽类型及良渚文化，是长江下游古文化发展的中心区。

崧泽遗址中层墓葬的随葬品中有一定比例的泥质黑衣陶和彩绘陶器，彩绘多见于罐、壶、豆、杯等器，以红褐和淡黄彩宽带纹为主，另有泥质红陶白衣黑褐彩彩陶片一片，绘圆形和弧边三角形。中层墓葬的年代约为距今5900—5300年。[②]

福泉山遗址的崧泽文化时期地层和墓葬中泥质黑衣陶占有一定的比例，个别器物上还绘有红、黄色的彩绘，年代约为距今5900—5300年；在良渚文化时期的墓葬中施有黑衣和红衣的陶器约占随葬陶器的60%，个别陶器有红褐或淡黄色彩绘，年代约为距今5300—4500年。[③]

马桥遗址第⑤层中的夹砂红陶都经过打磨并涂有红衣，还有少量的泥质黑衣陶和四片彩陶，其中三片施粉红色陶衣绘红褐色弦纹，另外一片施红色陶衣绘黑褐色网格纹，该层年代为距今4000年左右。[④]

3. 杭嘉湖平原：指长江南岸以杭州、嘉兴、湖州为中心的水网平原地带。典型遗址包括跨湖桥、马家浜、余杭瑶山、反山等，新石器时代古文化的发展与太湖地区基本一致，但在跨湖桥遗址中发现早于马家浜文化的遗存。

在嘉兴马家浜遗址的上、下文化层中都发现有相当数量的夹砂红衣陶和黑衣陶以及泥质红陶，但陶衣都极容易脱落，两文化层的年代约为距今7000—6000年。[⑤]

余杭良渚文化的祭坛与墓葬中都发现有泥质黑衣陶与黑皮陶，尤其是豆、圈

---

① 张照根、姚瑶：《张家港东山村遗址发掘的主要收获》，《东南文化》1999年第2期；苏州博物馆等：《江苏昆山市卓墩遗址发掘报告》，《东南文化》2000年第1期、《江苏昆山卓墩遗址第二次发掘报告》，《东南文化》2000年第11期；苏州博物馆等：《江苏昆山市少卿山遗址的发掘》，《考古》2000年第4期、《江苏省昆山少卿山遗址》，《文物》1988年第1期；苏州博物馆等：《江苏张家港徐家湾新石器时代遗址》，《考古学报》1995年第3期；南京博物馆等：《江苏吴县张陵山东山遗址》，《文物》1986年第10期；南京博物院：《江苏吴县草鞋山遗址》，《文物资料丛刊3》文物出版社1980年版；南京博物院：《江苏吴县张陵山遗址发掘简报》，载《文物资料丛刊6》，文物出版社1982年版；苏州博物馆、常熟博物馆：《江苏常熟罗墩遗址发掘简报》，《文物》1999年第7期；苏州博物馆、吴江县文物管理委员会：《江苏吴江龙南新石器时代村落遗址第一、二次发掘简报》，《文物》1990年第6期；江苏省文物工作队：《江苏吴江梅堰新石器时代遗址》，《考古》1963年第4期。

② 上海市文物保管委员会：《崧泽——新石器时代遗址发掘报告》，文物出版社1987年版。

③ 上海市文物管理委员会：《福泉山——新石器时代遗址发掘报告》，文物出版社2000年版。

④ 上海市文物管理委员会：《上海马桥遗址第一、二次发掘》，《考古学报》1978年第1期。

⑤ 浙江省文物管理委员会：《浙江嘉兴马家浜新石器时代遗址的发掘》，《考古》1961年第7期。

足盘等黑皮陶的制作较精，器表光亮，多数涂画有精美的红彩，年代约为距今5300—4500 年。①

萧山跨湖桥遗址经过两次发掘发现在I到III期文化遗存中，陶衣与彩陶都是非常醒目的装饰，彩陶器（片）约占陶器（片）总数的2%，陶衣多见于非炊器类陶器，以红衣为多，不同器物的装饰部位不同；彩纹主要饰于罐、圈足盘、豆，一般都施于陶衣之上，彩质有厚、薄两种，彩纹以红色为主，图案有弦带纹、宽带纹、放射形条纹、卵点纹、太阳纹、曲折纹等，多见纹饰的组合，I至III期的年代分别为距今8200—7800 年、距今 7700—7300 年、距今 7200—7000 年。②

4. 宁绍平原：指杭嘉湖平原以南至会稽山、四明山之间的平原地带，典型遗址有河姆渡、上山、小黄山、楼家桥等。该地区发现了长江下游年代最早的新石器时代文化遗存，即距今万年左右的上山及小黄山遗址，两遗址间有继承关系。小黄山遗址之后，该地区新石器时代文化发展以河姆渡文化 I 至 IV 期为代表，并发展为本地区的良渚文化。

1973 年河姆渡遗址发掘时就曾在 T16、T17 的第四层底部发现三片彩陶，为小口罐的口沿及腹部残片，胎壁外拍印绳纹，其外有一层较厚的灰白色土，器表绘有咖啡色和灰褐色的变体动物花纹，色彩浓厚有光泽，该层年代为距今7000—6600 年。③

在距今万年左右的浦江上山遗址下层中，陶器可分为夹炭陶和夹砂陶两类，器表也多施有红衣，但陶衣多已剥落，下层年代约为距今 11000—8000 年。④

比上山遗址年代略晚的嵊州小黄山遗址中，第一阶段的陶器绝大部分素面施有红衣，第二、三阶段的夹炭红衣陶颜色鲜丽，另有镂孔与彩绘放射线和红底白彩的装饰风格，一至三阶段的年代约为距今 10000—8000 年。⑤

诸暨楼家桥遗址早期遗物中的陶器多施有红衣或黑衣，一些盆、钵的腹部和豆的圈足残片上还可辨出墨绿色的彩绘图案，隐约有直线、曲线之分，模糊不清，与河姆

---

① 浙江省文物考古研究所反山考古队：《浙江余杭反山良渚墓地发掘简报》，《文物》1988 年第 1 期；浙江省文物考古研究所：《余杭瑶山良渚文化祭坛遗址发掘简报》，《文物》1988 年第 1 期。

② 浙江省文物考古研究所，萧山博物馆：《跨湖桥》，文物出版社 2004 年版。

③ 浙江省文物考古研究所：《河姆渡——新石器时代遗址考古发掘报告》，文物出版社 2003 年版。

④ 浙江省文物考古研究所、浦江博物馆：《浙江浦江县上山遗址发掘简报》，《考古》2007 年第 9 期。

⑤ 张恒、王海明、杨卫：《浙江嵊州小黄山遗址发现新石器时代早期遗存》，《中国文物报》2005 年 9 月 30 日第 1 版。

渡I期中的部分彩陶片类似，该遗址早期年代约为距今7000—6500年。[①]

根据长江下游地区这些彩陶遗存所在遗址的绝对年代与相对年代，我们就可以对该地区彩陶遗存进行初步的编年，具体如表1所示。

二、长江下游史前彩陶的发展序列

从长江下游地区彩陶遗存的发现与编年看，该地区的彩陶遗存上至距今8000年以前，下至距今4000年，时间跨度大，而且有明显的阶段性变化。根据该时空彩陶遗存内涵自身的发展与变化，结合该地区新石器时代考古学文化分期研究的成果，可以初步梳理出该地区彩陶四个阶段的发展脉络。

第一阶段：距今约10000—6600年，彩陶遗存见于上山、小黄山、跨湖桥遗址及河姆渡遗址第Ⅰ期。该阶段发现了目前长江下游地区年代最早的彩陶遗存，以红衣装饰为主。彩色图案装饰主要饰于罐、圈足盘、豆等器物，施彩部位一般为罐的肩部、圈足器的圈足部位以及豆盘、圈足盘内壁。彩绘多施于红色陶衣之上，彩绘多红彩，有少量为淡黄色和红褐色。母题图案丰富，以跨湖桥遗址彩陶为代表，包括宽带纹、弦带纹、波折纹、放射形条带纹、太阳纹、米字纹、环带纹、波浪纹、十字纹、网格纹、复线交叉纹、菱形纹、梯格纹以及抽象的动物花草纹等。

该阶段彩陶的特点有二：一是陶器多数素面施有红色或黑色陶衣；二是除少数器物仅采用宽带纹（或弦带纹）装饰外，多数的彩陶都是由两种或两种以上的纹样母题组合成复杂的图案，如弦带纹、米字纹、波浪纹组合，十字纹、太阳纹、点彩组合，横、纵向弦带纹、点彩组合，波折纹、弦带纹、抽象叶脉纹组合，波浪纹与宽带纹组合等。有的彩绘圈足还将放射形条带纹与镂空花纹组合进行装饰。（图一：38—50）

第二阶段：距今6600—5900年，约相当于马家浜文化时期，彩陶遗存的数量及在陶器遗存中所占的比例都非常少，只在常州圩墩、高淳薛城遗址下层、吴县草鞋山、江阴祁头山等遗址中有零星的发现。在属于马家浜文化的遗址中，夹砂和泥质红陶中有一定数量的红衣陶，陶衣极易脱落。彩陶片多为泥质灰陶，彩绘主要施于器物的口沿及圈足，器表多先施橙黄色陶衣，然后以红、黑两色彩绘

---

① 蒋乐平：《浦阳江流域新石器时代遗址的发现与思考》，载《浙江省文物考古研究所学刊第八辑》，科学出版社2006年版。

装饰，绝大多数图案简单，仅见宽带纹或弦带纹，偶见几件组合图案的装饰，如常熟圩墩下层所出宽带纹与三角网格纹组合的彩陶片，吴县草鞋山所出夹砂红陶红彩"拱桥形"图案彩陶片以及江阴祁头山二期所出的一件内、外饰弦带纹、S纹、放射形植物纹组合的三足钵。

表 1　长江下游彩陶遗存编年

年代 (B.P.)	宁镇地区					太湖地区			杭嘉湖地区			宁绍地区			
	北阴阳营	薛城	圩墩	三星村	祁头山	崧泽	福泉山	马桥	反山、瑶山	马家浜	跨湖桥	河姆渡	小黄山	上山	楼家桥
4000							⑤层								
5000	II期	中层				中层墓葬	良渚墓葬	墓葬							
6000		下层	下层	三期 二期 一期	IV期 III期 II期 I期		崧泽墓葬			上文化层		④层			早期
7000										下文化层	III期				
8000											II期 I期		第三阶段		
9000													第二阶段	下层	
10000													第一阶段		
11000															

该阶段的彩陶并没有继承前一阶段跨湖桥、河姆渡Ⅰ期彩陶图案多样的特

点，彩陶数量减少，仅以红衣陶和彩绘宽带、弦带纹为特点，即便是偶有组合图案装饰也未见前期的母题图案。（图一：31—37）

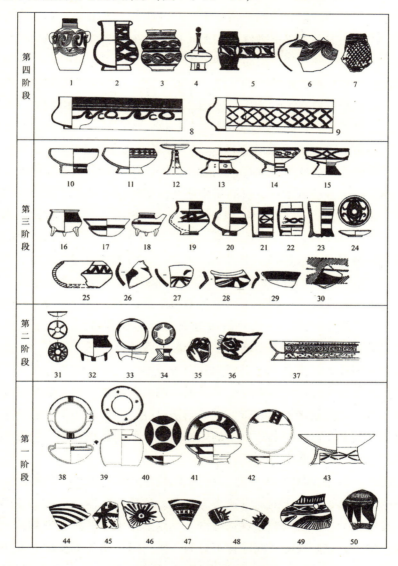

图一 长江下游彩陶遗存

（1、4、8、9 福泉山；2 广富林；3 吴江梅堰；5、12、21 草鞋山；6、7 马桥；14 昆山绰墩；10、11、13、16—18 北阴阳营；25 高淳薛城；20、23、24 张陵山；26—29 海安青墩；31、32、37 祁头山；35 圩墩；33、34、36 三星村；15、19、22、30 崧泽；38—48 跨湖桥；49、50 河姆渡）

第三阶段：距今 5900—5300 年，是长江下游地区彩陶文化最为发达的阶段，年代约相当于崧泽类型文化和北阴阳营二期文化，在该时期的多个遗址中都发现了彩陶遗存，彩陶的数量和在陶器遗存中所占的比例大为增加，彩陶遗存的内涵较为丰富。该时期的陶器以夹砂红陶和泥质灰陶为主，装饰手法多见刻划纹、弦纹、附加堆纹、镂孔和彩绘，有时多种装饰技法结合使用。该时期的彩陶遗存有红衣、黑衣和白衣三种，彩绘有黑、红、黄彩之分，具体可分为四类：第一类为通体施衣，有的配合镂孔等纹饰进行装饰，如北阴阳营遗址内的陶豆（M78：1）外施红衣，圈足饰瓦楞形弦纹及四组作三角形排列的小圆孔，崧泽中层的墓葬中也有类似的器物。第二类为单独彩绘宽带纹或彩绘宽带纹加镂孔等非彩绘作装饰，是该时期最为普遍的彩绘遗存，一般是在罐、钵、豆、壶等器物的口沿、腹部、圈足等部位饰多道宽带纹，有的器物还在腹部辅以凸弦纹、附加堆纹，在圈足部位辅以镂孔装饰。（图一：10、12—13、16—18、20、23）第三类为多种母题组合的复杂彩绘装饰，多见于豆、罐、壶的口沿和腹部、豆圈足及钵的内部，图案母题包括条带纹、波浪纹、折线纹、Z 形纹、菱格纹、连圈纹、绚索纹等。（图一：11、14—15、19、21—22、24—25）第四类为彩陶，数量最少，图案有黑色圆点白色四叶草纹、白色条纹、黑色辐射形条纹等。（图一：26—30）

该阶段的彩陶遗存继承了前一阶段施衣陶和彩绘宽带纹、弦带纹的主要内涵，彩绘图案及彩陶的数量有所增加。该阶段彩陶遗存有三个特点：一是彩绘装饰常与其他装饰技法相结合；二是彩陶及彩绘图案常见两种颜色相结合，如海安青墩及吴县草鞋山遗址中的彩陶片上多以黑、白两彩绘制图案，吴县张陵山下层墓葬的圈足盘、青浦崧泽中层的碗型豆等则是以红、黄两彩相间作彩绘装饰；三是钵、盘等器物多在盘内部装饰复杂的彩绘花纹，如吴县张陵山下层墓葬的圈足盘及北阴阳营二期的钵等。

第四阶段：距今 5300—4500 年，相当于良渚文化时期，以青浦福泉山良渚墓葬及马桥遗址第 5 层出土的彩陶遗存为代表。该阶段陶器以泥质黑皮陶和夹炭陶为主，纹饰较少，彩陶的数量逐渐减少，早期多继承了崧泽类型陶器的装饰风格。除施衣陶外，该阶段的彩陶遗存可分为三类：第一类为泥质黑衣灰陶，陶衣上施淡黄色或红褐色宽带纹彩绘，如福泉山良渚文化墓葬中的壶（M101：2）等，彩绘多绘于器物烧成之后，出土时多已脱落（图一：4）；第二类为泥质灰陶器，其上用红、黄两彩绘制连圈纹、连续相交菱形纹等，如福泉山出土的彩陶背壶（M67：46）、壶（M139：25，M151：9）等（图一：1—3、5—9）；第三类是该阶段新出现的彩陶种类，在一部分的黑皮陶，如杯、贯耳壶、豆、盉等器表有红色彩绘，彩绘纹样多见宽带纹和几何纹，与第一类相同，出土时大多脱落，如常熟罗墩遗址中的部分彩陶遗存。[①] 该阶段以泥质黑衣陶和黑皮陶外的彩绘装饰为特点。

相当于中原地区夏商时期，长江下游地区进入青铜时代，考古学文化为湖熟文化早期、点将台类型、马桥文化等，这些文化中陶器的装饰常见拍印的几何形印纹，同时出现少量的原始瓷。这一时期的彩陶仅表现为马桥文化中极少量的泥质灰胎黑衣和红衣陶，而在其他几个类型的文化中没有发现。马桥文化中少量存在的施衣陶近于良渚文化的施衣陶装饰，应是良渚文化因素的残余。在个别地区的少量存在、在大部分区域内消失，说明夏商时期，长江下游的彩陶文化已走到尽头。

由此可见，长江下游地区彩陶的发展是由南而北的。1 万年前左右在宁绍地区已经产生了彩色陶衣的装饰及简单的彩绘图案，这些装饰方法在距今 8000 年的杭嘉湖地区继续发展，但是在其后的马家浜文化中并未得以继承。自马家浜文化至良渚文化时期，即距今 6000—4500 年，该地区彩陶遗存的特点是施衣陶与彩绘陶并存，而彩陶片少见。至距今 4500—3000 年仅有极少量的施衣陶存在，彩陶文化在长江中下游地区逐渐消亡。

三、长江下游与周邻地区彩陶文化的比较

与长江下游地区相邻的海岱地区、长江中游地区在新石器时代都有发达的彩陶文化，长江下游地区的彩陶遗存与上述周邻的彩陶文化关系密切。

海岱地区的彩陶始见于北辛遗址第 3 层，时代属于北辛文化中期。从北辛文化中期到大汶口文化早期阶段前期，海岱地区的彩陶数量少，色彩单调，纹样母题和图案也极其简单，主要为饰于钵或碗口沿的带状纹。至大汶口文化早期阶段后期，彩陶的数量、色彩和纹样种类突然增多，并迅速达到了较高的水平，以白衣或红衣的红、黑、白彩为主，母题纹样包括弧边三角形、圆点、勾叶、斜线、花叶、斜栅、云雷、八角星、双角、菱形和连山等。大汶口文化中期阶段，以具有地方特色的红衣黑、白彩为主要装饰技法，常见图案多为斜栅、云雷、八角星、双角、菱形和连山等。到大汶口文化晚期，彩陶文化特征与中期基本相同，

---

① 苏州博物馆、常熟博物馆：《江苏常熟罗墩遗址发掘简报》，《文物》1999 年第 7 期。

到大汶口文化末期基本消失。①

长江中游地区最早的彩陶遗存出现于皂市下层文化中，年代超过 7000 年，在皂市遗址下层发现了少量的白衣红陶彩绘，一般是在高圈足盘的托盘或圈足上绘宽带纹。② 但直到距今 7000—6000 年的汤家岗遗址的早期遗存中仅有 1% 的红地黑彩陶片，只有简单的点线纹，彩陶文化仍属肇始时期。③ 至距今 6000—5600 年之间的大溪文化中期，彩陶发展到繁荣阶段，不仅有红地黑彩，而且有了红地赭彩和白地红彩，在少量橙黄薄胎彩陶器物上出现了内彩。这一时期的彩绘纹饰以水波纹、漩涡纹、S 纹、绚索纹为母题，也有变形的动物纹。其中江汉地区受仰韶文化影响出现花瓣纹、弧线圆点钩叶纹等。④ 大溪文化晚期至屈家岭文化时期，彩陶文化持续发展，彩陶一般先施红色或白色陶衣，后用黑彩或赭彩绘圆点、网格、弧线三角和宽带花纹。另外彩陶纺轮的盛行与薄胎彩陶的出现也是屈家岭彩陶文化的特色。

通过比较不难发现，三个地区中彩陶文化最早出现于长江下游和长江中游地区，其中又以距今 10000—8000 年的嵊州小黄山遗址内的红底白彩与放射形彩纹为早。年代相当的皂市下层文化和跨湖桥遗址相比，皂市下层文化中彩陶仅有简单的宽带纹，而跨湖桥遗址中出土的彩陶遗存不但图案丰富多样，而且装饰技法也有厚、薄彩之分，同时占陶片总数约 50% 的泥质夹炭陶也多有施黑衣的装饰。由此可见，长江下游的彩陶应为本土起源，并非在周邻地区彩陶文化影响下产生的，该地区很可能也是中国彩陶的起源地之一。

距今 6500—6000 年间，马家浜文化、北辛文化、汤家岗类型文化基本同时存在，它们有一个共同特点就是彩陶遗存都非常有限。但是与其他两个地区彩陶文化处于肇始期的情况不同，长江下游地区未将距今 6600 年以前就已经有所发展的彩陶文化完整地继承下来，彩陶遗存在数量和质量上都锐减，而主要保留了器物表面施红衣的做法。同时，长江下游的彩陶也受到了周邻地区彩陶文化的影响，如江阴祁头山第四期文化遗存中的印纹白衣红陶豆（图一：37），外壁自口沿至器底依次戳印有锯齿状纹、单面卷云纹、X 形纹、"几"字形宽带纹等，卷

①　栾丰实：《海岱地区彩陶艺术初探》，《海岱地区考古研究》，山东大学出版社 1997 年版。
②　湖南省博物馆：《湖南石门皂市下层新石器遗存》，《考古》1986 年第 1 期。
③　湖南省博物馆：《湖南安乡县汤家岗新石器时代遗址》，《考古》1982 年第 4 期。
④　何介钧：《环珠江口的史前彩陶与大溪文化》，《南中国及邻近地区古文化研究》，香港中文大学出版社 1994 年版。

云纹、齿状纹、"几"字形宽带纹上都饰有白彩。这种纹饰分层排列与施白彩的做法在本地区仅为个案,之前也未见到,但是却与长江中游汤家岗遗址中的白衣红陶盘完全一致,[①] 应是受此影响产生或从该地区交流而来的。金坛三星村遗址二、三期文化中彩陶盆口沿上的弧线三角纹图案与中原地区的彩陶装饰图案类似,在本地区的早期遗存中并无类似情况,也应是受周邻地区影响的产物。(图一:33)

距今6000—5000年间是中国新石器时代彩陶文化最为发达的时期,长江下游及其周邻地区的彩陶遗存在这一时期内也最为丰富。相比较而言,从装饰技法上看,与大汶口文化的红地黑白彩、大溪文化红地黑彩和白地红彩不同,长江下游地区多施衣与彩绘陶,以红褐色彩纹和红、黄两彩相间装饰为特征。从纹饰上看,长江下游仍以最简单的宽带纹为主,其他较常见的波浪纹、绚索纹、连圈纹等在马家浜文化中并未出现,可能是受到了大溪文化中期彩陶图案的影响。同时,海安清墩遗址中的黑白彩圆点四叶纹彩陶片、吴县草鞋山和青浦崧泽遗址中的黑白彩圆点弧线纹彩陶片(图一:26—30),"其陶质、陶色以及装饰风格,都与本地区习见的彩绘陶不同"[②],而与中原仰韶文化中彩陶典型的装饰技法与图案相一致,同时在大汶口与大溪文化中也有发现。这类在长江下游地区极少量存在的彩陶片应是仰韶文化的彩陶内涵通过长江中游及海岱地区向东、南传播的表现,而这种外来的彩陶文化却始终未在该地区得以发展并最终形成气候。

至距今5000—4500年左右,彩陶文化在长江中游和海岱地区进入鼎盛时期,而在长江下游则逐渐走向衰落,除保持黑衣陶施彩绘宽带纹的做法外,黑皮陶外的彩绘成为该地区独具特色的装饰方法。而其他少量存在的彩陶和彩绘陶装饰多与周邻地区的彩绘装饰无异。例如,青浦福泉山良渚文化墓葬中出土的彩陶背壶和马桥遗址第5层出土的彩陶片都饰有红褐色的涡纹图案(图一:1、6),与大汶口中晚期墓葬中彩陶壶上的涡纹图案基本一致,[③] 而吴江梅堰良渚文化时期的陶尊,在腹部以红、黄两色相间绘丝绞纹装饰(图一:3),与大溪文化划城岗遗址早一期遗存中的彩陶陶釜的装饰几乎完全一样。[④]

①　湖南省博物馆:《湖南安乡县汤家岗新石器时代遗址》,《考古》1982年第4期。

②　上海市文物保管委员会:《崧泽——新石器时代遗址发掘报告》,文物出版社1987年版。

③　山东省文物管理处、济南市博物馆:《大汶口——新石器时代墓葬发掘报告》,文物出版社1974年版。

④　湖南省博物馆:《安乡划城岗新石器时代遗址》,《考古学报》1983年第4期。

　　总之，长江下游地区在距今约 10000—7000 年就已经产生了彩色装饰的陶器，从上山、小黄山遗址到跨湖桥遗址，再到河姆渡遗址 I 期和楼家桥遗址早期，红衣与黑衣陶、彩绘图案装饰一脉相承，但彩陶已有减少的趋势。到新石器时代中晚期，施衣陶传统依然保持，新出现红、黄彩绘为特点的彩陶装饰方法，晚期还出现了黑皮陶外的彩绘，与周邻地区的彩陶文化发展截然不同。同时还需要指出的是，在长江下游地区内，不同地方的彩陶遗存内涵也有差别，即北部宁镇地区受到中原及北方文化的影响要明显强于南部，如前面已经提到的具有仰韶文化典型特征的彩陶片在北部地区的发现要多于南部地区，反映了彩陶发展在该地区内的不平衡性。

凌家滩文化初论

张敬国（安徽省文物考古研究所）

凌家滩遗址位于含山县铜闸镇太湖山向南伸出一条十里长岗的南端，面临裕溪河，背山依水，呈北玄武南朱雀，周边是富饶的围田，航空照片解读凌家滩遗址呈大佛头向北仰身睡卧状。

1987—2007 年，凌家滩遗址经过五次发掘，共发现墓葬 70 多座。发现祭坛一座、祭祀坑 3 个、积石圈 4 个，出土大批高规格的玉礼器和石礼器及陶器，表现出显著的地方特色。

凌家滩遗址距今 5600—5300 年，与辽宁红山文化年代相当，而早于浙江良渚文化。

凌家滩墓葬出土的玉器数量多，品种丰富，琢磨精致，玉质温润，洁白透明，造型独特。

出土的玉器经中国科技大学[①]和中国地质大学[②]测定，玉器的质地有透闪石、阳起石、叶蛇纹石、利蛇纹石、水晶、玛瑙、玉髓、石英、绿松石、煤晶、石英玉，等等。

玉器有玉人、玉龙、玉龟、玉鹰、玉钺、玉斧、玉管、玉玦、玉镯、玉珠、玉璜、玉龙凤璜、玉兔冠形饰、玉齿环、玉丫形器、玉版上刻画的原始八卦图、玉坠饰、玉猪、玉宝塔形饰、玉菌形饰、玉猪等。

凌家滩出土的玉礼器，不但精美而且品位极高，突出反映了原始宗教在凌家滩社会组织中占有重要的地位和作用。军权标志玉钺和石钺与神权标志玉神器同在一个墓里出现，反映军权和神权二合一的现象，体现持有神权地位的人向军权过渡，体现社会组织结构的变化和文明的进步。

重要的玉礼器是重大祭祀和礼仪活动的象征载体，记载那个时代社会活动的真实信息，代表了那个时代为"神物"的玉器是人们信仰和身份的标志，是对代

①　《凌家滩墓葬玉器测试研究》，《文物》1989 年第 4 期。

②　《凌家滩出土鸡骨白古玉质研究》，《岩石矿物学杂志》2002 年第 21 卷增刊。

表大自然神灵的敬畏。

凌家滩墓葬出土大批玉璜，表明凌家滩文化是玉璜的时代，玉璜组合佩饰的出现和随葬数量的不同，记录了玉璜在社会生活中的价值，突出人们地位的差异和等级秩序，同时也表明玉器在宗教信仰、审美观念、伦理道德、社会生活中发挥了重要作用，展示了一个独特的玉文化体系，表明社会已进入一个新的文明里程。

凌家滩新的玉器品种出现，特别是飞鸟与动物组合的现象，突出表现了社会形态和精神领域的文化，对后期的良渚文化和商周文明产生了重大影响。凌家滩的玉器文明是中国早期古代文明形成的核心内容和标志性的代表。

玉器上刻画的纹饰反映了远古先民对太阳的崇拜和对祖先的敬畏，刻画的八个方位和太阳图纹，表现出中国原始八卦的创立和发展，展现了中国原始哲学思想的起源。

玉人的出现表明由以前单一的加工技术发展到多种加工技术集于一身的工艺。这一工艺技术的创新必然促使生产领域结构发生变化，推动社会的进步。

凌家滩琢玉技术首先开创砣切磨技术，砣具的使用，突出表现了凌家滩玉匠们的创造智慧和高度发达的琢玉技术，达到鬼斧神工般的杰作，不使用机械砣具，是不可想象的。砣具的使用，最主要的是工艺水平和生产效率的提高，充分显示了生产力和生产关系的变化，表明生产力水平达到一个高度发展的阶段，琢玉业工艺系统专门化的分工。

凌家滩玉器的钻孔技术十分高超，在工艺技术上可能使用了一系列机械复合用具，如在厚度 0.7 厘米的玉髓上以两端对钻孔，两孔准确对接，表明钻孔时中心力准确，痕迹显示高速旋转。出土的螺丝旋纹石钻头，是中国新石器时代钻头工具考古首次发现，是凌家滩文化的一次伟大的发明，这项伟大的技术发明其生命力一直延续至今，充分反映了凌家滩先民的创造智慧和高度发达的文化。

玉器制作工艺上采用了阳刻、浅浮雕、透雕、减地法、实心钻、管钻、片切、线切、砣切、琢磨等工艺技术。这些技术的运用，体现出数学、几何、圆、三角形对称、平移圆的等分、弦的垂直等概念，这也是从上古到"墨经""九章算术"之前中国几何学、数学发展的早期阶段。[①]

---

① 牛敬荣：《安徽含山凌家滩遗址新石器玉石文化探源》，《文物研究》第 15 期，黄山书社 2006 年版。

从凌家滩出土大批精美玉器和先进工艺成果推测，凌家滩已出现制作玉器的专门作坊，并且有了分工作业。凌家滩玉器的制作思想和工艺技术都达到了当时最高水平。琢玉技术的成果代表了中国新石器时代玉器发展的第一个高峰，表明凌家滩遗址是 5300 年前中国新石器时代的制玉中心。

随葬的石器，磨制精致，通体光洁，造型优美，石质坚硬，纹色鲜艳。器形有斧、钺、锛、凿（圭）、石钻、砺石、环等。石器中以石钺、石锛、石钻最具特色。石器的抛光技术达到极高的水平，有的石器表面磨制得光亮照人，令人爱不释手。

我们把这批制作精致的石器都称作"玉"，因为远古时期人们非常喜爱美丽花纹的石质器物，把这些美石称作玉。东汉许慎把美石分为四大类，称"美玉"、"玉"、"石之次玉"、"石之似玉"。这些称谓反映了古人对玉的基本认识。许慎还称玉有五德，古人把德与玉相结合，反映人们精神领域的境界和对玉文化的崇敬。我们认为凌家滩出土的精美石器都应是广义的玉。

从这批石质生产工具的刃部观察，刃口锋利，看不出使用痕迹，而且这些工具都很大、很重，有的器型很薄，制作很规整，凌家滩石器特别是钺、铲大多以三面刃为主，显示石器制作的显著特征，也区别于其他文化，体现了凌家滩石质工具的独特风格。有些大器完全可以称为"钺王"、"斧王"、"锛王"、"凿王"，这在中国新石器时代考古发掘品中极为罕见，它们是"石之次玉"和"石之似玉"，代表了墓主身份、地位，象征权力和财富。

凌家滩墓葬出土的陶器，大多因火候低，胎质薄，烧制疏松，器型基本不能复原，给研究凌家滩文化带来了许多不便。但部分能复原的器物给了我们研究文化的新鲜感。

出土的器物有：盆形鼎、高三足鼎、镂孔豆、壶形豆、鸡形壶、平底壶、高颈壶、背水壶、鬶、高柄杯、假圈足杯、盘、大口盘、镂钵、器盖、罐、纺轮等。

凌家滩的陶器从整体观察基本以鼎豆壶为组合，这一组合的器形比较特殊，区别于其他文化同类器型的特征。比如鼎，凌家滩出土的鼎以高足为特征，鼎中细圆而且高，有的鼎足呈圆形中间饰有圆孔，略似桃形带有细足尖。大墓出的新式豆壶，形似豆加有壶口形，造型非常特殊，带有新的文化因素，表现出显著的地方特点。

出土的鬶、豆、壶、背水壶等反映凌家滩文化带有长江中下游区域文化的特征，同时也具备北方大汶口文化的某些因素。如陶豆与崧泽文化出土的陶豆风格相似，表明凌家滩文化既具有显著的地方文化特点，又与周边文化互相影响，同时也吸收了周边先进文化的因素。

总而言之，凌家滩出土的器物中不论是玉器、石器还是陶器，都最显著的反映了巢湖流域的地方特征，特别是从玉器上，制作技术，制作工艺，制作的器形和所反映的刻画纹饰，都表明从思想理念上的转变。"这里随葬的玉器则在同时代诸文化中别开生面，给人以新鲜之感。"① 凌家滩人思想理念上的转变，促使人们生活方式的变革，充分体现出社会组织结构的革命。墓葬中反映出贫富分化，大墓里随葬高规格的玉器，玉器占随葬品 70% 以上，小墓有的一件玉器也没有，有的只随葬石器和陶器。如 87M15 随葬玉璜 30 件，这是新石器时代出现玉器以来到凌家滩时期，玉璜大批量出现，从数量到质的飞跃，是时代的突破，是玉器文明高度发达的标志，标明一个玉时代的来临。

这些玉礼器有代表神权的和代表军权的，有的墓葬随葬生产工具和玉料，也表明墓主人地位身份的重要性，也表明手工业在社会中占有重要地位，反映社会已存在手工业和农业的分工，制玉工业已从手工业中独立出来。手工业和制玉业是当时先进的科学技术产业，这一产业的发展，表明凌家滩时期与先前社会的区别和社会文明的进步。

凌家滩出土的玉钺、玉斧、玉龟、玉版、玉鹰、玉勺等大批玉礼器，成组玉璜、玉珩的出现，构成独具特色的玉器文明。当时氏族统治者保持着对这批玉器的独占权，反映了对上层建筑、礼仪建筑和玉礼器的绝对占有权，显示了早期国家的权利，反映了早期国家所具有的礼仪制度的特征。

"凌家滩玉器是在生产力发展到一定水平，社会开始出现分化的历史条件下的产物，又是这一历史阶段已经到来的一种证据。与同一时期的其它文化遗址相比，凌家滩是比较发达的，凌家滩玉器也是比较先进的。从这个意义上来说，凌家滩玉器的发现，对于玉器文化的深入研究乃至聚落演化历史的研究都是至关重要的。对于中国文明起源的研究，也提供了一个起始阶段不可多得的实例。"②

"凌家滩玉器的重要性，不因其制作精致而将我国玉器工艺已经发达的时间提早到了 5000 年前，尤其在于提供了大量当时安徽中部巢湖地区一系列意识形

---

① 张忠培：《窥探凌家滩玉器》，载张敬国主编《凌家滩玉器》，文物出版社 2000 年版，第 152 页。
② 严文明：《凌家滩玉器浅识》，载张敬国主编《凌家滩玉器》，文物出版社 2000 年版，第 155 页。

态的信息，而且具还能通过对一些反映信仰、习俗的遗物的分析，得到许多有关社会结构的新认识。在考古学、历史学、人类学的研究中，这是极为难遇的新材料，在这批玉器资料公布后，一定会出现许多新的重要论述。"①

2007 年 5 月开始的第五次凌家滩遗址发掘，发掘面积虽然不大，但收获颇丰。不仅进一步了解到南墓地的分布范围，而且为探讨整个墓地的布局，以及不同氏族、不同阶层的墓葬在墓地中的分布规律等提供了新的线索。

07M23 是凌家滩墓地历年发掘中最重要的发现，也是整个长江中下游地区新石器时代考古最重要的发现之一，其规模之大、随葬品数量之多、器物之精美，在该墓地中占首位，也是周边其他文化的墓葬所不及的。出土的玉龟、玉签、玉猪，在我国的新石器时代考古中均是首次见到。它们的发现不仅为凌家滩文化增添了精神领域新的内涵和信息，也表明墓主人是神权领袖，显示其神权至高无上的地位，也为探讨中国文明起源提供了极其重要的材料，证明巢湖流域也是中国文明的发祥地之一。

在 07M23 的墓口填土上面，放置了一件重达 88 公斤的玉雕野猪。类似的情况存在于 87M4，其墓口填土上面放置有一件巨形石钺，重 4.25 公斤。这两座墓的坑口上面都放置重礼器，墓内都随葬了玉龟和占卜工具，它们的历史意义值得今后深入研究。

07M23 出土的 200 多件玉器中，特别重要的是三件组合的玉龟形器和玉签占卜工具。这一重要发现填补了中国考古学的空白，也印证了古代文献中有关龟、八卦和占卜的记载确有史实依据。表明在远古时代，凌家滩遗址的居民已经熟练掌握和运用玉龟占卜的方法，以测吉凶。制作玉龟和玉签的工艺技术非常先进，上腹甲较厚，下腹甲较薄而平，内腔呈椭圆形，较规整，琢磨时一气呵成，达到比较完美的程度。此玉龟的质地与 1987 年凌家滩遗址第一次发掘时出土的玉龟基本相同，比较纯净，质地较好。从现有考古资料看，凌家滩遗址出土的高规格玉器基本都采用玉质较好的玉料。

凌家滩出土玉器独树一帜，开创了中国玉文化新的篇章，是中国玉器传统文化和玉器文化的源头，也是中国玉器传统工艺技术的源头。

红山文化被称为中华文明的曙光，但玉器传统文化对中原文明影响不大，良

---

① 俞伟超：《凌家滩璜形玉器刍议》，载张敬国主编《凌家滩玉器》，文物出版社 2000 年版，第 135 页。

渚玉器文化也不是很明显。凌家滩玉器文明对中原文明的影响特别明显。如出土的玉龟和玉版，在中原文明成长发展过程中形成"河图洛书"和龟文化崇拜，从凌家滩发现原始八卦起源，到汉代形成的"易经八卦"思想一直主导着中国文明进程，延绵传承五千多年，凌家滩玉器所表现出的精神文化是中国传统文化的根。

古代文献中有许多关于占卜的记录，如《诗经》中有"占梦"一词。《周礼·春官》记载，周代太卜"掌其岁时，观天地之会，辨阴阳之气，以日月星辰占六梦之吉凶"。由这些文献记载或可向上推测凌家滩文化时期上层社会精神领域的生活情景，而从另一方面来看，考古材料也弥补了相关历史文献的空缺。

凌家滩玉器传统文化对中原商周文明传承有直接影响，涵盖了文化、宗教思想，促进了中国哲学"易经"和"八卦"思想的发展，形成了中国传统核心思想的内容。

良渚与凌家滩聚落形态探析

李洁（南京大学历史系）

一、概况

　　良渚文化遗址最早于 20 世纪 30 年代在浙江省余杭县良渚镇被发现。当时的考古人员只是对良渚镇附近的几个地点进行了小规模地发掘①。1959 年，著名考古学家夏鼐才正式提出了"良渚文化"的名称，并很快为人们所接受并沿用至今。一般认为，良渚文化的年代为距今 5300—4000 年。从最早的"良渚镇"遗址，到最近的"良渚古城"遗址②，目前已发掘的良渚文化遗迹（包括遗址、墓葬、祭坛等）已达数百处，主要发现于江、浙、沪三地。其大致分布范围为：东至海滨，南达宁绍舟山象山一带，西抵镇江，北到长江南岸③。其中心区在今余杭市良渚、安溪、瓶窑三镇境内，其中以莫角山遗址为核心的 100 余处遗址内发现有密集的村落、墓地、祭坛等各种遗存，出土物中以大量精美的玉礼器最具特色④。

　　凌家滩文化遗址，位于安徽省含山县铜闸镇西南约 10 公里的裕溪河（后河）北岸的凌家滩自然村，长岗集南部，于 1985 年 6 月被发现。经测定凌家滩文化的年代为距今约 5500—5300 年，是长江下游巢湖流域迄今发现面积最大、保存最完整的新石器时代聚落遗址。该遗址所在地范围涉及铜闸镇长岗行政村所属的凌家滩村、贾庄村和吴庄村三个自然村⑤，面积约 160 万平方米，分为墓葬区、红陶块遗迹区、作坊区和居民生活区等多个区域。自 1987 年以来，安徽省文物

---

　　①　施昕更：《良渚——杭县第二区黑陶文化遗址初步报告》，浙江省教育厅 1938 年刊印。

　　②　2007 年 11 月 29 日，浙江省杭州市考古人员对外宣称：在良渚文化核心区域内发现总面积达 290 多万平方米的良渚古城。

　　③　黄宣佩：《良渚文化分布范围的探讨》，《文物》1998 年第 2 期。

　　④　严文明：《良渚随笔》，《文物》1996 年第 3 期。

　　⑤　安徽省文物考古研究所：《凌家滩——田野考古发掘报告之一》，文物出版社 2006 年版，第 3 页。

考古研究所先后在此进行了五次考古发掘，前三次发掘主要发现墓葬 44 座、祭祠遗址 1 座、祭祀坑 3 个、积石圈 4 处、红烧土遗迹 1 处，出土玉器、陶器、石钻等文物①。第四次发掘除了出土玉器、石器、陶器百余件外，还发现新石器时代红陶块铺筑的大广场一处，面积约 3000 平方米，以及与广场同时建筑并用红陶块砌成的一口古井、两处壕沟、一处石器作坊（粗加工区）堆积和三组巨石遗存②。第五次发掘的主要收获有：发现凌家滩文化的墓葬 4 座、灰坑 3 个以及可能与制作玉石器有关的大面积石块分布场所，出土各类玉、石器近 400 件，其中玉、石器以钺、璜、环、芯、锛为主，并发现大量的玉料和边角料③。五次发掘共发现新石器时代晚期"祭坛" 1 座，墓葬 66 座，大面积红陶块堆筑的遗迹 1 处，古建筑遗迹 1 处，房屋遗迹 1 处，出土玉器、石器、陶器等 1300 多件。

二、聚落形态比较

（一）居住址

1. 良渚文化居住址

（1）选址

自 20 世纪 50 年代以来，良渚文化居住址被陆续发现，如江苏吴江龙南、武进寺墩、昆山赵陵山、吴县草鞋山遗址，上海马桥遗址，浙江吴兴钱山漾、杭州老和山、水田畈、余杭庙前、钵衣山、上口山、莫角山遗址等。根据日本学者中村慎一关于长江下游新石器文化选址问题的研究表明，长江下游新石器时代聚落遗址不是建在江河湖海或其附近，就是建在高地或山麓之上④。从目前的发掘资料来看，良渚文化居住址也不例外。前者如龙南、寺墩、赵陵山、马桥、钱山漾、水田畈、莫角山等；后者如老和山、庙前、钵衣山、上口山等。

（2）房屋建筑形式、做法

从目前的考古发现资料来看，良渚文化的房屋大多建在土墩高地或天然河道附近，有的较大聚落还有河道环绕。其主要建筑形式有干栏式、地面起建式和浅

---

① 安徽省文物考古研究所：《凌家滩——田野考古发掘报告之一》，文物出版社 2006 年版，第 19 页。

② 2000 年 12 月 5 日，人民网。

③ 《江淮晨报》2007 年 7 月 11 日。

④ 中村慎一：《长江下流域新石器文化の研究》，《东京大学文学部考古学研究室研究纪要》第 5 号，1986 年。

穴居房屋等形式。如钱山漾、庙前、慈湖遗址，都曾发现许多竖立的木桩，多为东西排列，有的木桩上还覆盖有竹席、树皮、芦苇等，据推测应为干栏式房屋建筑遗迹。龙南遗址内则发现若干处浅穴式房屋建筑遗迹。而普安桥、双桥、水田畈等遗址则发现了地面起建式的房屋建筑遗迹，甚至在马桥遗址内还发现了木骨泥墙的痕迹①。依房屋间数可分为单间式、双间式和多间式。单间形状多为长方形、方形和圆形，双间多为曲尺形，多间则呈一字形、丁字形等②，多经夯筑。发现的大量柱洞里垫有红烧土、陶片、木板块等作柱基。

（3）平面格局

良渚文化居住址一般位于整个聚落的位置不定，主要分布于墓地以东、以南或以西。和墓地相比，地势多低于墓地。且居住址和墓地相邻。居住址平面多为长方形，一般坐落在河道边。如庙前遗址，通面阔约 11 米，通进深约 9 米。沿河道边发现有一排几十米长的木桩③。居住点彼此相邻，各点面积都较小，一般数百平方米④。有的房址里有内外窖穴，房旁有水井。在昆山绰墩遗址内 F2 的室内靠门道旁还发现有一祭祀坑，长方形，内有一完整动物骨架，该动物可能与建房祭祀有关。灶坑一般位于房址中心或居住面东部，一般近圆形或呈不规则形，上大下小，内填草木灰，坑的周边有烧结硬面。

（4）手工业遗迹

从棋盘坟遗址内发现的红烧土、器型较单一的陶片，水田畈遗址居住址外东南隅发现的由泥块堆砌的火坑，火坑周围有面积较大、厚达 30 厘米的红烧土堆积层，坑内还有不少陶片，以及大观山果园地段平面呈圆形的红烧土坑等来看，都无法确知是否有陶窑。但从良渚文化墓葬出土的陶器来看，应该有陶窑，而且陶窑的规模不大，有可能是直接建在平地或浅坑上⑤。虽然到目前为止，在良渚文化遗址中从未发现过玉器作坊遗迹，但良渚文化却以其数量巨大、品种丰富、工艺繁复的玉器而著称，由此可见，良渚时期的玉器制作必然已成为一个独立的手工业部门。至于石器作坊遗址，从良渚出土的石器大多通体磨光，制作规整，刃部锋利，钻孔技术高超等方面来考察，再加之在良渚文化之前的其他新石器时

①　林华东：《良渚文化研究》，浙江教育出版社 1998 年版，第 108—113 页。
②　良渚文化博物馆：《良渚文化论坛》，江苏古籍出版社 2002 年版，第 73 页。
③　肖永：《良渚文化发现一处居住遗址》，《中国文物报》1990 年 3 月 29 日。
④　黄宣佩：《中国考古学会第一次年会论文集》，文物出版社 1979 年版。
⑤　林华东：《良渚文化研究》，浙江教育出版社 1998 年版，第 125 页。

代考古文化中就已发现过石器作坊址，可推测出良渚文化时期也应有专门的石器制作部门。

（5）古井

水井的开凿，最早始于河姆渡文化的木构水井。至崧泽文化时期，已出现土坑水井。而良渚时代，种类更多了，按其结构特点可分为：土坑井、竹木编扎井圈式井、带木筒井圈式井和木构架式井 4 种。其中，后两种是良渚时期的创新，系由大原木从中对剖成两半，再将两半分别掏空制成圆弧形板，然后将两块拼合，并固定成圆柱形井圈，或用数根原木拼构成井架。它可称得上是后世陶井圈的鼻祖。据不完全统计，目前，已发现的良渚文化水井遗址已达上百处。水井一般在房屋旁边，有的水井中出土大量黑皮罐，颈部系有绳索。

2．凌家滩文化居住址

（1）选址

目前，凌家滩文化遗址发现尚不多。其中，仅凌家滩遗址面貌较清晰。其居住址位于裕溪河的北岸，同时，它还背倚太湖山，亦属上文提到的中村慎一所归纳的两类选址中的一类。

（2）房屋建筑形式、做法

凌家滩文化遗址内发现了目前我国最早的陶质建材——凌家滩红陶块。研究表明，红陶块系黏土原料在 950℃ 以上烧制而成，内层的荷载极限、吸水率接近于现代砖和汉砖。这些分析结果皆支持了考古学家关于凌家滩"红陶块"为砖的雏形的推测。建筑学家杨鸿勋先生也认为红陶块应是现今我们所用各类砖的祖先。而在凌家滩村，被称为"红烧土"的红陶块，却曾被村民用来包咸鸭蛋和预报天气[1]。不论红陶块的古今用处如何，在凌家滩遗址上发现类似"砖"的建筑材料，说明当时应该有建筑存在，可能局部已使用"砖"。只是因为时代久远，没有保存下来，因而也无从得知当时的房屋的建筑形式。

（3）平面格局

居住区海拔高程 6.7 米，祭坛海拔高程 20 米，在居住区和祭坛之间还有一块红陶块遗迹，海拔高程 13—15 米[2]。这也就是说，居住区处于整个聚落的相对

---

① 《新安晚报》2007 年 5 月 21 日。

② 安徽省文物考古研究所：《凌家滩——田野考古发掘报告之一》，文物出版社 2006 年版，第 31 页。

低点。居住区遗址东西长约 2000 米、南北宽约 150 米。现居住区遗址紧邻裕溪河堤坝，在 2000 米长的居住区中间有一座桥架通裕溪河南北两岸①。

（4）手工业作坊遗迹

墓地以西即村公路西边发现许多经过加工的碎石块和石料，还发现用石块铺码整齐的地面遗迹。据推测，很可能是凌家滩时期手工业作坊遗迹。因为在每处石器作坊遗迹边都有一口水塘，而水塘估计应是石器加工切割、琢磨时用水的地方②。

（5）红陶块遗迹

墓地东偏南位置是凌家滩红陶块遗迹区，红陶块遗迹长约 90 米、宽约 30 米，总面积约 2700 平方米，③ 平均厚度 1.5 米，呈梯形分布。专家认为，它可能是大型宫殿或神庙的遗迹，也可能是部落的中心广场。

（6）古井

第四次发掘发现一口古井，位于红陶块遗迹中。其井壁上半部系用红陶块圈成，直径约 1 米，高 1.4 米，深约 3.8 米。据地质专家鉴定，该井用人工建筑材料——红陶块圈壁的方法和技术新颖，是目前国内已知的最早实例，堪称一口真正现代意义上的水井④。

3. 两者关联性比较

（1）从选址上看，良渚文化居住址既有选在江河湖海边的，也有依山而居的，而凌家滩居住址则是依山傍水，两者都没有超出中村慎一"关于长江下游新石器文化选址问题的研究"的范畴。

（2）从房屋建筑形式上看，尽管凌家滩文化遗址到目前为止未发现明显的建筑遗迹，只是发现了红陶土块遗迹、疑似"砖"的红陶片以及在红陶土块遗迹区发现有水井等，但是，从考古发现来看，比凌家滩遗址还要早的其他新石器时代考古文化遗址已有建筑遗迹发现，如：距今约 7000 年的浙江余姚河姆渡遗址就已发现栽柱式地面建筑，系先挖好柱洞，再垫以木板、红烧土或碎陶片等后，于其上加立木柱。由此我们可以推断，凌家滩文化时期一定有房屋建筑。只是和良渚文化遗址相比，凌加滩文化类型的遗址目前还发现得太少，缺乏这方面的资料。

（3）从平面格局来看，凌家滩聚落遗址呈坡状分布，由北向南逐渐降低。墓

---

① 安徽省文物考古研究所：《凌家滩——田野考古发掘报告之一》，第 35 页。
② 安徽省文物考古研究所：《凌家滩——田野考古发掘报告之一》，第 36 页
③ 安徽省文物考古研究所：《凌家滩——田野考古发掘报告之一》，第 35—36 页。
④ 2000 年 12 月 5 日，人民网。

地处于整个聚落的最高点，而居住区则处于整个聚落的相对最低点，且位于墓地的东南面，整个居住区沿河堤呈狭长形。而良渚文化遗址的居住址，虽然无法确定居住址是否处于整个聚落的最低点，但大多数的良渚居住址都比墓葬地势要低。此外，在居住址和墓地的位置关系上，良渚文化似无定律。

（4）从手工业作坊遗迹看，尽管良渚文化聚落已发现很多，但奇怪的是却没有报告提到过作坊遗址是否存在，更无从得知它在整个聚落中的位置。这与良渚文化遗址中出土的大量精美绝伦的玉器、陶器和石器等遗物的情况是不相符的，有待更进一步地发现与研究。而在凌家滩文化聚落遗址中却发现了位于墓地西面的石器作坊遗迹。

（5）从发现的井来看，良渚时期水井的种类是增加了，如土坑井、竹木编扎井圈式井、带木筒井圈式井和木构架式井等，但井圈的做法却只是因袭了河姆渡文化和崧泽文化水井的做法而略加改进，在材料的使用上并没有大的突破。而凌家滩先民却使用了新材料——红陶块制作井圈了。从这个意义上来说，凌家滩文化在制作水井的技术上更进步一些。

（二）墓葬

本文本节讨论的良渚与凌家滩文化墓葬，仅指一般的墓葬，即不包括祭坛之上或祭坛周边的墓葬。祭坛之上及祭坛周边的墓葬将在下节"祭祀遗迹"中进行讨论。

表 1　良渚与凌家滩文化墓葬比较

	良渚文化墓葬	凌家滩文化墓葬
选　址	一般选择在居住址的东、西或北面，且地势较居住址要高。	位于凌家滩聚落区北部的高岗上，高岗地呈北高南低的南北向长方形。墓葬区北部最高，南部较平坦。
形　制	有大、小之分。大墓均埋于土墩之上，一般有土筑高台，平面略呈方形或长方形，高出地面数米或十多米，有在平地上人工堆成和在小山上再加土堆高两种。小墓多埋葬在平地上，也有埋于土墩之上的。多为长方形竖穴土坑墓。	均为长方形竖穴土坑墓，具体可细分为墓壁上下基本竖直和口大底小、四壁向内斜收两种。
埋葬方法及葬具	大体有三种：一是无墓坑也无葬具；二是长方形浅坑埋葬，有葬具；三是深坑埋葬，都埋于高墩，墓内除葬具外，有的还有木椁①。	一般为浅坑埋葬。虽然目前没有发现棺椁遗迹，但是考古人员推测应该有葬具②。

---

① 黄宣佩：《良渚文化特征分析》，载《良渚学文集 1949—2001·综论》，国际良渚学中心编，第 58 页。
② 《安徽商报》2007 年 7 月 3 日。

	良渚文化墓葬	凌家滩文化墓葬
随葬品	多寡不一，也有无随葬品的。一般墓葬的随葬品数量为三至八件，多为陶制生活用具，个别有石制生产工具和小件玉器。大墓的随葬品丰富，玉器占很大比重，尤以玉礼器为多，陶礼器次之。	有大、中、小之分。大墓随葬品以玉石器为主，尤以玉礼器为多，陶器次之；中、小型墓以石器和陶器为主，玉器次之。
墓主人	大墓的墓主人生前社会地位显赫，当为氏族显贵，并且占有大量财富和奴隶。	墓地最南部的大墓的墓主人基本是生前有身份、有地位和有财富的。
人　殉	有奴隶殉葬。	未发现有殉葬现象
葬　式	一般为仰身直肢，多为单身葬，也有附属二次葬。头向东南或南。	由于人骨保存差，无法确知其葬式。
埋葬位置	较分散。一般分布在居住址附近的平地或土墩上。一般仅几座墓在一起。	墓葬分布情况不详。

由表1，我们可以发现：

其一，良渚与凌家滩文化墓葬在选址上都选择地势较高处，突出祖先地位，体现祖先崇拜思想。从目前的考古资料来看，无论是良渚还是凌家滩墓地，都没有发现位于居住址南部的。如良渚文化的马桥、广富林遗址，墓地位于聚落的西面；绰墩遗址的墓葬位于聚落的东南部等。似乎"居住址的南面"具有特殊意义，有特定的用途。或许是聚落活动区或手工业作坊址也未可知。

其二，在墓葬形制上，两者差别不大，均为长方形土坑竖穴墓。但良渚文化的大墓与小墓形制完全不同——大墓有土筑高台，小墓直接埋于平地。而凌家滩文化墓葬无论大小，都和良渚文化的小墓一样，即在平地上直接挖坑掩埋的。

其三，良渚文化墓葬从无墓坑无葬具到深坑并且有椁之类的葬具，形式多种多样。这不仅反映出良渚文化墓葬早晚的差别，也反映出规格不同的墓所埋葬的墓主人的身份、地位的差异。而凌家滩文化墓葬虽有大小之分，但是单从埋葬方式上看，体现不出墓主人的身份、地位差别。

其四，随葬品方面，两者有着惊人的相似之处。大墓和小墓的随葬品情况基本相同，即大墓都以出土玉器为主，尤以玉礼器为多，陶器次之；而小墓的出土物以陶器为主，玉器次之。两者出土的部分玉、石、陶器在形制上也非常相近，如玉器的环、璜等。大、小墓在随葬品方面的差别反映出墓主人的身份与地位的悬殊。

其五，良渚文化墓葬已发现人殉，如花厅、赵陵山遗址，都发现有用少男、少女或幼儿来作人殉和人祭的现象。而凌家滩文化墓葬却未发现人殉。这说明良渚时期的阶级分化、人与人之间不平等的现象更突出。

其六，由于凌家滩文化"有关葬式和一般墓葬的分布情况"尚未公布，因而无法与良渚文化进行比较。这一部分将留待相关资料公布后再行研究和探讨。

（三）祭祀遗迹

1. 良渚文化

（1）祭坛

良渚文化祭坛大体可分为两类：一类是瑶山式的，一类是福泉山式的，它们都具有祭祀和墓地两种功用①。

前者如瑶山、汇观山等。瑶山祭坛是倚靠山势建筑在山顶上，平面呈方形，表面为缓坡状。分内外三重结构，中心一座平面呈方形，再往外是环绕中心的土围沟，最外一重是在灰土围沟四周以黄褐色土筑成的土台，上铺砾石。主要用土建造，砾石仅为辅材。其南部埋有墓葬共 12 座，分南北两列排列，北列 5 座，南列 7 座。均为竖穴土坑墓，已使用木质棺椁之类的葬具。随葬品多寡不一，从12 件到 160 多件不等，以玉器为主，包括玉琮、玉钺等玉礼器②。由于 12 座墓葬全部打破祭坛，表明建坛的时间早于墓葬。汇观山祭坛平面呈长方形，亦分内外三重，且明显存在两级形式。墓葬在祭坛的西南部，为长方形土坑竖穴和梯形竖穴墓坑，随葬品也很丰富，出土琮、璧、钺、三叉形器、冠状器等重要玉礼器及陶石器共 250 余件（组），棺椁齐备。

后者如福泉山、寺墩、草鞋山等。福泉山祭坛，高 6 米，南北宽 84 米，东西长 94 米。表面为阶梯状，有层次，但不够规范；全用土建造，无其他辅材，整个祭坛表面均被火烧过，并撒有介壳屑③。

（2）祭祀坑

不是所有的良渚文化祭坛都有祭祀坑，有祭祀坑的祭坛只占一小部分。如海盐西塘桥镇的王坟遗址，发现了 14 座"祭坑"④，均为东西方向，排列有序，坑内填有黄土，无其他遗物。福泉山也发现有祭祀坑，位于良渚文化墓地的北侧。祭祀坑中心有一长方形土台，台上埋有大墓⑤。

---

① 贺云翱：《良渚文化"祭台"遗迹浅论》，载《上海博物馆集刊》第六期，1992 年。
② 浙江省文物考古研究所：《余杭瑶山良渚文化祭坛遗址发掘简报》，《文物》1988 年第 1 期。
③ 黄宣佩：《福泉山遗址发现的文明迹象》，《考古》1993 年第 2 期。
④ 刘斌：《海盐发现一处崧泽文化晚期至良渚文化早期祭祀址》，《中国文物报》1994 年 12 月 25 日。
⑤ 黄宣佩、张明华：《上海青浦福泉山遗址》，《东南文化》1987 年第 1 期。

（3）积石圈

到目前为止，尚未发现良渚文化祭祀遗迹中有积石圈。但是，在瑶山祭台上铺有砾石。

（4）祭坛之上及其周围的墓葬

良渚祭坛之上或其周围一般都有墓葬，且墓葬的年代一般都晚于祭坛。如：瑶山12座墓全部打破祭坛，说明建坛的时间早于墓葬。

祭坛与墓葬的关系一般为墓葬在祭坛的南或西南，个别在东和北面。如：瑶山墓葬在祭坛的南西，而汇观山墓葬在祭坛的南面，福泉山的墓葬在祭坛的东面和北面。

祭坛之上或其周围的墓葬均为竖穴土坑墓，在形制上和良渚其他墓葬相同，只是在规模上更大，随葬品更丰富，有的棺椁齐备。随葬品中又以出土大量的玉礼器为特色，几乎所有与祭坛有关的墓葬里都出土了玉礼器。如：瑶山祭坛南部的12座墓，均为竖穴土坑墓，已使用木质棺椁之类的葬具。随葬品多寡不一，从12件到160多件不等，以玉器为主，包括玉琮、玉钺等玉礼器[1]。汇观山祭坛周边亦发现墓葬，为长方形土坑竖穴和梯形竖穴墓坑，随葬品也很丰富，出土琮、璧、钺、三叉形器、冠状器等重要玉礼器及陶石器共250余件（组），棺椁齐备。福泉山遗址与祭坛有关的16座墓葬随葬大量精美玉器、陶器甚至象牙器，有的还使用人牲。

良渚文化祭坛周边的墓葬一般均排列有序，如：瑶山墓葬分南北两列排列，北列5座，南列7座。赵陵山遗址60余座墓葬均亦排列有序，层次分明。

2．凌家滩文化

（1）"祭坛"

凌家滩遗址"祭坛"（目前考古学界对它是否应为"祭坛"尚存疑问，为了便于比较，本文暂根据发掘者的报告所述，仍将其称为祭坛）于1998年秋被发现，坐北朝南，北倚太湖山，南临居住址。整个"祭坛"位于凌家滩墓地的中心偏北，并且处于遗址的最高处。祭坛呈长方圆角形，西高东低，坛高15米，面积约为1200平方米。"祭坛"分为三层结构，从上至下分别为：

第一层：灰黄色土，厚10—36.3厘米，距地表深20—45厘米，表面较平整，由大小不一的小鹅卵石、小石英碎块颗粒、小黑色玛瑙颗粒与黏土搅拌铺垫

---

① 浙江省文物考古研究所：《余杭瑶山良渚文化祭坛遗址发掘简报》，《文物》1988年第1期。

而成，中间杂有红烧土颗粒和碎陶片，似现在的三合土，祭坛表面发现 3 处"祭祀坑"和 4 处"积石圈"。

第二层：灰白色泛黄色胶泥状土，厚 0—25 厘米，距地表深 35—110 厘米，含有较大石块和大量长约 1 厘米的石英、大粒黄沙及硅质岩类小石子，不含陶片，夯筑。

第三层：黄斑土，厚 10—35 厘米，距地表 25—140 厘米。不含杂物，土质紧密坚硬，似夯筑。据发掘者称该层应是建造祭坛时铺垫之用①。

凌家滩"祭坛"的这种建筑方法和风格具有强烈的地方特色，在安徽属首次发现。

（2）祭祀坑

凌家滩文化遗址共发现 3 座祭祀坑，均为长方形，坑口尺寸不大，坑内多有小石子。其中 1 号"祭祀坑"出土 2 陶豆、1 陶盆、1 器盖以及一小段兽骨。2号"祭祀坑"出土 1 石钺。3 号"祭祀坑"内虽未发现遗物，但此坑与"祭坛"应属同时建成，似有特殊用途而且位置固定②。

（3）积石圈

在凌家滩"祭坛"遗址的第一层共发现 4 处积石圈，均用大小不同的石块围成，其形状为圆形、近似长方形两种。其中，圆形积石圈直径 50—110 厘米，长方形积石圈直径 140—160 厘米。

（4）红烧土遗迹

在"祭坛"东南面还发现一处面积约为 40 多平方米的红烧土遗迹，据称，应与"祭坛"有关，可能是埋葬或祭祀时用火的地方③。

（5）"祭坛"周围的墓葬

"祭坛"周围还分布有一些墓葬，均为土坑竖穴墓，未发现棺椁痕迹。其中，大墓位于祭坛南面，自东向西一字排开，并且出土玉器较多，陶器次之；中、小型墓则以石器和陶器为主，玉器次之④。而"祭坛"西面和北面的墓葬，多出石器、玉芯等，其布局似有一定规划，从平面看基本是围绕"祭坛"而葬，应和

---

① 安徽省文物考古研究所：《凌家滩——田野考古发掘报告之一》，文物出版社 2006 年版，第 29—30 页。

② 朔知：《凌家滩"祭坛"遗迹试论》，《凌家滩文化研究》，文物出版社 2006 年版，第 176 页。

③ 安徽省文物考古研究所等：《安徽含山县凌家滩遗址第三次发掘简报》，《考古》1999 年第 11 期。

④ 安徽省文物考古研究所等：《安徽含山县凌家滩遗址第三次发掘简报》，《考古》1999 年第 11 期。

"祭坛"属同一时期①。总体而言，墓葬主要分布在"祭坛"的北部和南部及其西侧、南侧，排列无序，和祭坛之间的关系并无规律可循②。

（6）建筑遗迹

"祭坛"上似乎有地面建筑，但因破坏严重，现只残存一些建筑基础遗迹③。

3. 两者关联性比较

（1）从祭坛的形制上来看，凌家滩"祭坛"既不同于良渚的瑶山式，也不同于良渚的福泉山式，它有其自身的特点。但是，从它在整个聚落的位置来看，和良渚的寺墩遗址类似，都是位于整个聚落的中心部位，而且都处于遗址的最高处。

（2）凌家滩发现的3座祭祀坑，2座出土陶、石器及兽骨等遗物，1座未发现遗物。而良渚文化的祭祀坑内一般无其他遗物。但福泉山的祭祀坑内却埋有大墓。凌家滩和良渚文化的祭祀坑年代与祭坛属同时代的产物。

（3）在凌家滩遗址内还发现有积石圈，而良渚文化祭祀遗迹内没发现过积石圈，只是在瑶山祭坛表面铺有砾石。然而，具有类似现象的还有牛河梁红山文化遗址，曾发现过积石冢，也就是在墓上积石，以前在辽东地区也曾发现过。或许凌家滩的积石圈和牛河梁的积石冢一样，有着特殊的功用。又或许这只是凌家滩文化所特有的东西，是祭祀或是占卜，还是代表其他意思，目前还无从考证。

（4）良渚的福泉山祭坛，整个表面均经火烧，而凌家滩"祭坛"的东南面也发现有红烧土遗迹。由于福泉山祭坛的性质已得到公认，那么，凌家滩这一现象与福泉山类似，说明凌家滩所发现的这一处祭祀遗迹，是"祭坛"的可能性很大。

（5）无论是良渚祭坛，还是凌家滩"祭坛"，其周围分布的墓葬均为土坑竖穴墓。良渚祭坛周围分布的均是大墓，出土物非常丰富，有的棺椁齐全。而凌家滩"祭坛"周围的墓葬有大、小之分，大墓位于祭坛的南面，而小墓位于祭坛的西、北面。并且，大、小墓葬的出土物也相差甚远。大墓以出土玉器为主，尤以玉礼器为多；小墓则多出土石器和玉芯等。良渚祭坛周围的墓葬一般要晚于祭坛，也有与祭坛同时的。而凌家滩"祭坛"与其周围的墓葬基本属于同一时期。

---

① 朔知：《凌家滩"祭坛"遗迹试论》，《凌家滩文化研究》，文物出版社2006年版，第176—179页。

② 周玮：《安徽凌家滩"祭坛"的初步研究—兼及良渚文化祭坛》，《凌家滩文化研究》，文物出版社2006年版，第140页。

③ 张敬国：《含山凌家滩遗址第三次考古发掘主要收获》，《东南文化》1999年第5期。

（6）至于祭坛上有无建筑遗迹问题，良渚祭坛到目前为止未发现任何迹象，而凌家滩也只是发现一些建筑基础遗迹，因而无法对两者进行比较。

三、结论

聚落形态研究是考古学研究中的一个新领域。良渚和凌家滩文化遗址作为长江流域两个比较典型而且相邻的聚落遗址，它们各自所表现出的聚落形态虽有相同之处，但也有许多不同之处。从目前来看，在两者的聚落区内都发现了居住址、墓葬和祭坛三种遗迹，这三种遗迹在整个聚落中的位置不尽相同。通过以上比较，我们可以得出：

（一）良渚文化聚落布局有两种：

1. 有祭坛的聚落。一般祭坛位于聚落中心，且占据最高点的位置。祭坛周围分布有同时期或稍晚的大墓，围绕祭坛排列。居住址的位置不固定，一般分布于祭坛周边的墓葬的外围，地势处于聚落的相对低点，且一般居于河道旁或背倚山岗。

2. 无祭坛的聚落。一般墓地和居住址紧邻，墓地亦高于居住址。居住址的位置也不固定。这可能是由居住址或墓葬的选址要求所决定，故而要因地制宜，所以无一定规律可循。

（二）凌家滩文化聚落布局

"祭坛"的位置和良渚聚落一样，处于整个聚落的中心，"祭坛"以北为墓葬区，以南为居住区，在"祭坛"与居住区之间还有一块疑似宫殿或神庙或部落中心广场的遗迹。整个聚落由北到南逐渐降低，呈坡形分布。墓葬区处于整个聚落的制高点，而居住区则是整个聚落的最低点。

（三）两者所反映出的聚落形态差异

尽管两者在整个聚落选址问题上所反映出的思想很接近，但从各个功能区所处的位置来考察，两者又存在明显差异。在良渚聚落中，祭坛处于最高点，说明祭坛在良渚人心目中的地位是至高无上的。据研究，良渚祭坛既是祭祀场所，又是聚落中身份地位特殊的人的埋葬之所。和良渚聚落相比，凌家滩聚落的"祭坛"没有墓葬区地势高，这可能表示：凌家滩人更加注重祖先。而在墓葬区内又以靠近"祭坛"且居中的墓规格最高，这说明其墓主人的身份地位也最特殊。

（四）两者关联性问题探讨

在居住址和墓地的位置关系上，良渚文化似无定律，但根据江苏昆山的绰墩遗址中同时发现的前后相继的马家浜、崧泽、良渚三种文化的居住址和墓葬的位置关系显示，良渚文化居住址位于墓地的西北面，正好与良渚文化的源头——距今 5800—5100 年的崧泽文化以及崧泽文化的源头——马家浜文化的墓葬区和居住区的分布情况相反。而凌家滩文化遗址的居住区与墓葬的位置关系却与崧泽和马家浜文化的情况相同。这似乎在暗示：凌家滩文化聚落的布局可能受到崧泽或马家浜文化的影响，或沿袭或继承了崧泽和马家浜文化的聚落布局。如果真如此，那凌家滩文化和良渚文化就应是"一个母枝下的两个分枝"。当然，由于资料有限，这一结论还有待日后进一步研究和探讨。

再论良渚文化"古城"的性质与年代

林华东（浙江省社会科学院）

学术乃天下之公器，真理是越辩越明。《新京报》日前曾刊发社论指出："科学能否得到发展，关键就在于人们能否在一个相对自由，宽松的环境中充分发挥其创造力"，"因为创造不是人云亦云，它不臣服于既有的金科玉律，而是必须在不同寻常的探险中收获惊喜"。新任中国考古学会理事长张忠培教授日前指出："中国考古学会就是要提倡实事求是或务实求真和艰苦奋斗的学风，就是要营造能够自主、自由思考和百花齐放、百家争鸣的学术环境，就是要倡导学者人格要独立，学术研究要自由，学会组织要民主"。① 这些至理名言对今日的我们，确具有指导意义。

2007 年 11 月 29 日，浙江省文物局和杭州市政府举行新闻发布会，正式对外宣布一个重大考古新发现：在余杭区瓶窑镇莫角山四周发现了一座距今约 5000 年的完整良渚文化古城的城墙基址，其平面范围略呈圆角长方形，为正南北方向，东西城墙基址长约 1500—1700 米，南北长约 1800—1900 米，面积达 290 多万平方米。某些考古学家给予了高度评价，指出良渚古城是目前中国所发现的同时代城址中规模最大、最为完整的一座，堪称"中华第一城"。同时，也是继殷墟之后，中国考古学界又一石破天惊的重大发现。此新闻一经发布，杭州市和浙江省内外的各家媒体和网络就此进行了广泛的采访和宣传报道，有的媒体甚至说中国最早的朝代或将被改写，在国内外产生了极大的轰动效应。2008 年 3 月 28 日，《中国文物报》报道了在杭州举行的"良渚古城考古工作与发展目标规划"专家论证会（出席者有 30 余位，有报道称是"国内顶尖专家"），又进一步宣称"古城的发现，在中华文明起源的研究进程中具有不可替代的作用，极大地推动了中国文明史研究进程和考古学发展，具有里程碑式的意义，是可以载入中国考

---

① 《没有学术自由就没有科学创造》，《联谊报》2008 年 11 月 6 日转载；李政、朱乃成：《促进中国考古学的发展——访中国考古学会第 5 届理事会长张忠培》，《中国文物报》2008 年 11 月 21 日。

古学发展史册的重大发现"。①

    确实，这一考古新发现实在太重大了，说他是石破天惊并非过誉。所以，当我于 2007 年 11 月 30 日看到有关新闻后，心情十分激动，深为浙江省文物考古所同行所取得的重大成就而高兴；同时也为自己在 1998 年便已提出"今后可能会发现良渚文化中晚期的城址"之主张感到欣慰。②

    因之，我便先后多次前往实地认真考察，并搜集阅读各种有关报道。经过一番冷静思考后，我却产生了不少疑问。2007 年 12 月中旬，《观察与思考》杂志向我约稿，拟进行宣传报道，适逢我外出云南，因之便在电话中谈了自己的不同意见。2008 年 1 月 3 日，我应浙江电视台《新闻超市》栏目之邀，率先对良渚古城谈了一些自己的看法，提出了还有许多悬疑无法解释清楚，结论似乎下得太早的观点。

    我的看法播出后，支持者有之，反对者也不乏其人。加上其时《观察与思考》杂志发表了戚永晔记者的采访文章《"良渚古城"八大悬疑》，文中刊有对著名学者葛剑雄教授的电话采访，葛教授曾针对报刊、网络上的良渚古城热发表了看法："只能等有充分的证据，水到渠成，才能真正为古城正名。目前为时尚早，还是谨慎些为好"。戚文还指出："良渚古城"从开始的"狂热追捧冷静下来之后，回过头来想一想：对大多数人来说'一夜之间，凭空出现'的良渚古城，还是留给我们很多疑问"。③ 后来，在《观察与思考》杂志的邀约和众多师友提议之下，我便写了《良渚发现的并非古城——良渚文化"古城"献疑》一文，亮明了自己的学术见解。④ 谁知此文一经刊发，浙江和全国多家网站及报刊，纷纷转载或摘要报道。其后，罗以民研究员又发表了《证伪"良渚古城"》一文⑤，更加引发了一场盛大的社会反响和学术争论。

    2008 年 3 月 27 日，上海《社会科学报》分别发表了特约记者寒笙《"良渚古城"拷问学术良知》和布路洛《杭州"良渚古城"论争的来龙去脉》两篇文

---

① 李政：《专家论证良渚古城考古工作与发展目标规划》，《中国文物报》2008 年 3 月 28 日。
② 林华东著：《良渚文化研究》，浙江教育出版社 1998 年版，第 482 页。注：原文是"目前，在黄河中下游地区和长江中游的江汉地区都发现有龙山时代（有的年代还要早）和屈家岭文化时的城址，假如我们把与之文化面貌毫不逊色的良渚文化纳入这一背景中去考察，相信在今后可能会发现良渚文化中晚期的城址，也许不再是荒诞不经的神话。"
③ 戚永晔：《"良渚古城"八大悬疑》，《观察与思考》2008 年第 1 期。
④ 林华东：《良渚发现的并非古城——良渚文化"古城"献疑》，《观察与思考》2008 年第 3、4 期。
⑤ 罗以民：《证伪"良渚古城"》，《观察与思考》2008 年第 5 期。

章，前者独家专访了中国历史地理学权威陈桥驿教授，陈教授指出："考古如果不懂地质学、地理学（特别是第四纪）、历史地理、文献学、水利史及使用现代综合科技手段……，而只知道挖，再加上主观霸道，那搞错就难免"；"所谓'良渚古城'实属无稽之谈"。后者则对这场争论的来龙去脉进行了客观报道，同时也指出应倡导学术讨论的民主和自由。① 其后，上海《新民周刊》也刊发了霍世杰、杨江的采访文章《良渚古城："一堆石头"引发争论》，对良渚古城"质疑派"和"支持派"又进行了专访报道②，可以说争论至今仍未平息。

也许是惯性使然，或是不屑一顾，抑或其他什么原因，争论很大的"良渚古城"，在 2008 年 4 月被权威专家肯定，入选 2007 年度全国十大考古新发现。③ 2008 年 7 月，《考古》杂志刊发了良渚古城发掘简报④，最终才使我们看到来自考古部门的权威报告。然而我在详细阅读原文并密切关注考古发掘信息之后，却对"良渚古城"的真实身份仍未释怀，本着恪守学术良知与百家争鸣的原则，再论于下，以求教于方家。

一、关于四面城墙是否围合成一体问题

众所周知，莫角山不仅发现有礼仪性建筑基址，而且高等级的反山墓地就在其西北隅；瑶山、汇观山祭坛和显贵者墓地，以及多达 135 个点的良渚遗址群也分布在其附近，显示出莫角山遗址为良渚文化中心是学术界的共识，而良渚社会生产力也足以反映其筑城条件应已具备。但当时城墙形态特征和位置何在？以及能否围成一体？是不是正如考古发掘简报所说的那样？还都有深入探讨的余地。

因为我们看到的这一周长达 6600 多米，墙宽约 40—60 米的"良渚古城"，考古发掘的探沟只有 8 处（见附图），即西城墙的白原畈和葡萄畈段 4、南城墙的正东山段（南 TG1）1、东城墙的外逃顶段（东 TG1）1、北城墙的馒头山段 1（北 TG1）和中段 1（北 TG2），不但发掘面积相当小，而且其中解剖贯穿城墙的

---

① 寒笙：《"良渚古城"拷问学术良知》，《社会科学报》2008 年 3 月 27 日；步路洛：《杭州"良渚古城"争论的来龙去脉》，《社会科学报》2008 年 3 月 27 日。

② 霍世杰、杨江：《良渚古城："一堆石头"引发争议》，《新民周刊》2008 年第 17 期（2008 年 4 月 28 日—5 月 4 日）。

③ 《2007 年度全国十大考古新发现》，《中国文物报》2008 年 4 月 1 日；金毅：《良渚古城入选 2007 年度全国十大考古新发现》，《钱江晚报》2008 年 4 月 9 日。

④ 浙江省文物考古研究所：《杭州余杭区良渚古城遗址 2006—2007 年的发掘》，《考古》2008 年第 7 期。

探沟仅 2 条（即南城墙正东山段和西城墙白原畈段各 1 条），东城墙和北城墙的探沟都没有贯穿城墙内外。特别是判断其"四面围合的封闭式的遗迹现象应属城墙"之说，更是全靠探铲钻探而得出的结论。① 我们应清楚深埋地下的城墙遗迹及遥感地学史迹复杂多样，以石块为标志的四周城墙基础是否同时铺垫？是否确实围成一周？都尚待今后发掘确认。就我们所知，"良渚古城"北面 2 里许的卢村南姚家墩和东北面 3 里许的凤凰山脚等遗址，以及"塘山土垣"遗址（详后），也发现有铺块石或卵石的遗迹②，并非仅有城墙位置才有。此外，在扁担山和卞家山还见有类似"土垣"的迹象，地形地貌较为复杂。

又据参与"古城"发掘者之一的浙江省文物考古研究所王宁远副研究员提供的信息得知，城墙基础"铺石面宽度多为 40 米—60 米，局部宽达百米。大部分地方铺石面两端下斜……普遍发现紧贴城墙分布的河道，显为护城河。在西、东面贯穿城墙的剖面显示墙内侧也存在着类似结构的内河道，显示古城墙采取了'夹河筑城'的营建模式，铺石面两端则常以较缓的角度深入到内外河道边。"③文中所云城基铺石面"宽度多为 40—60 米，局部宽达百米"，不仅全国从无发现过先例，而且与古代城墙建筑绝不相符，实在无法令人信服是显而易见的，这便是我否定古城性质的关键。

我们还应提请大家关注的是：解剖探沟暴露出来的四面城墙结构形态，其实并不完全相同。如西城墙白原畈段探沟所见的城基石块，好像是抛填而非铺垫砌筑有序；其中还有一段被人为分开如同便于行走的"路"。南城墙正东山段铺垫的石块疏密不一，疏者用抛填，而密集的地方（靠中部）可见采用不同质料的块石砌成条垄状。东城墙外逃顶段铺垫的石块（多用抛填）墙基呈外高（东）内低（西）倾斜，高差很大。北城墙中段（北 TG2）铺垫着密集的城墙基石，并略向内（南）倾斜，外侧（北）墙面砌筑有数层护坡石块，比较陡，上下高差

　　① 浙江省文物考古研究所：《杭州余杭区良渚古城遗址 2006—2007 年的发掘》，《考古》2008 年第 7 期。

　　② 费国平：《浙江余杭良渚文化遗址群考察报告》，《东南文化》1995 年第 5 期；浙江省文物考古研究所：《良渚遗址群》，文物出版社 2005 年版。华东按：姚家墩遗址原文说"发现有用块石铺底，中间有一层砂质较多的黄石层"。凤凰山脚（008）遗址 T1，第 4 层是"面铺卵石块，层面由西北往东南倾斜"；T2 第 5 层"分布于西北大部和东南角，西北部的层面有较多卵石铺陈。"注意：这里铺陈所用多为卵石，并非古城那种棱角分明的块石。

　　③ 王宁远：《关于良渚古城城墙的几点认识》，《良渚文化论坛》（良渚文化博物馆编），浙江摄影出版社 2008 年版。

达 1 米以上，与其他三处差异最大。再者，城墙如为同时规划兴筑，其墙体宽度应该较为规整统一，误差不会太大，可良渚古城的墙基宽度是在 40—60 米，甚至"局部宽达百米"，何以会相差如此之大呢?! 更何况《简报》中所画城垣并不规整一致，有的城垣呈直角转折，甚至还有"马面"，这样的城垣及其所采用的堆筑（不用夯筑或拍打）方法有可能吗?!

此外，曾有人主张"良渚古城是内城"，在其西北 2 公里处长约 5 公里的塘山土垣，即为良渚古城的外城墙，相当于北京城；还有报刊甚至说此古城内外共有三道环绕的城垣[1]，这其实并无什么实据。再者，据张立、刘树人先生的遥感地学调查推测，这里至少就分布有三座小古城，足见其地下遗迹十分复杂。[2]

因之，所谓"良渚古城"四面城墙是否同时所为? 是否能围合成一周的整体? 都存在着疑问，靠探铲取得的证据，还是不宜急着下结论为好。

二、关于人工开采石块的问题

"良渚古城"的底部基础（墙基）因都铺垫着一层石块，从而成为判断城墙的一大证据。但此种石块大小差别并不太大，质地坚硬，小部分为天然的石头（砾石）或鹅卵石，大部分则是表面棱角分明的人工开采而来的石块，这是大家公认的事实。于是，"人工开采石块问题"遂成为判断古城性质的争论焦点。

一般说来，良渚之时要开采石块并不是完全达不到的（只是代价太大）。但是我们应该看到良渚古城墙基宽 40—60 米，"局部宽达百米"，周长 6600 米（尽管有小部分使用天然砾石），所用石方量是非常惊人的。既要人工开凿（注意：城垣所用块石表面都有棱角，应是从山体开凿而来，并非只将天然砾石破开而成），又要人力搬运，工程是何等浩大! 至于开采石块的方法，有人说可用玛瑙石刻划石头使之破裂；也可以采用积薪烧烤石矿，待高温后泼上冷水使之爆裂的

① 蒋卫东：《余杭良渚遗址群内的良渚文化古城》，《中国文物报》1999 年 1 月 13 日；陈奕：《专家不反对这样比方——它的功能相当于紫禁城》，《都市快报》2007 年 12 月 14 日；杨晶：《走近良渚古城》，《良渚文化论坛》，浙江摄影出版社 2008 年。

② 良渚古城的所谓三道环绕的城垣，最内圈的城垣是环绕在莫角山四周，系张学海先生以钻探资料得出认识（详见张学海：《论莫角山良渚文化古国》，载《张学海考古论文集》，学苑出版社 1999 年出版），但此说多未被考古学界认同。居中的城垣即本文所论的古城（内城），为刘斌先生的发现。最外圈的城垣（郭城）指塘山土垣，蒋卫东先生主此说（详见《良渚遗址群内的良渚文化古城》，《中国文物报》1999 年 1 月 13 日），但都尚在探索中，未被学界首肯，详见下文。张立、刘树人：《浙江余杭瓶窑、良渚地区遗址的遥感地学分析》，《考古》2002 年第 2 期。

方法；还有人说可以用石头砸石头使之破裂，等等。凡此种种，费工、费时、费力，效果非常不好是可想而知的，何况人工开采来的石块大多未见刻划痕和烧灼迹象等。更有许多人以玉器及石器的加工制作技术来批驳质疑者，其实加工玉器（含石器）与人工开采石块不可相提并论，因为玉器和石器可利用裸露在地面上的玉（石）矿（块）来加工，更何况其体型小，而且数量也少。尤其玉器是属上层贵族使用的礼器、法器或装饰品，功能很神圣，石器又是必要的生产工具，必然是不惜代价来进行制作。而人工开采的石块，不仅体型大，而且用量惊人，特别是它又是用作极其普通的铺垫城墙基础，两者有着天壤之别。史前良渚先民为铺墙基而去开凿费力费工且用量巨大的石块，有此必要吗？这有可比性吗?!

此外，尽管瑶山良渚文化祭坛也砌筑有石坎，但所用之石多为略呈圆形的天然鹅卵石（或砾石），与良渚城基所见棱角分明的人工开采块石明显有别。

三、关于城墙结构问题

总体说来，古代城墙的基础往往要比城墙稍宽（上窄下宽），城墙的高度则与城基的宽度成正比，即城基越宽，城墙就越高，同时城墙的外壁也应该较陡峭，这样才有利于防卫。而现在人们看到的良渚古城墙基础是以铺垫人工开采的石块为标志，宽度多为40—60米，那么如按常规计算，当时城墙的高度至少也应有30—50米。当然，史前城墙高度与城基宽度的比例不一定符合后来的规矩，但从军事防卫功能来看，如此之宽的良渚古城墙基础，当时城墙至少也应有8—10米之高。倘若以此为标准，四周总长6600米（王文称"约7000米"）所用的土方量之巨大可谓惊人，这在我们今天看来都是超巨型的浩大工程。有关专家对那么多黄色黏土来历的解释是："来自周边的山上"，那么在没有推车只用手提肩背的当时，城基有必要建得如此宽大吗？何须役使庞大的劳力来兴建如此浩大的工程？从建造城墙是为了军事防卫的性质分析，良渚古国的上层贵族，大可不必无效地大量耗费民力与工时，来堆筑这一超负荷的工程。至于城墙上架设木栅栏，人住其上防守的推测，也令人无法信服，因为人攀登木栅栏已非难事。

又据简报称，解剖南城墙后获知，"表土以下即为城墙堆筑土，现存高度约1.8米。先在生土上铺垫一层青胶泥，然后铺垫石块，再在石块上堆筑黄土。"从保存最好的北城墙TG2探沟剖面表明："墙土部分根据土质、土色的差别，自上而下可分成7个大层。其中，墙7层为石头地基以下的黑色胶泥，是筑墙时直接铺垫在生土上面的基础层。其上的墙6B层为铺底石层，厚0.2—0.4米。此处的铺底石面外缘高而向内倾斜，块石大多棱角分明，应是人工开采而来，叠压着墙 6B 层的依次为墙 6A、墙 5、墙 4、墙 3、墙 2、墙 1，这些层次都属于墙体的堆土部分。各层堆土根据土色的细微差异，还可以分成若干亚层。各层堆土普遍较纯净而致密，不含陶片等遗物，应是从附近山上搬运黄色生土，在短时间内堆筑而成。在堆筑层中间有砂石或青灰土的条块状堆积，应起到加固作用"。①

由上所引可知，良渚"古城"铺底石层之下至生土面上之间，南城墙是"铺垫一层青胶泥"，北城墙 TG2 则是"黑色胶泥"，不仅未见先挖城墙基槽（这是其他史前城址较常见的现象，如山西襄汾陶寺城址②、郑州西山仰韶文化晚期城址③都是如此）或先整平地面，以使城墙基底坚固，如其基底铺垫青胶泥或黑色胶泥，效果反而更加不好（因其泥土十分松软）。其实，所谓青胶泥或黑色胶泥层，正可透露出城基所在原应是与水密切相关的低洼湖沼或水流地带，而非人工的有意"铺垫"，故而在筑城墙时先在其上抛填或铺垫石块以巩固基础。

继从城墙结构研究，良渚城墙宽达 40—60 多米，"也许城墙实际高度要在 10 米左右"④，墙体则被认定是"从附近山上搬运黄色生土，在短时间内堆筑而成。"可是，莫角山大型礼仪性建筑基址显示，良渚之时业已具备夯筑技术与夯具，为何在多雨潮湿的江南水乡，竟然在不使用夯筑或板筑压实方法之下，居然能堆筑起高约 8—10 米的城墙而不致坍塌？何况城墙上有的设有"马面"，有的则有直角转折？北城墙堆积层中见有"砂石或青灰土的条块状堆积"，何以能"起到加固作用"？尤其是高约 4 米，保存较好的城墙地段的外侧坡，既不见如郑州西山仰韶文化晚期城址"外坡直接用木棍打实"痕迹⑤，而且也并不陡峭（其他地段城墙外坡均很平缓，坡度为 30—40 度），这样如何能起到军事防卫功能？倘若良渚古城的城墙高约 10 米，其墙基负荷应该是很大的，然而建在土质松软（青胶泥、黑色胶泥层）之地的铺垫石块的墙基面，为何不见凹陷现象？东城墙（东 TG1）和北城墙（北 TG2）所见铺垫石块的墙基面，为什么又有明显的倾

①　浙江省文物考古研究所：《杭州余杭区良渚古城遗址 2006—2007 年的发掘》，《考古》2008 年第 7 期。

②　中国社会科学院考古所山西队等：《山西襄汾陶寺城址 2002 年发掘报告》，《考古学报》2005 年第 3 期。

③　杨肇清：《试论郑州西山仰韶文化晚期古城址的性质》，《华夏考古》1997 年第 1 期。

④　霍世杰、杨江：《良渚古城："一堆石头"引发争议》，《新民周刊》2008 年第 17 期（2008 年 4 月 28 日—5 月 4 日）。

⑤　杨肇清：《试论郑州西山仰韶文化晚期古城址的性质》，《华夏考古》1997 年第 1 期。

斜，高差达 1 米多？为什么"铺石面两端，则常以较缓的角度深入到内外河道边"①，而不采用平铺呢？这样的城墙基能牢固吗？再者，即使城墙高达 10 米，城墙外壁当时也较陡峭，在古城废弃时以"黄色生土"堆筑的城墙，必然有部分塌落在城墙内外侧的壕沟中，可是，四面城墙探沟所见紧挨着墙边的壕沟中，不仅未见掉落的城墙堆土，反而是些被认为是良渚晚期先民"倾倒生活垃圾"所致的堆积，这不符合常理是很明显的。

再从城墙堆土来看，其墙基宽窄不一，形态也欠统一规整。浙江大学土壤学专家陆景岗、王深法教授曾亲抵实地考察，王教授撰文指出："墙体材料也不一致，有晚更新世红土，也有青灰色涂泥"，"用材和施工的任意性，不像是从容不迫规范有序的建城，倒像是抗洪抢险中，堤坝大小因地制宜、土质材料就地取材的建筑。从而出现山洪最大的西城墙基础最宽，墙体基色有黄有灰。"在北城墙残垣剖面上（即北 TG2），"没有发现夯土痕迹，却看到土体黄棕色背景上有很多近于垂直向下的白色网纹。这是还原性地表水沿土体裂隙向下渗透，将土壤中铁、锰氧化物还原漂洗的结果，使红土出现局部高岭化白色网纹。这也佐证了墙体堆土疏松多孔，没有进行夯筑处理。"②

确实，从四面城墙解剖来看，未见基本略呈水平状层面或厚薄相对较为一致的夯筑层次及痕迹，也不见如同郑州西山古城和山西陶寺城址的城垣以立柱和夹板依次逐块夯筑（即"小板块夯筑法"）而形成的夯土板块现象，说明良渚城垣堆土较为疏松。其实，按莫角山礼仪性建筑基址显示，当时已有了夯具，为何建造城垣时却不用夯筑而是采用堆筑呢？这不令人费解吗？在多雨潮湿的江南水乡，既然未曾采用夯筑等措施，也就难以筑起高达 8—10 米以上且外侧壁面又陡的城垣。

四、关于古城规制与布局问题

我国黄河流域发现的史前城址，以郑州西山仰韶文化晚期古城最早，大约始建于距今 5300—5200 年，至距今 4800 年时废弃，城内面积估计 3 万平方米左右。在山西襄汾陶寺（早期城址面积约为 56 万平方米，中期城址总面积约 280

---

① 王宁远：《关于良渚古城城墙的几点认识》，载《良渚文化论坛》（良渚文化博物馆编），浙江摄影出版社 2008 年版。

② 王深法、蒋炳三：《"良渚古城"人居环境之初探》，见"2008 良渚文化学术讨论会"论文。

万平方米）、河南省淮阳市平粮台（面积3万平方米以上）、郾城郝家台（面积3万平方米以上）、辉县孟庄（面积约近12万平方米）、登封王城岗、山东城子崖（面积20余万平方米）、邹县丁公（面积12万平方米）等地，也都有龙山时代的古城发现。长江流域的史前城址见于屈家岭文化（距今约5000—4600年），主要有湖南省澧县城头山（平面呈圆形，面积约7.5万多平方米，距今年代或说超过5000年）①，湖北省有天门市石家河（距今约5000年，约100万平方米）、石首市走马岭（面积约11万平方米）、荆门市马家垸（面积约20余万平方米）、江陵县阴湘城（面积约12万平方米）等地发现的古城。② 其中以湖南省城头山古城和郑州西山古城年代最早，规模则以山西陶寺中期的古城280万平方米最大。

　　值得关注的是，上述史前古城的城垣大多为夯筑而成，并都有城门，而且墙基宽度也多未超过20米，人工开采石块来铺垫基础和"夹河筑城"方式更是从未见到。至于城址面积，除山西陶寺中期总面积约280万平方米和天门市石家河古城约100万平方米之外，其余大致都在20万平方米以下。陶寺中期古城总面积（注意：这是指总面积，并非指以四周城垣为标志的古城面积）虽达280万平方米，但其距今年代比良渚古城要晚数百年，大致已进入夏代纪年范围。同属长江流域多雨潮湿地带的屈家岭文化古城的城垣，不仅全为夯筑（为何良渚城垣不用夯筑？），而且都有城壕（护城河）和城门（陆门）之设，其中有的城还设置了水门，有的城内有分区布局和道路及排水系统。而与浙江毗邻的江苏、上海、皖南、江西和福建，迄今尚无发现史前古城，即使在其后的商代，也只在江苏江阴佘城（面积约1.8万平方米）③、江西樟树吴城发现有古城，但面积很小，也未见传承关系。更何况江浙沪发掘的众多良渚文化房屋基址或灰坑、窖穴等建筑遗迹中，也从未见以块石铺垫墙基或坑底的现象呢？尽管瑶山、姚家墩和凤凰山脚等遗址也有用砾石或鹅卵石砌石坎或铺底，但其石并非表面棱角分明，与此有别。

　　上述相关的背景对我们剖析良渚古城应有一定的参考价值。良渚古城规模达

　　① 湖南省文物考古研究所编：《湖南考古漫步》，湖南美术出版社1999年版。
　　② 张绪球：《屈家岭文化古城的发现和初步研究》，《考古》1994年第7期；何驽：《陶寺：中国早期城市化的重要里程碑》，《中国文物报》2004年9月3日。
　　③ 刁文伟、邹红梅：《江苏江阴佘城、花山遗址第二次发掘取得重要收获》，《中国文物报》2004年4月7日。

290 万平方米，是迄今为止全国最大的史前古城。其城墙特宽，且形制奇特、工程浩大，与其他古城缺乏可比性应是事实。当然，将其视为区域文化特色也未曾不可。但是我们要提请大家注意的是，为了便于防守，同时也为了节省劳动力和缩小工程量，古人往往会根据地形地貌中的山头、土墩高地或河流水道来作为自然屏障，因地制宜地将城墙建在山头（脊）之上或水道（用作"护城河"）之畔，这也可以说是古代建城的一种常规理念。可是，良渚古城的东北角城墙环绕雉山于城内，西南角城墙则是沿着凤山脚下经过，将凤山拦出城外，这就有悖于常规，令人百思不得其解了。雉山拥入城内东北角，虽耗费劳力，但还勉强说得过去；而凤山的规模则远比雉山高大，良渚古城依其山脚下筑墙而过，既耗费了大量的筑城劳动力，更重要的则是极不利于防守，敌方可于此观察城内动静，还便于居高临下攻入城中。因而如果今天的古城之说成立，那么它就失去了实质性的军事防守功能。

再者，良渚"城墙内外均有壕沟水系，城外北面、东面水域面积较宽，应是沿自然水域的边缘修筑"。选择在低洼的湖沼之地或水滨建城垣，本来就大成问题，不知有何"精心设计"可言？这已明显违背了先民择高而居的最佳选择，更何况这里又是频发洪水灾害地带。特别是良渚城垣内外都有壕沟，为其他古城未见，而外壕沟又很浅（注：郑州西山古城围绕城垣的城壕深达 4 米），也未能环绕城墙四周，何以能起到防卫功能？城垣内侧也挖壕沟，不仅难以御敌，反而给自己设置障碍，这样的"古城"规制合理吗?!

城门，是构成古城的两大关键要件之一（另一要件是城垣），可良渚古城至今仍未发现城门，便被专家过早地下了结论，判定为中国规模最大的史前古城，实在有失谨慎。即使最近北城墙发现的确是"水门"，但在没有发现陆地城门状况下，平时城中居民全靠船只由水门进出符合常理吗？须知道倘若发生战争，也只是在短期内，而城内居民进出则长期要全靠水门方便吗？况且该处还见有多根残存木桩。隐现都城雏形的良渚古城之内，除东西长约 670 米，南北宽约 450 米，总面积达 30 多万平方米的莫角山遗址和反山墓地及原 104 国道（原杭宁公路）的红烧土坑等良渚文化遗迹之外，诸如普通居民的房屋居址（如郑州西山古城内发现的房基址 200 多座、窖穴和灰坑 2000 多个，墓葬 200 余座[①]）、墓地（如陶寺古城内有众多墓葬群）、道路、水系（如湖南城头山古城内有一条用卵

---

①　杨肇清：《试论郑州西山仰韶文化晚期古城址的性质》，《华夏考古》1997 年第 1 期。

石铺垫的主要道路，还有排水系统等①）、宗教场所（如祭坛）、手工业作坊等遗址及分区布局都尚未发现，便急下定论，是否合适？

"国之大事，在祀与戎"，这是先秦古籍记载关于早期国家大事的总结。良渚文化之时原始宗教十分盛行，以祭天礼地为主的祭坛常有发现，可在良渚古城内至今未发现过祭坛。反而在古城东北约3.5公里的安溪瑶山和古城西北方向约1.5公里的瓶窑汇观山，分别发现了高等级的祭坛和贵族墓地，这些"违规"现象都很使人纳闷费解。假如它确实是古城，为何地面上全无与城墙大致对应的踪迹可寻？城内除莫角山、反山墓地之外，为何也不见较大面积的大土墩、台地、断崖或相对有序的供排水系统？尽管这可解释为遭到后人破坏或尚待揭示，可城内至今大多是地势低洼的水稻田和池塘，总令我疑窦丛生。

历史发展有规律可循，城市兴衰则传承有序。除重大自然灾害和毁灭性战争等突发事件可摧毁城市之外，古代城市的兴衰往往有个渐变的历程。假如良渚古城果真为都城，废弃之后仍应有个逐渐衰落的过程。可在这一区域，我们既罕见钱漾山（或称广富林）类型遗存，马桥文化遗址或遗物也很少见。即使瓶窑镇西约8公里处的径山镇潘板小古城，确有马桥文化之时（商代）的古城，但其规模太小，也无法探寻到它与良渚古城的传承关系。② 所以，我以为"良渚古城"的结论尚难令人信服。

五、关于"良渚古城"的性质

根据上面提出的众多疑问，我以为目前考古发掘的面积实在太少，应进一步对城垣、城壕多解剖试掘，探沟应贯穿城垣和城壕内外，并着重寻找城门所在及古城四周的转角为宜。用探铲获得的资料，可信度如何？以铺垫石块为标志的四面墙基是否同一时期所筑？围合成一体"略呈圆角长方形"？总让我心中不安，疑问迭出。因此，在没有获得更多有力证据之前，我对"良渚古城"仍然表示怀疑。

王宁远先生曾正确地指出，城"墙内外侧与现在土筑的苕溪大堤的坡度类似，可轻易走上顶部。因此，仅凭墙体本身形态，要起到完全阻挡外敌侵入的可

---

① 张绪球：《屈家岭文化古城的发现和初步研究》，《考古》1994年第7期；何驽：《陶寺：中国早期城市化的重要里程碑》，《中国文物报》2004年9月3日。

② 陆文华、张移峰：《小古城开窗口，探窥历史三千年》，《钱江晚报》2004年6月11日；华东注：这里应有小古城，但城垣尚未发现。

能性很小。"为此，王氏便主张其"兼有居住功能。"其实，其附近山麓、土墩、高地众多，先民何必筑此宽大土垣来兼作居址呢？这不是在大量耗费劳力吗？那么，"良渚古城"的性质是什么呢？我认为首先我们应该清楚，良渚古城城墙所在的位置是属地势低洼的湖沼地带，诚如发掘简报指出的那样，"良渚古城周围当时存在较大的水域面积。这些水域和低洼地，在良渚文化晚期之后普遍被自然淤积填平；这层浅黄粉沙质的淤积土，直接叠压着良渚文化晚期堆积，反映出良渚文化末期这一带曾发生洪水。"① 由此说明在良渚城垣兴筑之前至废弃之后，这里常有洪水发生应是事实。东苕溪流经的余杭镇南湖和瓶窑镇北湖含有良渚陶器和生产工具及木器等厚厚的沙坑也可为佐证。②

从地理形势的角度剖析，良渚古城的西面和北面靠近东天目山余脉的大遮山群峰，东南面则有大观山、大雄山支脉，古城正处在两支山脉谷地口，今日总纳来自临安山地（东天目山）之水的南苕溪（即东苕溪上游）流经余杭镇南湖后北折，至瓶窑镇北湖又汇聚了来自西北部山地之水的中苕溪和北苕溪后，形成水流较大的东苕溪，再向东北流经"良渚古城"至安溪、獐山一带，尔后经德清、湖州注入太湖。吴维棠先生曾认为古代的东苕溪（即"南苕溪"）"原是从余杭镇附近东下流经平原，经杭州市北郊，在杭州市东郊附近注入杭州湾。"③ 而良渚古城西北角城垣又叠压在今东苕溪之下（也可能早先被东苕溪冲毁或人为破坏），昭示出东苕溪原先并非流经此处。但无论如何，汇纳中苕溪、北苕溪、北湖之水的古代东苕溪，必然流经瓶窑及"良渚古城"附近应无问题。从瓶窑北湖被冲积而成的沙坑（很厚）中，常见发现有良渚文化陶器、木器等现象，反映出良渚之时瓶窑一带常有特大洪水灾害发生谅无大错。

尤应请大家注意的是：据牟永抗先生回忆，1981 年"获悉大观山果园所在高台顶部发现大片黄沙的消息，费家棣农民已作为建筑原料开挖外运销售"。"挖沙现场位于果园范围的乌龟山北侧，沙坑已积水成池，未能看到坑壁。坑边仍堆留着挖出之沙堆，沙粒较粗并夹杂边角圆纯的小砾石，显然是经过长距离水流搬

① 浙江省文物考古研究所：《杭州余杭区良渚古城遗址 2006—2007 年的发掘》，《考古》2008 年第 7 期。

② 赵晔：《浙江余杭南湖调查发掘获重要成果》，《中国文物报》2007 年 12 月 28 日。

③ 吴维棠：《杭州的几个地理变迁问题》，《历史地理》第五辑（1988 年）。

运冲刷的结果，但未见陶片等文化遗物"。① 牟氏认为这些沙是"具有人为搬运堆积的可能性"。后来在1992年，浙江省文物考古研究所在莫角山遗址上的浙江省文联长命印刷厂厂区试掘中，"发现一层厚约20—30厘米的沙土"。其后又进一步扩大试掘面积，最后确认这层"沙土为良渚时期遗存，同时发现这层沙土与其下叠压的大面积夯土密不可分。局部解剖又了解到，这片夯土由9—13层沙土与泥土相间构成，总厚度约为50厘米"，这片夯土最终被确认是大型礼仪性建筑基址。引起我思考的是，在沙土与泥土相间构成的夯筑基址中，"每层纯净的青灰泥上都发现了夯窝，形状如蜂窝，窝径6—10厘米，深3—6厘米，经分析，均是用圆头工具夯成"，看来其时应已使用了集束状夯具，而沙土层含"泥土成分极少，沙粒较粗，沙面上没有发现夯筑迹象"②，这有可能是沙面上夯窝难辨，不然沙和泥层未经夯实，哪有坚固可言？按理说沙和泥混合夯筑较为坚固，容易理解，而含"泥土成分极少"的沙层较为费解。我当然不敢武断地否定莫角山上的这一大型建筑基址，也不敢认可是因多次洪水淹没莫角山才形成的说法，只是建议今后应再作发掘确认，并关注有否历史地理变迁（如古代东苕溪的河道变迁问题③）。然尽管如此，这里常见的"大片黄沙"，即可表明其附近洪水灾害时常发生（有可能是古代的东苕溪常泛滥成灾），应是可以肯定的事实。

　　明白了其时良渚古城地处沼泽且附近常有洪水发生的事实，并结合古城四面城垣能否围合一体，城基块石用抛填而非砌筑，且城基铺石面内外侧两端（即"墙角"）坡度很小（多数不超过30度）；城墙既不见夯筑（说明不会太高），而且又特别宽（约40—60米，局部宽达百米），加上城墙内外有壕沟（符合水坝特征），北城墙中段（北TG2）墙基见有数层石砌护坡、壕沟，浅且有木桩（符合水坝特点），以及与大遮山群峰相对平行的西城垣特别宽大（达60多米宽），尤其是城墙底部铺垫石块的方式，正与性质属防洪堤坝的"塘山土垣"基本相同（详后），因此，我认为所谓良渚古城的城垣，应是防洪挡水的堤坝可能性最大。

　　① 牟永抗：《我的考古经历片段忆》，载《文物之邦显辉煌——考古发掘与文物保护纪实》，浙江人民出版社2000年版。

　　② 赵晔：《莫角山遗址纵谈》，载《文明曙光——良渚文化》，浙江人民出版社1996年版。

　　③ 据浙江省收藏协会贺善达秘书长告知，20世纪70年代他在大观山工作期间，曾在原104国道北边约50米处叫八角亭的施工点地下，见有一条迟为明代或以前的木结构木板船残骸，此信息应引起重视。

六、"古城"年代小议

"良渚古城"的城垣年代（注意：城垣内并未见良渚文化包含物）曾被判断为早于良渚文化晚期，有的说是距今 5000 年，也有人认为是距今 4800 年左右，王宁远先生则主张"良渚晚期"，并"推论城墙当时兼有居住功能，为江南水网平原地区一种特殊形态的原始城市"。其实，择高（山丘、土墩、高台）而居，是南方史前先民选址的普遍法则，如果良渚先民在沼泽地上兴筑如此宽大的城垣，是为了在其上兼作居址，何以能说是"最为经济和明智的选择"呢？此说无法令人信服是很清楚的。主张为良渚古城的证据是墙基内外侧边缘壕沟中叠压有良渚文化晚期堆积；同时，还在西城墙白原畈段（AT1007）发现一座属良渚文化晚期的灰坑（H4）、在北城墙 TG2 北部隔梁下有"良渚文化时期的一条排水沟"（H3）。① 对于墙基内外侧边缘的良渚晚期堆积，曾被解释是良渚人不注意环保，向城外倾倒垃圾所致。其实，倘若说是东苕溪洪水冲积，或是后人翻动早期遗址之土来堆积于此，也不可完全排除。上海福泉山和福州罗汉山出现的早、晚文化层堆积颠倒现象（见《收藏快报》2008 年 4 月 23 日），值得借鉴。对此，我们不应忽视良渚城墙内侧也有壕沟，而且其时城垣应已废弃，城壕边既全无塌落的城垣堆土，反而是生活垃圾堆积，这样解释实在不妥，因此，才怀疑不排除为次生堆积的可能，因为如是原生堆积则常会有居址、灰坑、墓葬等遗迹发现。

同时，我们还注意到在东苕溪转弯处的黄泥碉（古城西北角）和靠近东城墙南段的钟家村，曾是民国至 20 世纪 70 年代发现良渚玉器最多的地方。东城墙北段的马金口曾发现过大方木构件，南城墙西段的野猫山和靠近凤山西的洪家山与张家山都发现有良渚遗址，这些遗址的位置正好处于四面城垣之地或内外附近，明显有悖于常理。而简报所云城垣上有灰坑 H4 和排水沟 H3，地层叠压关系似乎较为明确，但在南方水网地带，土质、地层十分复杂，尤其是"古城"所在的"西险大塘"，是古今著名的水患地带（直至 2009 年 8 月，"莫拉克"台风伴随着大暴雨来患之时，导致东苕溪水位全线告急，浙江省及杭州市防汛指挥部遂决定在瓶窑北湖炸堤泄洪，以降低灾害损失②），历代多有动土治理，致使今日土

---

① 浙江省文物考古研究所：《杭州余杭区良渚古城遗址 2006—2007 年的发掘》，《考古》2008 年第 7 期。

② 刘焜等：《余杭昨破堤分洪》，《钱江晚报》2009 年 8 月 12 日。

质土色的辨别和遗迹、地层的判断与划分难度很大，加上考古发掘经验丰富与否，有时发生判断上的失误是难免的（这已有先例）。瓶窑、良渚地区历史地理变迁较大，据张立、刘树人先生的遥感地学分析，这里至少就有三座近方形的古城。① 这就表明对此有关史迹的判断十分复杂，难度确实很大。

联系到位于古城西北约2—3公里，1987年发现，西起瓶窑毛元岭，"经河中、西中、金村，至东端罗村，东西直线走向，全长近5公里，宽20—50米左右，高2—7米"，北距天目山余脉的山脚100—200米的塘山土垣，1996—1997年分别在"土垣"的金村段、西中段作了3次试掘解剖，"金村段在表土下，发现了2座战国土坑墓"；西中段的"北门2×7米探沟的底部（深6米左右）全部是块石铺垫"；金村段"土垣"宽50米，"先后布了3×10（两条）、2×10米（3条）的探沟，南北贯通发掘，目的是了解地层，判断年代；但意外地在偏北、偏南的两处地段、属第3层发现了100余件的石质治玉工具和残玉料……该地段3×10探沟中部第4层下（深1.6米）发现2座良渚文化墓葬，其中一座随葬有玉钺、玉璧等，所以也决定不再下挖"。主持发掘的王明达、方向明等考古学家认为塘山土垣的"主要功能是防洪堤"②，应是完全正确的。从"塘山"地名中的"塘"，当地古代即为"堤坝"的称谓，也可得到印证。

然而，塘山土垣的兴筑年代，是否为良渚之时？我尚有疑问。因为塘山土垣有些地段有宽大的土墩或山丘，在长庆湖南面则为"双坝"（两条平行的土垣），并非完全规整统一，当年兴筑此土垣时有可能是因地制宜，利用原来的若干土墩高地（本来就可能含有良渚墓葬、遗址、治玉作坊或战国墓等），加以堆筑连接成一条长长的土垣，以防止天目山的洪水泛滥（可拦水蓄洪，也可能是古代东苕溪的北堤岸），不可能是为了保护其东南部的良渚遗址群而特地筑此土垣。塘山两侧的池塘以及北隅未发现良渚遗址，殆即与当时取土有关。塘山土垣之所以发现良渚墓葬和制玉作坊，则表明该地原来就是良渚遗址所在，不然为什么良渚墓葬和制玉作坊会设在防洪堤坝之中呢？也绝不可能设在城墙之上。尽管也可解释彼此年代略有早晚之分，但在防洪堤坝上作制玉作坊或作墓葬，总不是合理的解释。更何况土垣应是短期内的连续堆筑而成，发现有良渚墓葬和作坊之地，何以

---

① 张立、刘树人：《浙江余杭瓶窑、良渚地区遗址的遥感地学分析》，《考古》2002年第2期。

② 王明达、方向明、徐新民、方忠华：《塘山遗址发现良渚文化制玉作坊》，《中国文物报》2002年9月20日。

还能划出地层和找到坑壁呢？至于土垣中发现的战国墓，因其墓坑口是开在"表土层下"，地层又很复杂，也就难以作为判断塘山土垣堆筑年代的依据。

我们发现瓶窑镇周围多有汉代墓葬及遗物，安溪瑶山本来的地名就叫"窑山"，曾发现过烧制青瓷的东汉窑址，而在"良渚古城"内的反山良渚显贵者墓地之上（1986年，反山东汉墓中曾发现有一件越窑青瓷扁壶精品），以及大观山果园等地，也正是汉代墓地（1987年还发现过汉代大墓）所在，这些事实可透露出这里当时村落较多，人丁兴旺的历史信息。联系到与之相去不远的瓶窑彭公，2000年前后曾被考古部门误判为"彭公大墓"之事，发掘后才知道是汉代的水坝（曾出土汉代的锸）等案例；并结合《水经注·浙江水》所载，"浙江又东迳余杭故县南新县北，秦始皇南游途出是地因立为县，王莽之进睦也。汉末陈浑移筑南城，县后溪南大塘即浑立以防水也"。据吴维棠先生考证，文中"县后溪南大塘"，就是西险大塘的西端一段。"西险大塘始筑于东汉末，从考古和地层方面考察，改道也在东汉。"[1] 据吴说可知，东苕溪（即南苕溪）原由杭州北郊入钱塘江，至东汉时改道北流，即如今所见的现状。既然东汉时的县令陈浑曾主持了"西险大塘"的治理工程，塘山土垣就有可能是其堤坝（岸）遗址，因此我主张塘山土垣堤坝（即西险大塘的前身）兴筑的时代上限可能在汉代。在余杭仓前土桥湾和瓶窑、安溪等地的东苕溪中常有汉代铁工具和农具及陶器出土，可为此佐证。

如果上述判断无误的话，那么，塘山土垣的宽度及其修筑方法，与"良渚城垣"基本相同，尤其是塘山土垣底部也"全部是块石铺垫"（据说是用鹅卵石），正与所谓的良渚古城"城垣"以块石铺垫基础相同，加上彭公汉代水坝的发现和东汉末陈浑的治水工程，结合我上述所揭示的疑问来全面剖析，我认为所谓"良渚城垣"的性质，应是防洪堤坝，而修筑年代的上限可能在汉代。

此说即使不成立，那么，据发掘简报可知，这里出土的陶器大多属于良渚文化晚期，并可分为早、晚两个发展阶段（其中的晚段已见有钱山漾文化类型的陶器），这就可以说明所谓良渚文化"古城"，其实也不应排除它是彼此并不相连接（或稍有早晚之分）的若干良渚文化晚期遗址或若干座古城的可能。

综上所述，我认为考古探索，切忌好大喜功或急功求成的浮躁之风，应多学科相结合来研究，不宜武断地急下结论。就现在所知，"良渚古城"的性质与年

---

① 吴维棠：《杭州的几个地理变迁问题》，《历史地理》第五辑（1988年）。

代有可能是汉代修筑用于防洪挡水的堤坝，也不排除它是若干良渚文化晚期遗址或古城的可能。当然这都属于初步合理性的探索，正确与否尚待今后的进一步考古发掘来确认或修正。

为了维护学术尊严，并提高政府部门的社会公信力，发布重大发现，理应慎重。学术研究，自应倡导实事求是的科学态度和营造百家争鸣的民主学风。倘若口是心非，搞非学术行为，甚至谩骂，决不是真正的学者。

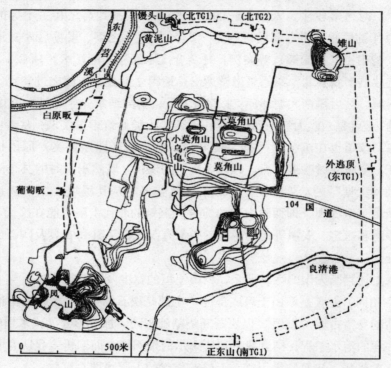

图一　城墙分布范围及发掘区位置示意图

远古文明天文历法起源于华域

——从贾湖、跨湖桥、老官台文化的闪光到河姆渡、仰韶和马家窑文化的辉煌

柳志青　柳　翔

一、引言

有关天文历法考古专著有三部是必读的，那就是冯时《中国天文考古学》，[①] 陆思贤、李迪《天天考古通论》[②]，卢嘉锡总主编的《中国科学技术史》中陈美东主编的《天文学卷》。[③] 但这三部专著所述重心非远古文明的天文历法。

本文所提观点大多为考古研究中甚少涉及，而证明这些观点的实际材料又都是文献中已发表并被多次引用的考古遗存。我们仅仅是对这些考古遗存进行了第二次解读。这些解读没有前述三部专著深奥，解读大多是浅显的，一目了然的。

笔者认为，人类的远古文明起源于贾湖文化和跨湖桥、老官台等文化，判定标准是私有制的形成，标志是住房面积的不均和墓葬物的极度不均。西方学者所述判定远古文明四标准实际上也是私有制的产物，且对不同地域往往可以随意缺失，形成多重标准。

本文所述人类远古文明的时间跨度为距今 9000—4600 年间，其中距今 9000—7000 年为远古文明早期，距今 7000—4600 年为远古文明晚期，前者以贾湖文化和跨湖桥、老官台文化等为代表，后者以河姆渡文化、仰韶文化和马家窑文化等为代表。在远古文明期间，华域出现了人类第一次科技大爆炸（爆发），始于贾湖、跨湖桥、老官台文化的历法天文仅是科技大爆炸（爆发）成就中的二大项。

---

① 冯时：《中国考古天文学》，中国社会科学出版社 2007 年版。
② 陆思贤、李迪：《天文考古通论》，紫禁城出版社 2005 年版。
③ 卢嘉锡总主编、陈美东主编：《中国科学技术史·天文学卷》，科学出版社 2003 年版。

有关远古文明判别标准、分期依据及人类第一次科技大爆炸（爆发）的全面论述，将择机发表。

二、远古文明的天文历法起源于贾湖、跨湖桥、老官台文化

（一）贾湖文化骨叉形器与陶垂球，领先古埃及用裂口棕榈树叶柄和石垂球组合而成的天文测量仪器 4600 年

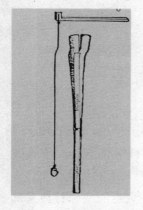

图一文物为古埃及天文仪，图一和图一右侧的文字引自美国埃及学家 J·H·布雷斯特德《文明的征程》。①该书第 65—66 页："尤其值得一提的是，当时的埃及人已经能够通过简陋的仪器来观察天体了（图 59），（柳注：图 59 为该书原图号即本文图一），天体记录和地理学方面的文献一样都佚失了。但我们已确知，当时埃及人已分辩行星和恒星，当然，他们还没有形成完整的天体系统概念。黄道十二宫也不是出自他们的观察。"

图一文物为公元前 2000 年的遗存。图一右侧有关北极星的描述是错的，当时北极星并不在天极。图二是贾湖文化出土的引铅垂线的垂球 T108○3B：20。②为什么不说是网坠，因为垂球顶端有一阴刻十字。将垂球用线吊起，一年中日影最长的一天是冬至，日影最短的一天为夏至，与图一垂球一样。凭什么说当时是用垂球测夏至和冬至，难道它不是造房子用的垂球。垂球当然也可用于造房子。

图一　公元前 2000 年的古埃及天文仪、裂口棕榈树叶柄及铅垂线

图二　贾湖文化引铅垂线的带十字星陶垂球

《舞阳贾湖》："叉形器 18 件。此器为本遗址的典型物之一，大多出自墓葬。此类器的共同特征是分为两段，上段为两股叉形，叉端有的平齐，有的呈弧状，有较圆钝的刃口；下段一面呈钩形，另一面是斜刃刀形，钩端与刀下角相连接。两端之间呈管状，多锯出一周或两周凹槽，或微竹节状凸起。大多经常使用、把握，圆

① J·H·布雷斯特德著、李静新译：《文明的征程》，燕山出版社 2004 年版。
② 河南省文物考古研究所：《舞阳贾湖》，科学出版社 1999 年版。

润光滑。叉端看起来经常使用,有的叉断了仍继续使用,并在使用中被磨圆钝。两段之间的管筒上有破裂后为辍合而钻的圆孔。可见这二处经常受力。这些器物多置于成堆的龟甲上,也有个别握在死人手中或置于身旁。其用途可能与龟有关。从其形态分析。大体可分两型:

A 型:14 件。为大宗,其中 10 件为完整或基本完整者,基本特征是下端一面是钩状,一面呈刃状,且钩刃之端连接,刃状一面有一斜边。"如图三所示。①

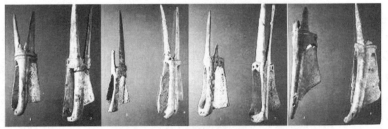

M395:2　M363:4　M94:5　M344:3　M327:11　M327:1　M39:2　M411:3

图三　贾湖文化 A 型骨叉形器,是比古埃及早 4600 年的天文仪

"B 型:4 件。基本完整,共同特征是:下段一面是梯形,一面呈长条形,下端平齐呈环形。标本 M253:2,侧视较直,未见使用痕迹,但少一叉。"如图四所示。②

A 型骨叉形器经常使用且数量多,可能是杀龟工具。将龟翻身,稍静,龟即会伸长头颈,以头吻顶地将龟身翻正。在龟身翻正之前用骨叉形器叉住龟颈,龟颈卡在 V 形口中不得动弹,怎么杀都可以。但为什么骨叉形器缺损后还修补继续使用?显然骨叉型器有其神圣之处,不能随意更换。更耐人寻味地是 B 型骨叉形器仅有一叉,且没有使用痕迹,为什么?

对比古埃及公元前 2000 年的裂口棕榈树叶柄,我们认为,A 型骨叉形器除了可应用于叉龟颈外,也同

B 型 (M253:2)　　B 型 (M253:2)

图四　贾湖文化 B 型骨叉型器

① 河南省文物考古研究所:《舞阳贾湖》,科学出版社 1999 年版。
② 河南省文物考古研究所:《舞阳贾湖》,科学出版社 1999 年版。

样是用于星体测量的照门，而 B 型骨叉形器仅有一种用途，那就是准星，它仅需一叉。叉形器上的环状凹槽应是用绳固定叉形器用的。垂球吊线则进一步保证三点成一线的精度。中国古代向来用三点成一线保证瞄准精度，这在墨经中有反映。

　　图三 M411：3 骨叉形器出土层位属贾湖文化二期四段（Ⅱ4），年代为公元前 6600 年，比古埃及裂口棕榈树叶柄早了 4600 年。陶器上阴刻的太阳纹说明太阳在人们的心目中有非常重要的地位，已有太阳崇拜，但这就能说贾湖文化已诞生了天文，有历法吗？

（二）跨湖桥文化与老官台文化的阳历历法

　　图五是跨湖桥文化第三期 D 型罐 T0511⑤A：11 上的彩绘太阳纹，图六是该陶罐复原图。① 《跨湖桥》："标本 TOS511⑤A：11，复原器。领沿上部略外撇，尖圆唇，深腹，圆底；夹碳陶，施凸棱两周，折肩以上施红衣，肩的上缘施点状厚彩一周。下缘施十字形厚彩一周，肩中部施 4 个等距齿轮状（太阳）厚彩纹；双錾呈鸡冠状。底腹见较规则分布的长溜黑斑，口沿有多处磕疤。口径 23.2，肩径 36，高 39.7 厘米。"

图五　跨湖桥文化第三期 D 型罐 TOS511⑤A：Ⅱ山的彩绘太阳纹

　　从图六可见，4 个对称的太阳，光芒数分别为 8、9、10、10（从左下角顺时针数），光芒总数为 37。我们认为，这些纹饰不仅仅是艺术构图，它应表示一年有四季共 37 旬。这和古埃及历法中每年有 36 旬相似。这一历法可能是贾湖文化的继承和发展。还需指出的是图五太阳纹中部有一不规则的小圆面，它可能是最早的黑子记录。

　　图七为老官台文化大地湾遗址一期彩陶，年代距今 8000—7000 年。三足圈底高 15 厘米，口径 32.6 厘米。夹细砂褐红陶，残缺复原。上图为俯视图，内壁用红色绘四个等距排列的"‖"形符号，下图为平视，口外绘一圈红宽带纹，以下压印网状绳纹。② 我们认为

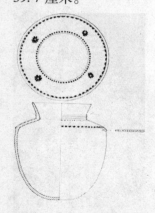

图六　跨湖桥文化第三期 D 型 TOS511⑤A：Ⅱ复原后的俯视图和侧视图

---

① 浙江省文物考古研究所、萧山博物馆：《跨湖桥》，文物出版社 2004 年版
② 甘肃省文物考古研究所：《秦安大地湾》，文物出版社 2006 年版

红宽带纹代表一年，4 个"‖"代表 4 季 8 节。它可能就是贾湖文化所使用历法的进一步完善。

　　上述解释是否牵强？贾湖文化在河南，跨湖桥文化在浙江，尽管在空间上相距甚远，但在时间跨度上有重叠，这也造成两个文化在科学技术上的密切联系。例如，两个文化在相近的时间段内都发现了陶轮[①]，磨床砂轮，弓钻，针灸针具（见《萧山日报》2005 年 11 月 29 日，《钱江晚报》2006 年 5 月 22 日等报道），线轮[②]，精密细磨的石器……这些我们将择机全面论述。总之，贾湖文化与跨湖桥文化先民们是有密切交往的，他们都属于稻作文明，都信奉太阳，都使用历法。

图七　老官台文化大地湾遗址一期彩陶纹饰表示一年四季八节

三、长江流域和黄河流域诸文化的阴历和阳历

（一）旋转的潮头与闰月——长江流域的阴历

　　漩涡纹是马家窑文化彩陶的重要特征，但漩涡纹的源头却非仰韶文化，而是远在千里之外的河姆渡文化。

　　图八为河姆渡文化第一期陶纺轮 T211（4A）：152。[③]据《河姆渡》，陶纺轮已残，直径 7.2 厘米，厚 0.9 厘米，一面饰漩涡纹，另一面饰叶纹。如果将漩涡纹复原，可能有 5 个漩涡纹。

图八　河姆渡文化第一期陶纺轮 T211（4A）；152 纹饰为钱江潮

　　河姆渡文化位于钱塘江南岸潮汐河姚江南岸，每天的潮汐涨落必然会引起先民们极大关注，因为潮汐与捕鱼航运密切相关。据《跨湖桥》，早在跨湖桥文化一期时，先民们已发明了独木舟（边架艇），并同时出土了木桨。[④] 据我们研究，当时还发明了橹和硬帆。这种橹与其后马家浜文化出土的橹一模一样，说明跨湖桥文化并

---

　　① 河南省文物考古研究所：《舞阳贾湖》，科学出版社 1999 年版；浙江省文物考古研究所、萧山博物馆：《跨湖桥》，文物出版社 2004 年版。

　　② 河南省文物考古研究所：《舞阳贾湖》，科学出版社 1999 年版；浙江省文物考古研究所、萧山博物馆：《跨湖桥》，文物出版社 2004 年版。

　　③ 浙江省文物考古研究所：《河姆渡》，文物出版社 2003 年版。

　　④ 浙江省文物考古研究所、萧山博物馆：《跨湖桥》，文物出版社 2004 年版。

没有断然消亡。顺便说一句，古埃及也是使用锛来加工独木舟的，而贾湖文化出土了大量加工精细的锛，只可惜没能发现独木舟。河姆渡文化先民显然已经知道潮水与日月运行的关系。

图九为河姆渡文化第一期陶纺轮 T32（4）：65。① "鼓起一面边沿及轮边饰圆窝纹，平的一面饰弧线组成的三分式图案。直径 5.3，厚 1.8 厘米。"② 所谓三分式图案，共有 11 条弧线，可能表示黑子 11 年周期。你可能注意到了圆窝纹，但没有想到要数一下。请数一下，多少？13。为什么是 13？因为阴历有闰月时，一年是 13 个月。太巧了吧！怎么能看到 13，就说闰月，一年有 13 个月？请再数一下陶纺轮周边的圆窝数是多少？是 19 个吗？19 是什么数字？重要吗？太重要了！我们没有数过，它也可能是接近 19 的 18 或 20。下面我们将接触到一系列有关19 这个数字的纹饰。

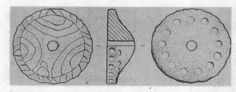

图九　河姆渡文化第一期陶纺轮 T32（40）：65 正面及侧面圆坑显示闰年周期，背面纹饰显示太阳黑子 11 年周期

浙江湖州邱城遗址马家浜文化出土的陶拍 T3⑤：5，没有人注意到这似陶拍的陶器一面上不多不少有 19 个凹坑。

《潜山薛家岗》③ 一书中的二个陶纺轮的纹饰对 7 和 13 情有独钟。图十为薛家岗遗址陶纺轮 M98：2。轮上有用细管压出的凹坑，其中 12 个坑排列成圆形，但右下方内侧很不协调地多出一坑。据出土层位推测，年代约公元前 3500—3300年。图十一为薛家岗遗址陶拍 M70：5。陶拍上同样用圆压印了圆坑，周边圆坑为 13 个，中间另有 7 个圆坑。7 又代表什么？

①　浙江省文物考古研究所：《河姆渡》，文物出版社 2003 年版。
②　浙江省文物考古研究所：《河姆渡》，文物出版社 2003 年版。
③　安徽省文物考古研究所：《潜山薛家岗》，文物出版社 2004 年版。

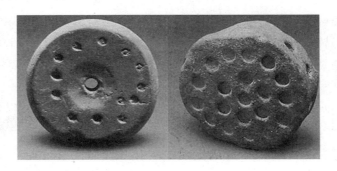

图十　薛家岗文化遗址陶纺轮 M98：2　　图十一　为薛家岗遗址陶拍 M70：5
上有 12＋1 圆坑显示阴历闰月　　　　　中心 7 圆坑周边周边 13 圆坑，
年有 13 个月　　　　　　　　　　　　显示 7 次闰月年

　　将这些数字进行相关分析发现，它们代表了阴历历法中年与月的变化规律：即每 19 年中有 7 次闰月，有闰月的那一年有 13 个阴历月（指月亮的朔望月）。而天文大潮的最大周期也正是 19 年。这些数字可能是巧合吗？

（二）24 节气诞生于仰韶文化

　　图十二为大地湾遗址仰韶文化早期圆底钵 H379。高约 8.5 厘米，口径 15.7 厘米，细泥红陶，残缺复原。[①] 从纹饰可判读出，陶钵腹上彩绘 12 个黑圆代表一年有 12 个月，4 对三角代表四季，每一个三角代表 3 个节气，共 24 个节气。这里一年四季共二十四节气属阳历，诸如此类的纹饰在仰韶文化中甚多。

图十二　大地湾圆底钵　　　图十三　猪面纹细颈瓶纹饰显示日食过程

　　图十三为甘肃秦安王家阴洼出土的仰韶文化早期细颈壶，此类壶在陕西半坡类型亦有。"壶高 20.2，口径 9.6，孔径 2.2，底径 7 厘米。细泥淡橙红陶。壶口

---

① 张朋川：《中国彩陶图谱》，文物出版社 2005 年版。

一周绘 4 组由两个三角组成的菱形纹，上方绘二方连续猪面纹。"① 我们判读猪面纹的眼和鼻皆由日环蚀不同阶段的景象构成。两方猪面的太阳可表示四季，4对鼻孔表示八节。壶口由 8 个三角形组成对称分布的 4 个菱形，同样表示二十四节气。

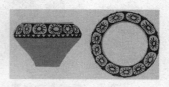

图十四为河南郑州大河村出土的彩陶钵，口径 30 厘米。陶钵上腹一圈绘 12 个太阳，属仰韶文化秦王寨类型。② 冯时认为 12 个太阳代表 1 年有 12 个月。

图十二—图十四说明，阳历二十四节气诞生于仰韶文化早期或半坡类型，并很快向黄河中游流域

图十四　大河村 12 太阳纹彩陶钵

扩散。引起关注的是在使用阳历二十四节气的同时，黄河中上游流域也同时使用阴历。

图十五为甘肃秦安王家阴洼遗址出土的大地湾仰韶文化早期彩陶碗 M61。碗高 8.2，口径 12.8，底径 6.6 厘米。这种平底碗上的弧线造型的花纹是这一时期最晚的风格。③ 图中最醒目的是一周 4 对新目和残月，其下有 8 个弯月。这说明当时有将一次新残月作为 1 月，1 年 3 季 12 月。这种 4 个月为一季的历法在古埃及也有，不过年代上要晚得多。

图十六为陕西华县柳子镇遗址出土的庙底沟类型残缺复原的彩陶钵。④ 钵上外侧由 12 双上下弦月围成一圈，代表 12 月。上下弦月上的黑点象征月桂，现代称为月海，表示阴历 12 月内，说明先民已经对月面有了进一步认识。

图十五　M61 彩陶钵纹饰显示一年三季 12 月　　　　图十六　用 12 个上下弦月表示阴历 12 个月，黑点表示月海

①　张朋川：《中国彩陶图谱》，文物出版社 2005 年版。
②　张朋川：《中国彩陶图谱》，文物出版社 2005 年版。
③　张朋川：《中国彩陶图谱》，文物出版社 2005 年版。
④　张朋川：《中国彩陶图谱》，文物出版社 2005 年版。

四、阴阳合历——夏历在马家窑文化诞生

当阴历和阳历分别在长江流域和黄河流域使用千年后，可能通过交流，这二种历法终于合而为一，形成了华域文明特有的历法——农历。为华域的进一步统一打下了基础。

图十七　纹饰显示阴历一年四季 12 月，十日为旬。阴历表示 7 次闰月年

图十七为甘肃临夏县水地陈家出土的马家窑文化马家窑类型陶盆。陶盆高 11，口径 29，底径 10.5 厘米，橙红陶①。在临夏、东乡一带，类似的彩陶已发现多个。俯视图最外圈有 12 个带黑点的圆，《中国天文考古学》认为代表 12 个月。② 圆中黑点代表黑子。特殊的是在 12 月圈内画了几个不太标准的同心圆。同心圆中内接一个由"平行"的曲线围成的"似三角形"，并且似三角形三组边内凹与一组同心圆相切。这一组同心圆由 4 个圆组成，它可能表示一年四季，"似三角形"可能表示 1 季有 3 个月。在内切圆的中部有 10 个黑点，其中 6 个两两相连，可能代表 1 季有 6 个节气。这用黑线两两相连的黑点，从内向外是逆时针旋转，内接圆中心的二条小弧线也呈逆时针旋转，反映出年、季、月、节的变化与天球的逆时针旋转有关。马家窑文化先民对逆时针旋转有非常深刻的认识，彩陶上所绘各种旋转纹，多数或绝大多数为逆时针旋转。内接圆中除了两两相连的 6 个黑点外，还有 4 个黑点，这 10 个黑点可能表示 10 日为旬。容易被忽略的是，在"似三角形"内切圆和外接圆的切、接点附近还各有三个黑点，它们大致成对称分布。奇怪的是，在外接圆的右下方多了 1 个黑点，它破坏了前 6 个黑点近乎对称的分布。6 加 1，又成为 7，这与前述图十一中的 7 有同一含义，那就是有 7 个闰月，这显然是阴历。

图十八是更为明确的计算闰月的杰作，也是阴阳历法大全。这是青海乐都柳湾遗址出土的彩陶盆，属马家窑文化马厂类型，年代为公元前 2415—前 2040 年，"标本号 M1233，盆高 35，口径 14，底径 6 厘米，盆内施红陶衣"。③ 本图为俯视

---

① 张朋川：《中国彩陶图谱》，文物出版社 2005 年版。
② 冯时：《中国考古天文学》，中国社会科学出版社 2007 年版。
③ 张朋川：《中国彩陶图谱》，文物出版社 2005 年版。

图，盆中的纹饰十分不起眼，看起来很规则，但明显不对称。纹饰中有两个同心圆，大圆外绘七角星，小圆内绘十字星，大小两圆间绘一奇特的五角星。这些图形代表什么？为了说明起来方便一些，我们先介绍一下有关农历的基本知识。

图十八　夏历（农历阴阳历）秘图

农历："中国采用的一种传统方法。这种历法安排有二十四节气以指导农事活动，而且主要在广大农村中使用，因此又称为农历。又名夏历、旧历、中历，民间也有称它为阴阳历的。它用严格的朔望周期来定月，又用设置闰月的办法使年的平均长度与回归年相近，兼有阴历月和阳历年的特征，因此实际上是一种阴阳合历（柳注：二十四节气就是严格按阳历划断的）。农历把日月合朔（太阳和月亮的黄径相等）的日期作为月首，即初一。朔望月平均约长 29.53059 日，所以有的月份是 30 日，称月大；有的月份是 29 日，称月小。月初所在的日期要根据太阳和月亮的位置推算确定，而不是机械地安排。农历以12 个月为一年，共 354 或 353 日，与回归年相差 11 日左右，所以隔三年要安排一个闰月，隔二年又安插一个闰月，平均十九年有七个闰月。如何安排闰月，根据和季节、气候有密切关系的二十四节气来定。"（《中国大百科全书·天文学》第 244 页，李能耀撰）[①]

现在我们来观察破译图十八纹饰密码。

图十八纹饰小圆中的十字星显然象征一年四季。十字星中每 1 星有 3 根平行线代表 1 季有 3 个月。大圆外的七角星代表平均 19 年有 7 次闰月，那么数 19 又在哪里呢？在大、小圆间的五角星中！

在小圆的右上方有 4 条近于垂直小圆弧的直线，这 4 条近发散的直线止于大圆，由此围成 3 个细长的梯形空格。同样，在小圆的左上方，也有从小圆向外发散的 5 条直线，止于大圆，并形成 4 个细长梯形空格。小圆正上方、右下方、左下方也各自有 4、6、5 条直线从小圆上向外发散，但并非止于大圆，而是止于短弧，并分别形成 3、5、4 个细长梯形。这 5 组细长梯形空格总数正好是 19 个。是"巧合"吗？从图五到图十八，我们已看到太多的"巧合"。

---

　　① 中国大百科全书总编辑委员会《天文学》编辑委员会：《天文学》，中国大百科全书出版社 1980年版。

5 组从小圆向外发散的线，其中 2 组被大圆所阻，3 组被 3 条短弧所阻，这不正是代表隔 2 年或隔 3 年有一次闰月吗？我们说，这实在不是"巧合"，下面我们将看到更巧的。

闰月年之间相隔的年数排列在 19 年中有 2 种组合，即：2、3、3、3、2、3、3 和 2、3、3、2、3、3、3。

前一种组合可以连续重复 5 次、4 次或 3 次 19 年周期；后一种组合仅能连续重复 4 次或 3 次 19 年周期。现在请再观察一下图十九的纹饰。被短弧封闭的向外发散的直线组合，其中细长梯形空格数正好是 5、4、3，而从小圆向外发散止于大圆的二组直线与圆所封闭的细长梯形数正好是 4、3。

还有更巧的事。当我们在数组成长梯形空格的数目时，组成这些细长等腰梯形的腰线正好是 24 根。它难道不代表二十四节气？

我们再将注意力转向七角星。七角星的每一角都是由 2 组交角约 60°—70° 的平行线组成。有意思的是组成 7 个角的平行线根数并不相同。与数五角星中细长梯形空格一样，如果我们仅组成七角星的平行线间的空格数又会如何呢？数一下：2∠3、2∠2、3∠2、2∠2、3∠3、3∠4、3∠2，数字为每一角两边的空格数，全部相加正好 36。没有巧合，它应代表 36 旬，与古埃及的 36 旬相同，它应是跨湖桥文化历法的继承。36 旬加 5（角星）为 365 日，是一年，是对一年 36 旬的重大修正。

通过对图二十中 M1233 彩陶盆纹饰密码的破译，可以确认，对图五—图十八的破译决不是巧合。最后还要说一下，图中小圆应代表地球，五角星也代表金、木、水、火、土五星，五星绕地球运转；大圆代表天球，也代表黄道。您也许会说：太夸张了吧，先民们还会知道这些？请数一下组成七角星的各个角的线条数之和，正好是 60。60 正好是夏历干支纪年的一个周期数。木星与地球 12 年交会一次，12（年）乘以 5（星），正好是 60。因此说五角星代表五星，那只能是金木水火土了。并且很可能，止于大圆（天球）的二角还代表地内行星、水星和金星，止于短弧的三角还代表地外行星火星、木星和土星，因为这二组行星在黄道中的运行特点明显不同。于是 M1233 彩陶盆纹饰中小圆与大圆代表地球与黄道的解释也就顺理成章了。有关先民对地球形状的认识，我们将择机论证。

综上所述，我们认为青海乐都柳湾遗址 M1233 彩陶盆中所绘的公元前2415—前 2040 年间的纹饰密码，就是最终被称为夏历的历法，或称农历、阴阳历。也就是：阳历一年有四季十二月二十四节气三十六旬三百六十五日；阴历一年有十二朔望月，19 年中有七年有闰月，闰月间相隔的年数有 2、3、3、3、2、3、3 和 2、3、3、2、3、3、3 两种排列组合，前一组合可连续重复 5、4、3 个周期，后一组合可以连续重复 4、3 个周期。根据金木水火土五星在天球上的运行规律，夏历采用 60 年为一周期的干支纪年。柳湾遗址 M1233 彩陶纹饰显然是由一位卓绝的科学家设计的。这一最终的夏历是进入上古文明早期的标志之一。

五、马家窑文化璀璨的星空

（一）远古文明最古老的星图出现在马家窑文化

历法的基础是天文，华域远古文明有如此久远而先进的历法，必然有同样久远而先进的天文。在探索历法的起源时，我们使用的是顺时叙述。因此一开始，读者有可能不认可我们对远古文明早期历法的判读。从这一节开始，我们逆时叙述。

图十九　甘肃东乡县林家遗址马家窑类型陶钵 H92 纹饰显示北天星图与 19 交点年

图十九为甘肃东乡林家遗址出土的陶钵 H92，属马家窑文化马家窑类型，年代约公元前 3280 年。钵高 7.8 厘米，口径 22 厘米，底径 8.2 厘米，橙红陶，残缺复原，腹有鋬耳，另图为俯视。[①] 钵外侧有 4 个对称的鸟纹，代表太阳和四季。钵内壁绘有 23 个圆点和 19 对首尾交错的弧，从绘图技法看，这些弧是用毛笔绘的。我们先将 19 对交错弧从图十九中除去并转 180° 放大如图二十，并与现代北天星空图二十一（伊世同编绘）[②] 进行对比。图二十一中红色虚线所围及红字为现代天文学所述星座范围和星座名，如大熊 UMa、猎犬 CVa 等；蓝色实线所联圆点为中国古代星座和星座名，如北斗、天厨。

图二十左上部为天橱星座星一、二、三、四、六，我们用线联之，仅少了星五。星五是五等星，在天橱座最暗，且离当时的北极星——开阳角度最大，可能出图，也可能因太暗而不被重视。如图二十一，天橱座星最亮的也仅三等星，古人重视它是因为它像炊具。

天橱座右下方为勾陈座，勾陈座与希腊神话中的小熊星座并不完全相合。勾

---

① 张朋川：《中国彩陶图谱》，文物出版社 2005 年。
② 中国大百科全书总编辑委员会《天文学》编辑委员会：《天文学》，中国大百科全书出版社 1980 年版。

陈座由六颗星组成，其中勾陈一即为现代北极星。勾陈座右方为紫微右垣，从下向上依次为紫微右垣一（右枢）、二（少尉）、三（上辅）、四（少辅）、五（上卫）、六（少卫），缺七（上丞）。

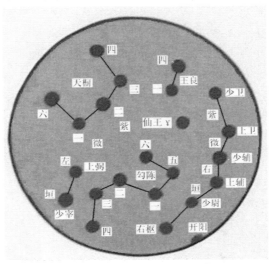

图二十　甘肃东乡县林家遗址马家窑类型陶钵 H92，
将显示 19 交点年的交错弧去除后的北天星图

　　在紫微右垣的少卫与天橱之间有 3 颗较亮的星，那就是王良座的一、四，以及西方仙王座星。王良四是一颗变星，容易引起古人注视，王良座的另三颗星为4、5 等星，太暗，在图二十中无。

　　在勾陈与天橱之间为紫微左垣，图二十中仅有二颗较亮的星：少宰和上弼，其余 6 颗星（左枢、上宰、少弼、上卫、少卫、少丞）可能因为太暗或未知原因而没有标出。这 6 颗星的具体位置见图二十二。

　　最后一颗星，也是最重要的一颗星，那就是图二十右下方，仅在图边露出半个圆面的星，那就是北斗六（开阳）。为什么说北斗六最重要，因为在当时它就是北极星。为什么？

　　在较短时间内，地球自轴保持着固定方向，地球自转轴北极所指方向的星空如果有星的话，那就称北极星。由于太阳和月亮对地球赤道隆起部位的吸引，地球自转轴其实每时每刻都在变化，只是变化小，一般观察不到。在太阳和月亮的引力作用下，地球自转轴会绕着黄道面的垂直轴（黄道轴）旋转，并在空间上绘出一个圆锥面。绕行一周约需 26000 年。于是在天球上天极绕黄道描绘出一个半径约 23.5 度（黄道交角）的小圆。冯时所绘的小圆如图二十二①。

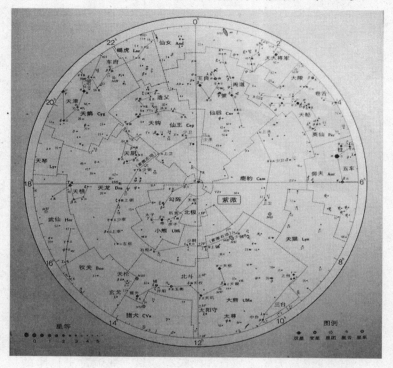

图二十一　现代国际北天星图（中西对照）

这种由太阳和月亮引起的地轴的长期运动称为岁差，古人早就发现了岁差，但对岁差作出正确解释的是牛顿。由于岁差，据图二十二，现时的北极星勾陈一，即天皇大帝，但它也并不在天球赤极路线所反映的圆上，然相差有限。在汉代北极星的位置相当于北极座五（天枢）。据冯时计算："大约在公元前 3000 年前，真天极的位置恰好处于紫垣宫门的左枢和右枢两颗星之间，那里事实上是没有星的（指没有亮星）。因此，当年的极星显然只能是距天极较近而又明亮的北斗。计算表明，距今约 5000 年前，北斗第六星开阳距大极约 10°的角距离；距今约 6000 年前，北斗的第六星开阳和第七星摇光距天极均约 13°。很明显，这些星

————————————

① 冯时：《中国考古天文学》，中国社会科学出版社 2007 年版。

不仅有理由充当当时的极星，而且北斗也最有资格成为当时的天神太一。"①

　　将图二十与图二十一进行整体对比可知，图二十相当于全天（24 小时）北天星图的四分之一，因此还应有另三幅北天星图，是已损毁还是没有发现？北天星图的出现，说明马家窑类型时的天文学家对天极和天球已有明确的认识，而这正是确定黄道和 19 交点年的基础。有关 19 交点年见下一小节。

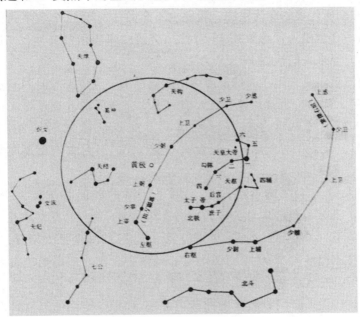

图二十二　　天球赤极移动路线及古今极星变迁示意图

　　图二十与图二十一相比，各星座的大小比例并不完全相合。这种情况与国画相似：多注意物体间的相互关系而少考虑物体相互间的比例及距离，但此图已与宋代苏州石刻天文图的表示方法相近，从而具有极高的学术价值。

　　尼罗河流域的先民们认星的最大特征是将赤道附近的星分为 36 组，每组可能有几颗星，也可能只有一颗星，每组管 10 天，所以叫旬星（Decans）。当一组星在黎明时恰好升到地平线上时，就标志着一旬的开始。现已发现的最早的旬星

---

　　①　冯时：《中国考古天文学》，中国社会科学出版社 2007 年版；陆思贤、李迪：《天文考古通论》，紫禁城出版社 2005 年版。

文物属古埃及第三王朝，约公元前2780—前2730年①，晚于林家遗址的公元前3280年。因此我们判定林家遗址H92所绘星图是人类最古老的星图。

（二）林家遗址H92彩绘19交点年的发现证明华域先民在公元前3280年已认识黄道并能预测日、月食

没有人注意过图十九上19对首尾交错的弧表示什么含意。如果没有先破译出23个小圆面所代表的北天星图，我们也不会关注。19这个数字我们在前面多次涉及，然而在这里为什么要用19对首尾交错的弧表示？突然，"19交点年"在脑中跳出，原来它们代表19交点年。

地球的恒星年是太阳在天球上连续两次通过某一点所需的时间间隔，长度为365.25636平太阳日，也就是地球绕太阳的平均公转周期。交点年又称食年，是太阳在天球上连续两次经过月球轨道的升交点所需的时间间隔，长度为346.62003日。交点年对预测日、月食有重要作用。日月食有重复周期，这就是19交点年为一周期。

月球在天球上连续两次通过某一恒星所需的时间称为恒星月，长度为27.32116日，这是月球绕地球公转的平均公转周期。交点月是月球在天球连续两次向北通过黄道（升交点）所需的时间，长度为27.21222平太阳日。

据此，林家遗址H92的19对弧的每一对弧中，都有一条弧代表太阳在黄道中的运行轨道，它连续两次通过月球轨道升交点。

要做到这一点，必须对天球中的黄道星座（如后来所确定的黄道28星宿）有足够精确的了解，对太阳和月亮在天球中的运行轨道有足够精确的了解，如此才能得出19交点年的结论。

考古界曾认为古巴比伦人大约在公元前626—公元前538年发现日食有223个朔望周期。近年来又有人认为古巴比伦人没有这一成就。反对理由是从古巴比伦人对日、月食的记录上可以分析出有223朔望周期，但古巴比伦人自己并没有得出223朔望周期，仅仅是做了观察记录而已。②

223朔望周期等于6585.3日，19交点年等于6585.8日，二者差不多相等。

---

① 查尔斯·辛格、E·J·霍姆亚德、A·R·霍尔主编，王前、孙希忠主译：《技术史·第I卷远古至古代帝国衰落》，上海科技教育出版社，牛津大学出版社授权出版，2004年版。

② 冯时：《中国考古天文学》，中国社会科学出版社，2007年版；尔斯·辛格、E·J·霍姆亚德、A·R·霍尔主编，王前、孙希忠主译：《技术史·第I卷远古至古代帝国衰落》，上海科技教育出版社，牛津大学出版社授权出版，2004年版。

这 223 朔望周期也称为沙罗周期，它可以是纯经验的，只要有足够长年代的日、月食记录，就可从中找出这一周期。而 19 交点年不同，它必需精确测定太阳和月亮在黄道中的运行轨道才能得出，因此是更为理性的结果。19 交点年的确定，说明当时有足够精确的计时器。

由于 223 个朔望月并不恰好等于 19 交点年，还有 0.5 日的差数；223 个朔望月也并不恰好等于整数日，还有 0.3 日的差数。因此，经过一个沙罗周期后，在地面上看到的日、月食的情况也有变化，看到日、月食的地区跟上一周期有所不同。但不论怎样看，19 交点年不仅是人类首次对日、月食预报的理性总结，更是对天球黄道有深刻认识的表现。我们深信，随着研究的深入，在这方面必然会有更多的发现。既然华域先民在马家窑文化马家窑类型时已能运用 19 交点年预报日、月食，那么此前一定会有更多关于太阳及其被食的记录。

（三）马家窑类型及更久远的有关日食的记录指示太阳神的故乡在浙江余姚

图二十三陶壶出土于甘肃天水杨家坪遗址，属马家窑类型，壶高 15.4，口径 11，底径 13 厘米，橙黄陶，腹有横耳，褐彩，口内绘一圈弧形和圆点纹，腹部绘对鸟纹[①]。其中一鸟口衔带柄的水果，然而水果上明明白白地呈现出日食的景象。

图二十三　陶壶双凤纹显示日食过程　图二十四　纹饰显示日环食开始或结束

图二十四为甘肃秦安王家阴洼出土的细颈壶，属仰韶文化早期。壶高 6.8 厘米，孔径 0.5 厘米，底径 2 厘米[②]。如此小陶器必非实用器。壶体腰部也绘有日食图象。与图二十三不同的是，这里月影的曲率半径小于太阳的视曲率半径，因

①　张朋川：《中国彩陶图谱》，文物出版社 2005 年版。

②　张朋川：《中国彩陶图谱》，文物出版社 2005 年版。

此，这是日环食的开始或结束时的图象。

图二十五　姜寨遗址尖底罐和
细颈瓶上的日环食

图二十五为陕西临潼姜寨遗址的尖底罐（中 T5，M76）和细颈瓶（M128），属仰韶文化半坡类型早期①。这件陶器记录了日环食的不同阶段。细颈瓶上的日食用以表示猪的双眼，而尖底壶上的日食用以表示变体鱼的眼。鱼眼是没有瞳仁上下翻的，因此说它是日环食的图象，且可能是在平静的水面上观察到的环日食倒影，这是肉眼观测最合理的技术。

图二十六为浙江余姚河姆渡文化出土的骨匕，属第一期。骨匕正面饰有连体鸟图案两组，两鸟同体，鸟头向背而仰，鹰嘴大眼，鸟背呈山峰形，鸟眼均用钻透的圆窝所替代，鸟身中间也有相同的圆窝……柄长 14.5，宽 2.8—3.4 厘米②。将图二十六鸟身中间的圆窝阴影图象与图二十四鸟口衔带柄水果相比，二者十分相似，因此认为，鸟眼和鸟体中间的圆窝其实是代表日食不同阶段的图象，而鸟体圆窝外的圆代表太阳，鸟头、脚、尾和"山峰形"代表日全食时所见日冕。

为什么说图二十三、二十四、二十五是日食而非月食，这和当时信仰太阳神有关，而图二十六则将太阳日冕和鸟联系在一起，从此鸟也成为太阳神的化身，这和尼罗河流域、两河流域信奉太阳神并将鸟作为太阳神的化身一样。由

图二十六　浙江余姚河姆渡文化第一期骨
匕，用金乌表示日全食时的日冕图

于我国考古学家们的研究，余姚已成为太阳神的故乡。

六、飞向太阳的金乌——彗星，将人类对彗星的记录推前到公元前 4000—前 3500 年的仰韶文化庙底沟类型

图二十七马王堆汉墓（天文气象杂占）帛书彗星图。

《左传·文公十四年》："秋，七月，有星孛于北斗。（《公羊传·昭公十七年》解释说：孛者何？彗星也）周内史叔服曰：不出七年，宋、晋之君皆将乱

---

① 张朋川：《中国彩陶图谱》，文物出版社 2005 年版。
② 浙江省文物考古研究所：《河姆渡》，文物出版社 2003 年版。

死。"说明已将彗星出现于北斗座看成大凶之兆。《左传》的这一记录也是人类对哈雷彗星最早的记录。

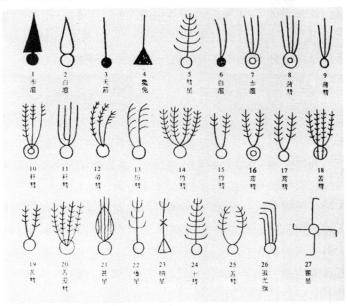

图二十七　马王堆汉墓（天文气象杂占）帛书彗星图

20 世纪 70 年代，湖南长沙马王堆汉墓发现称为《天文气象杂占》的帛书上画有数十幅彗星图。据席泽宗（《文物》1978 年第 2 期）研究，这些彗星虽然是公元 168 年埋入墓中，但它却是出自战国时期楚人之手，这使中国彗星图抄本出现的年代比西方至少早了四个世纪。马王堆汉墓 27 幅 18 种彗星如图二十七所示。①

将图二十七与仰韶文化、马家窑文化彩陶上的一些纹饰对比后发现，相当多的彩陶纹饰

图二十八　陕西芮城大禹渡遗址仰韶文化庙底沟类型早期陶罐，显示三足金乌和赤灌 7 彗星

---

① 冯时：《中国考古天文学》，中国社会科学出版社 2007 年版。

中绘有彗星。

图二十八为陕西芮城大禹渡遗址出土陶罐，属庙底沟类型早期。罐属 30 厘米，残缺复原，腹部绘飞鸟纹等花纹。对比图二十七，罐左侧所绘张开双翅的三足金乌，而中部偏上一个黑圆面后拖着三条尾巴，被称为变体鸟者，[①] 应是图二十七中的赤灌 7。另一类赤灌出现在庙底沟遗址的一件曲腹盆 H46。

图二十九　曲腹盆 H46 鸟纹为赤罐 1　图三十　曲腹碗 H322 变体鸟纹为白灌 2

图二十九是河南陕县庙底沟遗址庙底沟类型曲腹盆 H46 鸟纹为赤灌 1。盆腹部绘正面鸟纹和钩羽纹。[②] 正面鸟纹指盆腹左上部黑圆面及其下内收的三角形，它相当于图二十八的赤灌 1。

图三十为庙底沟遗址出土曲腹碗 H322，高 7.2，口径 12.4 厘米。[③] 图中的变体鸟纹与图二十七中的白灌 2 相当。

图三十一　南万村陶盆变体纹为白灌 6　　　图三十二　临汝县阎村
　　　　　　　　　　　　　　　　　　四鋬耳缸左侧纹饰为蒲彗 8

图三十一为河南灵宝南万村遗址陶盆，相当于庙底沟类型。盆高 13 厘米，细泥红陶，残缺复原，绘鱼和鸟的变体花纹[④]。对比图二十七，所谓鸟的变体花纹就是白灌 6 彗星。

①　张朋川：《中国彩陶图谱》，文物出版社 2005 年版。
②　张朋川：《中国彩陶图谱》，文物出版社 2005 年版。
③　张朋川：《中国彩陶图谱》，文物出版社 2005 年版。
④　张朋川：《中国彩陶图谱》，文物出版社 2005 年版。

图三十二为河南临汝阎村的四螯耳缸，相当于庙底沟类型。缸高35.5，口径34，底径17.5厘米，残缺复原，黑白彩。腹中部绘变体鱼纹和花状纹。[1] 花状纹即是有5条彗尾的彗星，相当于图二十七中有4条彗尾的蒲彗8。1744年出现的德·歇索彗星多达6条彗尾。[2]

图三十三　郑州大河村遗址仰韶文化　　　图三十四　石岭下类型陶碗，
秦王寨类型上中纹饰为夔兔4彗星　　　　　　　纹饰蒲彗8

图三十三为河南郑州大河村遗址出土陶碗M19，秦王寨类型。碗高7.6，口径20厘米。泥质灰陶，红彩，内壁中部绘单线一周，线上方绘稠密的短竖线。[3] 图正中拖着长尾的三角形即图二十七中夔兔彗星。同样类型的彗星纹在大司空类型等彩陶中亦见及。

彗星纹不仅广泛出现于仰韶文化中，在马家窑文化中亦常见。

图三十四为甘肃永靖大地掌遗址出土陶碗，属马家窑文化石岭下类型。碗高7.2，口径17.9，底径4.7厘米。橙黄陶，绘侧面变体鸟纹。[4] 变体鸟纹即图二十七中的蒲彗8。

图三十五为甘肃庄浪曹家坪遗址尖底瓶，属石岭下类型。瓶高46，口径9.6厘米，橙红陶，腹部至底部刻划有交叉和竖纹线。白彩，绘羽状纹。[5] 羽状纹与图二十七厉彗相当。

图三十六为甘肃省博物馆藏陶盆，属马家窑类型。盆高10.8，口径28，底纹10.5厘米。橙黄陶，残缺复原，图为俯视，内绘旋式肢爪纹。[6] 将图中的"卐"字纹与图二十七对比，应是

图三十五　尖底
瓶厉彗13

① 张朋川：《中国彩陶图谱》，文物出版社2005年版。
② 中国大百科全书总编辑委员会《天文学》编辑委员会：《天文学》，中国大百科全书出版社1980年。
③ 张朋川：《中国彩陶图谱》，文物出版社2005年版。
④ 张朋川：《中国彩陶图谱》，文物出版社2005年版。
⑤ 张朋川：《中国彩陶图谱》，文物出版社2005年版。
⑥ 张朋川：《中国彩陶图谱》，文物出版社2005年版。

奇特的翟彗。

图三十七为甘肃兰州王保保城陶碗，属马家窑类型。碗高6.8，口径17.2，底径6.5厘米。黄陶，残缺复原。图为俯视，内绘变体鸟纹。[①] 变体鸟纹即为蒲彗。由黑彩反衬出的橙黄色顺时针旋转纹有12个旋臂，应代表阳历12个月。先民将彗星当作飞向太阳的金乌，这可能说明已经观察计算出彗尾总是背向太阳。这基于能将晚上观察到的彗星与白天的太阳置于统一的天球中，已有黄道的概念。图三十七在太阳中有一彗星，可能表示曾有蒲彗9彗星撞向太阳，如同前不久有彗星撞向木星一样。蒲彗9的三条彗尾，使先民想象为金乌有三条腿，如图二十八所示。还需指出的是，著名的金沙遗址出土的太阳神鸟金箔的原形，可能就是传承自王保保村的陶碗。如此大的时间跨度，令人惊叹！

图三十六　甘肃博物馆馆藏陶　　　图三十七　兰州王保保城陶碗
盆上变体鸟纹彗星27　　　　　　　　太阳纹中蒲彗9

至此，在仰韶文化和马家窑文化中已发现赤灌彗1、赤灌彗7、白灌彗2、白灌彗6、蒲彗8、蒲彗9、鬼兔彗、厉彗、翟彗等共9种彗星，并观察到彗星与太阳的关系。据我们初步统计，在仰韶文化和马家窑文化中，有彗星纹饰的陶器至少有51件。由于我们所知资料十分有限，在仰韶文化、马家窑文化或其他文化中可能还会发现更多种彗星存在的记录。

七、人类最早的信仰——太阳神与历法天文同源于稻作文化、并论贾湖文化历法

从玉蟾岩遗址到仙人洞与吊桶环遗址，再到上山文化及小黄山文化，华域先民在发展稻作文化的过程中，很可能已经在探索历法、天文与气候的关系。否

---

①　中国大百科全书总编辑委员会《天文学》编辑委员会：《天文学》，中国大百科全书出版社1980年版。

则不可能突然在贾湖文化出现骨叉形器和陶垂球这样先进的领先古埃及 4600 年的历法天文测量仪器。因此，完全有可能发现早于贾湖文化的历法。

　　跨湖桥文化先民们已经知道一年四季，知道一年有 37 旬，老官台文化先民已经知道一年四季八节。这显然指证贾湖文化历法天文测量仪器的真实性，指证贾湖文化也可能有类似的更简洁的历法。没有证据表明，在跨湖桥文化及此前有哪怕是最原始的灌溉系统，因此，对于最离不开水的谷物——水稻的耕作，对历法、季节的需求尤甚于其他作物。这促使历法天文首先在发明稻作文化的华域诞生，也促使人类远古文明首先在贾湖文化至跨湖桥、老官台等文化诞生。

图三十八　尼罗河太阳神荷露丝（金乌）陶片

　　据中国考古学家研究：人类最早对太阳的崇拜源于贾湖文化，而将太阳神与金乌联系在一起是从河姆渡文化开始的。这远早于尼罗河流域的荷露丝。将日晷理解为金乌，说明当时已经将历法天文与神联系在一起。稍晚，从仰韶文化庙底沟类型开始至马家窑文化马家窑类型，黄河中上游流域又将在太空"飞行"的彗星理解为飞向太阳的金乌，致使太阳神与金乌的信仰达到顶峰，导致凤文化的形成。也就在这一阶段，太阳神、金乌与历法、天文，从华域开始向外域传播。

　　图三十八为尼罗河流域最早的绘有太阳神荷露丝（金乌）的陶片，属涅伽达文化 I 之未，年代为公元前3700—前 3500 年[1]。西方学者认为荷露丝站在圆顶屋上。其实所谓圆顶屋是石器。

　　图三十九为古希腊最早的太阳纹平底锅形陶器[2]，出土于基克拉泽斯群岛，属公元前 31 世纪制品。这一太阳纹、漩涡纹与大汶口文化中期（公元前 4520—前4040 年，经树木年轮校正）的纹饰非常相似。如大汶口遗址彩陶壶 M3 和 M4 上的漩涡纹。

图三十九　爱琴海最早的太阳纹（基克拉泽斯群岛）

　　①　林志纯主编：《世界上古史纲》，天津教育出版社 2007 年版。
　　②　张夫也：《外国工艺美术》，湖南美术出版社 1998 年版。

图三十八和图三十九为外域已知最早的太阳崇拜。

在论文即将结束之时，我们再来考察一下贾湖文化究竟有没有历法。

图四十为贾湖文化第Ⅲ期9段（Ⅲ9）Cb型陶支脚 M235：1,① 形似滑轮，也可能就是滑轮。在陶支脚顶面中心孔（可能是安装滑轮轴用的）周围有7个圆坑，在顶面周边有10个完整的圆坑和3个残缺的圆坑，这在图四十右部的拓片上隐约可见。

图四十　贾湖文化第三期9段（Ⅲ9）Cb型陶支脚 M235：1，顶面有7+13个圆坑

于是我们又见到与图十一一致的数字组合。

图四十一为贾湖文化 Ab 型陶碗底 T108③：42。② 陶碗底上有二排月牙痕，一排10个，另一排3个。这些月牙齿痕显然表示13个新月或残月。13个新（残）月分成10、3二排，可读作十有三月，说明已使用十进制，进一步证明《舞阳贾湖》根据龟甲中石子等遗存提出贾湖文化先民已使用数字进位制的观点。

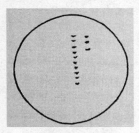

虽然我们没有在《舞阳贾湖》中找到数字19（也许别人可以在库房中找到），但根据图五—图十八，我们认为贾湖文化已经有了人类最早的农历历法。因为从图十八向前推，图四十和图四十一的数字组合仅能作这样的解释。

图四十一　贾湖文化 Ab 型陶碗底 T108：42 有13个月牙痕

到现在为止，我们一共提到了三种历法：阴历、阳历、夏历（农历、阴阳历）。其实所谓阴历就是夏历。因为要设立阴历历法中19年7个闰月年，首先要确定一年有365日，而要确定一年365日，最简单的方法是先确定冬至或夏至，因为冬至和夏至是确定阳历的最基本的二个节气。因此，贾湖文化的历法，除了有19年7闰月（朔望月），还有一年365日和至少有冬至和夏至二个节气。测冬至和夏至仅需用垂球引铅垂线后测定影长变化即可，因此，骨叉型器的作用应是测量星座，与古埃及裂口棕榈树叶柄的作用一样。

从对远古文明至上古文明大量纹饰组合的破译研究，我们得出这样一种看

①　河南省文物考古研究所：《舞阳贾湖》，科学出版社 1999 年版。

②　河南省文物考古研究所：《舞阳贾湖》，科学出版社 1999 年版。

法，那就是在甲骨文之前，除了散见于多个文化中的象形文和符号文外，还有一种以纹饰组合来表示事件、故事及论文的记叙方式，它主要记录于陶器上，我们称之为陶书，以别于单个字符。本文是我们破译的陶书的一小部分。

尽管笔者曾专门研究过天文①，但如果没有学习中国考古学家们的论著，是不可能完成此文的。虽然没见过面，也要特别感谢张朋川，本文所引述的图文"图十二—图十九、图二十三—图二十五、图二十八—图三十七及引文"来自他所著《中国彩陶图谱》。

---

① 柳志青：《地球及类地行星起源的新假说》，《浙江大学学报》，1984 年 2 月；柳志青：《太阳系行星的起源》，《天文地质学进展》，海洋出版社 1986 年版；柳志青：《太阳系化学》，浙江大学出版社 1987 年版。

跨湖桥遗址发掘前湘湖发现文物情况调查

柴海生（萧山名人研究会）　　于立岳（浙江省企业法律顾问协会）

为配合跨湖桥文化学术讨论会的召开，我们于 2009 年 7 月 1—4 日，对跨湖桥遗址考古发掘之前、湘湖发现的文物情况进行了调查，现报告于下：

湘湖砖瓦厂的老职工丁庆松，当年是厂里负责对各挖土工人挖土的计量员，每挖多少吨砖泥、瓦泥，由他来发计量的竹签。80 年代初期以后，他讲湘湖底部各不相同的五层泥石：最上层是黄沙泥；第二层是毛青砂泥层；第三层是千张泥层（即像千张一样一层砂一层灰土，又一层沙一层灰土，互相夹杂）上述三层泥只能做砖，不能做瓦；第四层是青灰泥层即瓦泥层，才是最优质的，唯在这层泥中发现的木头、兽骨最多；第五层就是黄色的金刚砂层，有卵石，已与山体相连。这些青灰土一般有 5—6 米厚，深的有十几米，但底部并不在一个平面上。他经常见到两大板块青灰土中间有一条金刚砂堤，这堤埂有 1 米多宽，10 米多长，而且是笔直的。在青灰泥层深处经常有一堆堆的段木发现，大部分无根无枝，在一个平面上堆放着，直径在 30—50 多厘米不等，色褐而松脆，长约 5—8 米，水漾湖口（城山下的一个小湖）特别多，其作用不清。还曾看到过一个大动物完整的骨架，横卧在瓦泥层中，腿骨有碗口粗，似象骨，长达 80 厘米，但头骨上有一只角（估计是头犀牛）。同时还有鹿角、蚌壳、陶盆、陶罐等出土。有些职工说，城厢砖厂取土现场也见过似独木舟的小船。

浙江省考古所的劳伯敏先生，在主持越王城发掘时，研究了吴越水战的情况，他从村民口中得知，湘湖中有木筏的遗存，因为所见烂木成排放着。

据湘湖菊花山下的浙江砖瓦厂领导于立康先生反映，在湘湖表土下约 10 米深的青灰泥层处，曾多次挖出零星和成堆的圆木，质已烂，成褐色，见风就裂，无稍无根，系明显有人工加工过的痕迹，直径达 30—40 厘米。当时，推土机推出来后，派专人清理掉，以和瓦泥分开。这些木头是何年沉下去的？放此何用？一直是一个谜。

另补：跨湖桥文化已发掘的两个遗址，分别位于上下湘湖的中心地带。最早发现湘湖文物的何天行先生，他在盛家港至瓦窑孙发现了新石器时代陶片，1955

年《考古通讯》第 4 期刊登了他的文章。1970 年，杭州砖瓦厂的陈中箴先生，看到了朋友从砖厂取土处拣来的骨器，于是他去现场考察，发现了碳坑及一些文物，后来他在取土现场又收集到文物百余件，2001 年由其儿子上交给文物部门。之后，在湘湖取土的砖瓦厂越办越多，如湘湖砖瓦厂、长河砖瓦厂、城厢砖瓦厂等近十个，他们对湘湖底下的文物均缺乏保护意识。1991 年，萧山电大学生郑苗等数人，在城厢砖瓦厂取土现场确认时又采集到木簇、骨耜、陶座等文物一批。省文物研究所得报后立即派芮国耀先生等到湘湖阻止取土。郑苗同志曾在1991 年发现湖底"小船"，并向电大老师作了报告，但未引起重视，错失了发现独木舟的机会。

2009 年 7 月 10—15 日，我们又再次进行调查访问，现将调查所得，列表报告于后。

湘湖周边百姓发现古物的补充报告

柴海生

序号	器物名称	出土地点	信息来源	简介
一	木头、陶片等	菊花山南盛家港胡周边百姓发现古物的补充报须坝西	浙江砖瓦厂旁居民戴水令，现年 70 岁	木头长约 4—6 米，直径约 20—40 厘米，埋于泥土下 5—20 米深处。多数被推土机推断，砖厂有专人负责处理烂木头，用作烧火。数量大。同时木旁还有陶器出现。（应是几千年的木筏遗迹）旁边的水漾湖中应有木筏木舟遗存，建议挖掘。
二	古代用的木筏、木器、鹿角	湘湖菊花山南岸边，砖厂工地中	东湘村 8 组来幸福，原砖厂工人，现年 74 岁	我们到湖底取砖土，见有一排排木头，我们叫"木排"，是水上运输工具，埋得很深，表皮褐黄色，粗 30—50 厘米不等，长约 3—6 米，数量很多。还有大段被挖空的木头、样子像小船。伴有鹿角、陶片发现。还有些东西看不懂。
三	石斧、石锛、陶器等	城山北麓包家湾山中	浙江建材厂工人若干人	开山取黄土时，挖出了几十件石器，被打碎后推到运土船上，也有的东西被天天来的古董商人收走。陶器堆像是一只古窑所弃，萧山文管会人员说有些窑变器物存在。此处可能是良渚文化中晚期的新石器遗址。
四	鹿角、木头、陶器等	傅家峙固陵河至范港的大池中	滨江区傅家峙村民、包工者	当地砖厂取土时发现池底有些鹿角、陶器、木头等出来，后由萧山文管会王屹峰先生转告杭州文保所收缴，未果。（范港即范蠡修筑的固陵港。）

序号	器物名称	出土地点	信息来源	简介
五	木排、独木舟等	跨湖桥萧山砖瓦厂取土工地	东湘村8组黄茶花，现年71岁，原砖厂工人	当年我到花坞桥取土，用铁锹挖泥土，有一排排木头，长约4—6米，粗的有60—100厘米左右，深达10—30米，有人说是木牌子。有次我在大木头挖出泥土后，中间空心，可能是一只木船，但我们不知道它有什么用，弄破后当柴烧掉。还见到个大鱼的印子，都在很深的土中，年代一定很久了。
六	石刀、玉玦等	越王城山内	萧山民间收藏爱好者	我们去城山上玩，爱采集印纹陶片，发现了石刀和玉玦。玉玦是半开口的，体形不大。（注：此处出土过西周时期的古物。）
七	宝剑、陶瓷器、帆船模型	湖头陈村黄泥荡山一带	湖头陈村居民	帆船模型发现于六朝墓中，为陪葬品。宝剑是铁制的，已残，北干山石棺墓中见过一把青铜制短剑。瓷器是早期青釉瓷。
八	陶罐等一批	紫红岭北苏黎世小镇	倪航祥先生等	倪航祥先生和柴海生等同志去杭州乐园工地考古，发现苏黎世小镇工地有些陶器出现，多数已残破，有红陶、灰陶罐、坛等，器物不大，深1—2米上下，估计是良渚文化中晚期的墓坑。
九	犀牛骨架及黄砂路	下湘湖砖厂取土工地	砖厂老工人丁庆松	我们取土时发现一段笔直的黄泥砂路，宽在1.5—2米间，土色和旁边的不同，泥质也不一样。路旁有一只独角动物的骨架，骨头很大的。

柴海生　2009年7月

浙江萧山蜀山遗址发掘简报

林华东（浙江省社会科学院）

蜀山遗址位于萧山东北方向，相距约 38 公里，隶属河庄镇蜀南村蜀山头，地处今钱塘江口南岸，西南 8 公里许为青龙山，西北与余杭区临平山隔江相望，北稍偏东处，海宁市盐官塔历历在目。1982 年因当地在该山开采石块，遗址遭到不同程度的破坏。为配合工程建设、探索遗址的文化内涵，经上级有关部门批准，以浙江省文物考古研究所为主、会同杭州文管会、萧山市文管会及富阳、淳安、建德县文管会组成考古发掘队，自 1982 年 9 月 12 日至 11 月 18 日先后对遗址进行试掘和正式发掘工作，先开探沟五条（编号即东 T1、东 T2、东 T3，西 T1 和西 T2）。正式发掘是从当地俗称"牛肚皮"处展开的，分南、北两区，开 6 米 ×6 米探方 18 个，总共揭露面积 514 平方米，出土文物共 232 件以及大量的印纹硬陶、泥质陶、夹砂陶和原始青瓷等遗物。

一、地层堆积

（一）南区

南区（包括西 T1、西 T2）文化层保护程度较差，其中 T18 因有近代丛葬坑而放弃，其他各探方文化层均有 2—3 层，现以 T19 东壁为例作一介绍：

第 1 层：表土层，厚约 40—85 厘米。

第 2 层：扰乱层，土色灰黄，厚度 55—205 厘米，有明清陶瓷片和墓葬等。

第 3 层：灰黄尘，厚 50—190 厘米，土质坚硬，在西 T2 发现 2 个灰坑（编号：H1 和 H2），T20 发现灰沟一条（编号：G1）。包含物按质料分为印纹硬陶、泥质陶、夹砂陶和原始青瓷，此外还有铜器、玉器以及骨器、红烧土块等。

第 4 层：灰褐土，厚 55—68 厘米，质较硬，在 T17 中发现一条灰坑（编号：H4），T14 和 T20 均发现有柱洞遗迹。陶系基本与第 3 层同，但印纹硬陶和原始青瓷明显减少，泥质陶数量增加，且有一种黑衣陶，其器表带有仿铜器花纹装饰。

第 5 层：黄褐土，厚 0—120 厘米。此层分布于 T15、T17、T19、T20。包含物与第 4 层相近。

第 6 层：黄褐沙土，厚 0—250 厘米，只 T19 有此层。本层印纹硬陶和原始青瓷很少，泥质陶、夹砂陶数量较多，夹砂陶器有的器表印有席纹。

在 T13 和 T16 还有第 7 层，为灰褐沙砾土，厚 0—20 厘米，发现两座墓葬（编号：M1 和 M2），包含物有夹砂陶、泥质灰陶和黑皮陶等，属良渚文化层。

第 6 层以下为生土（山岩）

（二）北区

北区（包括东 T1—T3）文化层保存程度较好，除 T26、T27 为晚期扰乱破坏严重外，各探方文化层一般均有 2—3 层，现以 T21、T22、T23 的南壁为例阐述如下：

第 1 层：表土层，厚 15—25 厘米。

第 2 层：扰乱层，厚 0—25 厘米，灰黄土，包含有隋唐陶瓷片、瓦片等。

第 3 层：灰黑土，厚 0—30 厘米，土质坚硬，在 T28 发现一个灰坑（H4）。陶片以印纹硬陶、泥质陶为主，夹砂陶次之，原始青瓷数量较少。此外，还有铜器、骨器及红烧土块、兽骨等。

第 4 层：黄褐土，厚 15—60 厘米，土质坚硬，在 T29 发现灰坑 2 个（H5、H6），陶片以泥质陶为主；夹砂陶次之，印纹硬陶和原始青瓷少见。

第 5 层：灰白土，厚 0—15 厘米，土质较松，本层只分布在 T22、T23、T28，包含物与第 4 层略同。

第 6 层：黑褐土，厚 0—20 厘米，只分布在 T21、T22、T23 之中，以夹砂陶为主，泥质陶、黑皮陶数量不多，属良渚文化层。

第 6 层以下为生土。

二、遗迹和墓葬

南区发掘坑位第 3 层出现灰坑 2 个（H1、H2），灰沟一条（G1），第 4 层中发现一个灰坑（H1）及柱洞遗迹。T16 和 T13 的良渚文化层中，还发现两座墓葬。北区第 3 层发现灰坑一个（H4），第 4 层发现灰坑 2 个（H5、H6）。现择要说明如下：

（一）H1：位于西 T2 第 3 层东部，略呈圆形，残长 145、宽 150、深 45 厘米，坑中填土黑褐，夹有灰烬堆积；内出土一件印纹硬陶罐（完整）和一件泥质陶罐。

（二）H5：位于 T29，开口于第 4 层并打破了生土，呈椭圆形，长 130、宽 276、深 90 厘米，坑壁清楚，底近平，底部有石块和红烧土块，填土深灰而略松，坑中出土 2 件三足盘和骨镞、石刀各一件；还发现一块长 45、宽 25、厚 16 厘米，表面有竹或苇秆编织印痕的红烧土块。

（三）柱洞：T20 第 4 层中发现七个柱洞，均呈圆形，直径 25—23、深 16—40 厘米。在 T14 的同一层中也发现二个柱洞；底部也有红烧土块。

（四）墓葬：M1 发现于 T16，M2 发现于 T13，均遭到不同程度的破坏，也无法找到明显的墓坑，骨架保存差，其中 M1 方向 160°，大致残长 133、宽 55、深 20 厘米。随葬品置于脚部，有鼎、豆、罐、滤器、石纺轮等 5 件；M2 系选择低凹处，加以修整而后埋葬的，方向 155°，残长 220、宽 50、深 5—19 厘米，随葬品置于右侧，有鼎、盆、贯耳壶、石锛等 4 件。

此外在南区和北区均发现有一定数量的红烧土块，有的带有很厚的窑渣，也有的则为铜渣。同时，有的陶器有变形、起泡、粘釉等现象，说明当时这里还有炼铜和烧窑作坊等。

三、出土文物

蜀山遗址发掘表明，南区文化内涵大致可以分为三期：即第 7 层为第一期；第 6、5、4 层为第二期；第 3 层为第三期。北区各层文化内涵也可分为三期：即第 6 层为第一期；第 5、4 层为第二期；第 3 层为第三期。南区比北区堆积较丰富，尤以 T19、T17 及西区保存较好，而南、北两区各期之间的文化内涵也完全相同，因此，我们把南、北两区归并一起，着重把编号器物（计 226 件）做一阐述，至于陶片情况及各期之间的差异也略为说明。

（一）第一期

包括南区的第 7 层和北区的第 6 层，出土遗物以夹砂陶为主，泥质灰陶、黑皮陶较少，此外还有石器、骨器等。

1. 夹砂陶。器形有鼎、盂、滤器，还有缸形陶片等，器表多饰绳纹，少数素面。

①鼎　分 3 式。Ⅰ式：敞口折腹，鱼鳍形足。标本 M1：1 带盖，通高 23.5，鼎口径 14.5、腹径 16.2 厘米（图一，1）。Ⅱ式：敞口扁圆腹，鱼鳍形足。标本 M2：4，残高 15.4、口径 12.5、腹径 16.8 厘米（图一，2）。Ⅲ式：敞口弧腹而圜底。标本 T16⑦：5，腹部有凸脊一道，足残。残高 18、口径 29.5、腹径 27.6

厘米（图一，3）。

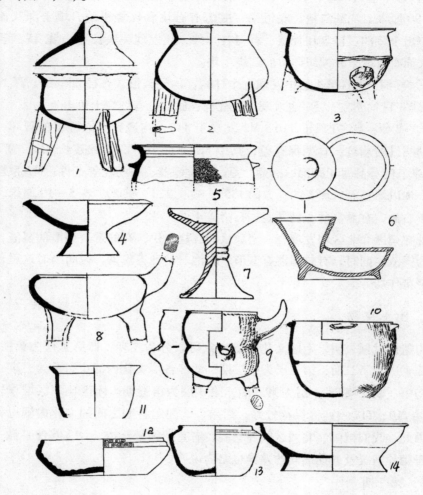

图一　蜀山遗址出土炊器和盛贮器等

②滤器　形制奇特，系在椭圆形圈足盆的口沿一侧安上喇叭形漏斗，似属过滤之器。标本 M1：4，高12、漏斗口径12.6、圈足长14（横）、宽8.4（纵）厘米（图一，6）。

2. 泥质灰陶和黑皮陶。泥质灰陶的器形有豆、罐和簋。

①豆　标本 M1：2，作折沿浅腹，喇叭足，高9.3、口径19.7、底径6.8 厘

米（图一，4），簋为陶片，从略。

②罐　标本 M1：3，口残，鼓腹，假圈足，残高 9.8、底径 6.8 厘米。

黑皮陶，器形有贯耳壶（M2：2）和盆（M2：3），以及豆、杯等，因残甚，从略。

3. 石器，主要为生产工具中的石锛、耨（破土器）、穿孔石刀和石纺轮。

①石锛　标本 M2：1 为长方形，单面刃，长 5.8，宽 3.3，厚 0.6 厘米（图二，5）。

②纺轮　标本 M1：5 扁圆形，外径 3.8、孔径 0.4、厚 0.6 厘米。

③穿孔石刀　标本 T22⑥：2，残，孤刃，背一侧有钻孔，残长 7.8、宽 3.3、厚 0.5 厘米（图二，6）。

④耨（破土器）　呈曲肱式，长弧刃。标本 T23⑥：1，刃残长 19.8、厚 1.6 厘米。

此外，还有残骨器和兽骨等。

（二）第二期

包括南区的第 6、5、4 层和北区的第 5、4 层。出土遗物以泥质灰陶占绝大多数，印纹硬陶和夹砂陶次之，泥质红陶再次之，泥质黑陶、原始青瓷数量很少。此外还有铜器、骨器、玉器、红烧土块及兽骨等。现按其用途分类介绍如下。

1. 生产工具（包括兵器）。质料有石器、陶器、铜器和骨器等。

A、石器，主要有凿、镰、刀、镞等。

①凿　1 件，标本 T2⑤：21，条形，单面刃，长 8.8、宽 2.7、厚 1 厘米。

②镰　2 件，戈形，刃内弧，标本 T28④：5，残长 12.3、宽 3.4、厚 0.7 厘米。

③镞　2 件。菱形，标本 T21④：4，残长 5.5、宽 2.5、厚 0.7 厘米（图二，7）。

④石刀　2 件，双面刃。标本 T25④：5，残长 6.4、宽 2.9、厚 0.6 厘米。

B、陶器，主要有网坠、纺轮等，数量较多。

①网坠　分 3 式。I 式：30 件。呈枣形，两端均有一道凹槽，少数正背面也有纵向凹槽。标本西 T2④：10，长 3.4、宽 1.7、厚 1.4 厘米（图二，8）。II 式：2 件，亚字形，两端及正、背面均有一道凹槽。标本西 T17④：13，长 4.3、宽 3.4、厚 3 厘米（图二，12）。III 式：2 件，鼓形或圆柱形，中均有孔，器形

大。标本 T22④：1，鼓形，高9、外径6.2、孔径5 厘米。

②纺轮　分4式。Ⅰ式：9件，扁鼓形，中有孔，多饰有圈点纹。标本 T19④：22，腰径3.2、高2 厘米。Ⅱ式：1 件，梯形，标本 T16④：3，高2、底径3.4厘米。Ⅲ式：1 件，算盘珠形，标本 T15④：9，高2、腰径2.8 厘米。Ⅳ式：1 件，扁圆形，标本 T28⑤：4，外径4.7、厚0.7 厘米。

C、铜器，有矛、镦、刀、镞。

①矛　2件，柳叶形，中起脊棱，骹部长，断面菱形。标本 T19⑤：33，残长10.5 厘米（图二，18）。

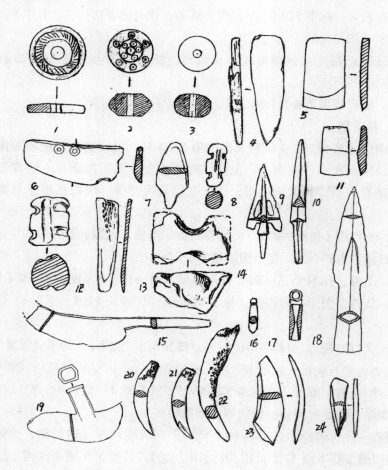

图二　蜀山出土石器、铜器、骨器和陶器

②镦　1件，圆锥形，中空。标本T19④：19，长13.4厘米。

③刀　1件，弧刃长柄。标本T19④：25，长14.4厘米（图二，15）。

④镞　分三式。Ⅰ式：1件，双翼形。标本T19⑤：30，长7.1厘米（图二，9）。Ⅱ式：1件，三棱形。标本T19⑤：41，铤变形，长10.2厘米（图二，10）。Ⅲ式：2件，柳叶形，中起脊。标本T19④：43，锈甚，长4.4厘米。

D 骨器，有镞、匕、角锥等。

①镞　5件，有柳叶形、三棱形等。标本T17④：12，为三棱形，长铤，长11.1厘米。

②匕　2件，标本T17④：28，为扁条状，弧刃，残长7.7、宽1.7厘米（图二，13）。

③角锥　4件，多以动物獠牙或鹿角磨尖而成。标本T19⑤：59，为鹿角制成，长10厘米（图二，22）。标本T19⑤：34为獠牙制成，长5.7厘米（图二，21）。

2. 生活用器。主要均为陶器，陶片复原率低，按质料分有夹砂陶、泥质灰陶、印纹硬陶、泥质红陶、泥质黑陶和原始青瓷等，其中夹砂陶多为炊器，余为盛贮器。

A、炊器，器形有鼎、甗、釜、器盖、支脚等，器表多饰绳纹，素面者少。

①鼎　未见完整器，陶片中所见多作敞口鼓腹，足有扁圆形和圆锥形。标本T19⑥：57，口沿外翻，腹微鼓，颈附鸡冠形鋬，腹饰席纹，此种器形少见（此器应是盛贮器，而非鼎，因下腹残缺，此供参考）。口径28.5、残高8.9厘米（图一，5）。另有一种鼎，腹作钵形或盘形，足为柱形，而口部往往安有角状把手，器形小而腹浅，似非实用炊器。标本H4：1，残高13.5、口径17.4厘米（图一，8）。

②釜　数量较多，口有敞口、直口、弧敛口三种，底呈大圆底近平，少数平底，有的腹内壁有搁档。标本H3：1，直口深弧腹，内壁有搁档，大圆底，口沿下外附一对鋬，高20.5、口径25.6厘米（图一，10）。标本T19④：14，为敞口弧腹，底残，然依其转角痕迹推测为平底，素面，残高13、口径24.2、腹径20.8厘米（图一，11）

③甗　数量不多，器多为敛口，宽平沿，有的稍内凹，双腹。标本东T1④：6，敛口圆唇，束腰双腹，圈底，扁圆足，腰部设流，而口沿外安角状把手，器形小，造型奇特。残高12.5、口径10.7厘米（图一，9）

④支脚　数量较少，可复原者一件。标本 H3：8，呈角状，支撑面圆钝，有浅小孔，高 12.5，底部长（纵）10.5、残宽（横）6 厘米（图三，3）。

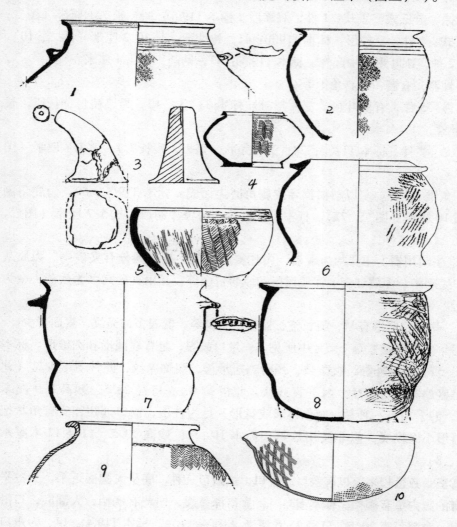

图三　蜀山遗址出土炊器和印纹陶器等

此外，还出土二个袋足残片。

B、盛贮器，按其质料分述如下：

1. 印纹硬陶（包括硬陶）。胎呈褐红或灰色，火候高而质坚硬，装饰花纹有席纹、云雷纹、梯格纹、方格纹，也有的素面（称硬陶）。器形有瓮、罐，澄滤器和钵等。

①瓮　未见完整器。器多作翻沿口，高颈，丰肩或广弧肩，其口沿内和颈部外表常施弦纹，少数肩部附扁薄而上卷的錾一对，腹压印花纹。标本 H3：6 有錾饰，腹部饰席纹，残高 10、口径 24.2 厘米（图三，1）。标本 H3：7 作束颈丰肩，深弧腹，素面，残高 28、口径 28、腹径 47 厘米。在 T19 第 5 层还见有一种大敞口，鼓腹的陶瓮残片，其器表呈砖红色，火候高，腹饰（横向）梯格纹，这在浙江境内并不多见。

②罐　数量较多，多为翻沿口或撇口，颈有高有低，口沿内和颈部常施弦纹，丰肩，鼓腰，圜底而内凹，花纹以席纹、云雷纹为主，未见完整器。标本 T19⑥：55，撇口丰肩，底残，肩有弦纹，腹饰席纹，残高 17.6、口径 20.3、腹径 23.3 厘米（图三，2）。

③澄滤器　有弧敛口、侈口两种，弧腹圜底，口部设流，内腹壁刻交叉阴线，外腹多饰席纹，也有梯格纹或云雷纹和素面等。较完整者可分二式。Ⅰ式：弧敛口，标本 T19⑥：56，肩饰弦纹，腹施梯格纹，器表褐红色，残高 11、口径 21.4、腹径 23 厘米（图三，5）。Ⅱ式：侈口，深弧腹，标本 T19⑤：39，素面，残高 9、口径 20 厘米。

④钵　为硬陶，器形小，火候高，素面，有的腹安角状把手，也有的肩附角状装饰，标本 T11④：1，弧敛口，斜腹平底，一侧安角状把手，口有弦纹，高 3.7、口径 8.8、底径 4.2 厘米。标本 T21④：5，浅腹圜底，口有弦纹，高 3.6、口径 12 厘米。

2. 泥质灰陶和泥质红陶。灰陶占绝大多数，红陶数量很少，器形有瓮、罐、澄滤器、豆、三足盘、盆、方碟等。花纹装饰多见于瓮、罐和澄滤器，火候有高有底，高者以前常称为印纹硬陶，低者即所谓的"印纹软陶"。

①罐　（包括瓮）器多作鼓腹，圜底或凹底，而以凹底者稍多，分 4 式，Ⅰ式：作敞口束颈，广弧肩，凹底，火候高，器底厚。花纹以席纹为主，方格纹次之，云雷纹、曲折纹再次之，有的肩部饰圈点纹，器形有大小之别，大者可名为"瓮"或"罍"。标本 T14④：3，口沿内有弦纹，肩饰圈点纹而腹压印方格纹。高 37.6、口径 21.5、腹径 40、底径 10.5 厘米（图四，13）。Ⅱ式：器作敞口（有折沿或翻沿等），束颈丰肩鼓腹，颈部有高低之差，底有凹底和圜底两种，花纹以席纹为主，方格纹、长格纹次之，云雷纹、曲折纹、叶脉纹不多，也有少量

为素面。标本 H3：9，折沿高颈，肩部有一道横向"八"字纹与弦纹带，以下饰叶脉纹（狭长而工整），残高 9.5、口径 20 厘米（图三，9）。Ⅲ式：数量较少，作侈口鼓腹，圜底。器形较小，腹部常以方格纹或长格纹或云雷纹为饰。标本西 T2④：23，小口侈唇，腹拍印方格纹，残高 11.5、口径 11.2、腹径 21.6 厘米（图四，9）。Ⅳ式：扁腹，底附矮圈足（有的连圈足内也有席纹），此类器形数量很少。标本东 T2④：7，口残，肩有八字形装饰带，残高 8.5、腹径 15、底径 8.8 厘米。

此外，陶片中还有一种红陶罐，常见敛口宽沿而束唇，沿面有弦纹，束颈鼓腹凹底，火候底，器表多饰叶脉纹（宽而杂乱），也有梯格纹、或方格、长格纹等。

②澄滤器　器形基本与印纹硬陶相同，但数量比之稍多，外腹常施方格纹或席纹及弦纹，惜未见完整器。

③豆　豆盘多为坦口浅腹，豆把高而呈喇叭状，其中部往往为竹节形，这种豆数量很多，标本西 T2④：13，残高 11、口径 16.4 厘米。

④三足盘　出土数量较多，盘浅腹，足高而外撇，分 3 式。Ⅰ式：弧敛口，足呈扁圆凿形，标本 H3：2，口沿下肩弦纹，高 15.8、口径 22—5 厘米（图四，1）。Ⅱ式：折沿平唇，扁圆形足，标本 T24④：4，腹呈竹节状，高 14.9、口径 23.5 厘米（图四，2）。Ⅲ式：小敞口圆唇，圆锥形足，标本 T17④：29，为红陶，高 14.7、口径 15.4 厘米（图四，3）。

⑤盆　出土数量略多，均作折敛口，斜腹大平底，口沿外多施弦纹，复原器 6 件。标本 T19⑥：42，口沿外压印云雷纹，高 5.8、口径 18.4、腰径 20.6、底径 13.5 厘米（图一，12）。

⑥小方碟　形同"盏"，浅腹，底附矮圈足，平面均为长方形，残高 4.4、足残长（横）6.3、宽（纵）6.8 厘米。

3. 泥质黑陶。其胎质有褐红或灰黑两种，表披黑衣，陶片中数量较少，器形有罍、三足盘钵和器盖等。

①罍　器形大，壁厚，往往作直口短颈，广弧肩，鼓腹。肩部饰圈点纹或连珠纹，也有重圈纹，腹部多见仿铜器花纹，有菱格雷纹，也有变体雷纹或勾连雷纹，也有指甲纹或附加堆纹，有凹底或圜底两种，其特征明显，惜均未见完整器。标本 T19⑤：58，为直口短颈，广弧肩，肩施连珠纹，腹部压印勾连雷纹，残高 10.6、口径 22 厘米（图四，4），这种器形较罕见。

②三足盘 较为完整者仅2件。标本H5：1，弧敛口，口外有弦纹，浅腹，足呈扁圆凿形，残高14.2、口径29厘米（图四，6）。标本T19④：26，侈口折腹，残高4.6、口径16.1厘米。

③钵 多为敛口圆唇，折腹。标本T19⑥：54，肩施弦纹，残高9.2、口径13.5厘米、腹颈21.6厘米（图四，5）。

④器盖 盖体作弧状，钮呈"U"字形，复原器3件，标本T19⑤：38，高6.9、口径23.2厘米。

4. 原始青瓷。多为淡灰陶，披青黄釉，多数火候底，釉未显现，表呈淡红色或褐色，如同硬陶，器形有豆、钵、器盖等。

①豆 未见完整器，豆把有高有低，高者呈喇叭状，低者如矮圈足，标本西T2④：25，把粗而低矮，青黄色釉，残高5.2、底径8.8厘米。

②钵 出土数量多，器作直口圆唇，折肩平底，肩部大多施弦纹，复原器11件。标本西T2④：16，底微凹，高8.2、口径11.5、腹径14、底径8厘米（图一，13）。

③器盖 出土数量少，复原器3件。为弧顶，浅杯形钮，釉多未显现，如同硬陶，有的变形或起泡。标本T19⑥：48，高4.7、口径14厘米。

5. 其他

①玉坠饰 1件，呈圆锥状，上端有凹槽，标本T17④：11，为紫色，残长2.9、径0.7厘米（图二，16）。

②小玉珠 1件，圆管状，标本T21④：3，青绿色，长0.8、径0.6厘米。

③红烧土块（H3：5） 1件，一面平，其上有竹或苇秆编织印痕，似同建筑物有关，残长4.5、残宽3.5、厚16厘米。

此外，还出土一些带有窑渣或铜渣的红烧土块，以及骨刀（图二，23）、骨锥（图二，24）、兽骨（有猪、鹿、麂）和鱼鳃盖骨等等。

（三）第三期

包括南、北两区的第3层，出土遗物较丰富，但复原率不多，现按其用途之不同分述之：

1. 生产工具（包括兵器），有石器、陶器、铜器、骨器等。

A、石器，主要是有段石锛及石刀残片等。有段石锛一件，器极小，通体磨光，标本西T2：3，长4、宽2.2、厚0.8厘米（图二，11）。

B、陶器，有网坠，纺轮，形式与第二期同。其中Ⅰ式网坠13件，Ⅱ式5

件，Ⅲ式6件。纺轮Ⅰ式8件，Ⅱ式1件，Ⅲ式2件，其中T17③：5，一面有花纹，外径4.2、厚0.6厘米（图二，1）。

C、铜器和骨器。有镞、矛、刀等。

镞，除第二期中的Ⅰ式和Ⅱ式各出土2件外，新出现了Ⅳ式和Ⅴ式两种形式：其中Ⅳ式3件，锋作圆锥状，短圆铤，标本东T2③：1，残长4.8厘米。Ⅴ式一件，断面菱形，小铤，标本东T2③：4，残长3厘米。此外，还有铜矛一件（形同T19⑤：53），以及残铜刀（銎口至刃部高9.8、刃长15.3厘米；图二，19）、残铜器和一件残骨镞等。

2. 生活用品。其质料和器形基本与第二期同，但陶系比例有变化，印纹硬陶数量大为增加，而泥质灰陶有所减少，炊器中的夹砂陶器形和盛贮器中的原始青瓷也有变化。

A、炊器。器形有鼎、釜、器盖、甗、支脚等，鼎、釜之类数量减少，而甗类增加，占有一定比例。鼎、釜器形与二期相同，且皆为碎片，故不赘。此着重把最具特征的甗介绍之。

甗，多作敛口宽沿，上腹深而下腹浅，大圜底近平，底附三个上粗下细的扁圆状矮足，有的内壁腰部搁档，或为一道环形凸脊，或为三个舌状支钉，器表均饰绳纹，按口沿分有三种形式。Ⅰ式：敞口，颈部安鸡冠形鋬，双腹，此种陶片数量较少。标本T25③：6，残高20、口径26.5、上腹径27厘米（图三，7）。Ⅱ式：敛口宽沿，沿面内凹。标本T15③：2，高23、口径27.3、腹径28.8厘米（图三，8）。Ⅲ式：敛口，口沿外附凸脊。标本G1：1，高16.8、口径18.3、腹径29.5厘米（图三，6）。

器盖，作覆碗形，标本T15③：1，高10.9、盖口径21.4厘米。

B、盛贮器。质料和器形与二期有所差别。

1. 印纹硬陶（包括硬陶）。本期印纹硬陶数量大增，花纹以云雷纹占绝大多数，席纹、方格纹次之，梯格纹、折线纹、曲折纹、组合纹、回纹数量不多。器形有瓮、罐、钵、澄滤器等。其特点与第二期差别不大，故从略不赘。唯凹底罐有所减少，平底器中有的腹饰折线纹或回纹及组合纹。标本H1：1，完整，小口折沿，高颈丰肩，圜底，颈有弦纹，腹饰云雷纹，高15.5、口径12.3、腹径20.5厘米（图四，7）。标本T13③：10，敞口卷唇，折腹假圈足，高9、口径9.2、腹径15.3、底径9.3厘米（图三，4）。

钵，基本也同二期。其中T17③：10为硬陶，器作直口丰肩而平底，肩部有角状装饰。高5.1、口径7.5、底径6厘米（图四，8）。另外，还有一种圜底钵，大口圆唇，圜底，腹饰云雷纹。标本T15③：5，口径14.8、腹径14.2、高10.5厘米（图四，10）。

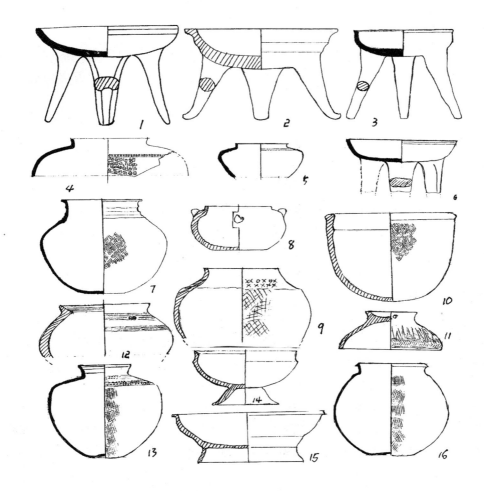

图四　蜀山遗址出土印纹陶器、原始青瓷和三足盘等

2. 泥质灰陶和泥质红陶。泥质灰陶数量比第二期减少，器形基本相同，但有一定差别，红陶比例有减少，花纹装饰也有差异。

①罐　基本与第二期同，唯凹底和圈足者已减少，叶脉纹和圈点纹也少见，

复原器有 3 件，标本东 T1③：3，折沿，高颈扁圆腹，凹底，表饰方格纹。高 25.2、口径 19.7、腹径 30 厘米（图四，16）。标本 H1：2，小口侈唇，扁腹圜底，表饰方格纹。高 11.5、口径 11.2、腹径 20 厘米。标本 T27③：1，作敛口扁腹，大圜底。双耳，底有三足，惜残缺，腹部有横八字装饰带。残高 11.4、口径 10.8、腹径 26.5 厘米。

②澄滤器　器形多为弧敛口或折敛口，浅弧腹大圜底，口设流，外饰方格纹或席纹，也有的素面。标本 T15③：4，折敛口，高 14.1、口径 32 厘米（图三，10）。

③豆　复原器有三种，标本 T28③：2，稍变形，口径 15.4、底径 11.1、通高 14.9 厘米。标本 T25③：1，形同圈足盘，高 7.6、口径 23.5、底径 16.7 厘米（图四，15）。标本 T25③：2，侈口，腹略深，把作喇叭形，为泥质红陶，高 6.4、口径 11.4、底径 7 厘米（图四，14）。

④三足盘　形式也同二期，以Ⅱ、Ⅲ式居多，Ⅰ式数量明显减少。

⑤盆　陶片中数量少，复原器仅一件，与第二期略同。标本东 T1③：5，素面、高 5.5、口径 17.6、腹径 19.8、底径 11.4 厘米。

⑥三足小盂　一件，敛口扁腹，三矮足。标本 T27③：6，高 4.8、口径 7、腹径 10.4 厘米。

3. 泥质黑陶陶片数量明显减少，第二期中的鬶、三足盘、器盖已少见，钵也已不多，仅复原一件较为完整。标本 T17③：7，直口圆唇，扁腹，素面，残高 9.2、口径 12.6、腹径 18 厘米。

4. 原始青瓷器形有罐、钵、豆、盂、器盖等，陶片中数量有所增加。

①罐　未见完整器。陶片中有作敞口束颈者，腹片花纹有云雷纹和席纹等。T13③：11，敞口宽弧沿，束颈扁腹，沿面上和肩部均有弦纹，其中肩部还有横向 S 纹装饰，灰白胎。青绿釉而有聚斑，残高 6、口径 10.8、腹径 15.4 厘米（图四，12）。

②钵　仅复原一件，器形与第二期略同，标本 T19③：2，肩有贴饰，高 7.5、口径 12、底径 7.5 厘米。

③盂　仅有一件，器形小。标本 T13③：8，侈口，折肩假圈足，肩饰水波纹，高 4.5、口径 11.2、腹径 12、底径 6 厘米。

④盖　分 2 式。Ⅰ式：弧顶，U 字形钮，复原器 3 件。标本 T27③：13，高 5、口径 12.2 厘米。Ⅱ式：仅有一件。覆碗形，盖面刻横八字纹和三角纹装饰

带，钮壁有一小孔，标本东 T1③：4，高 5.8、口径 16.1 厘米（图四，11）。

5. 其他

①玉珠饰　1 件。标本 T20③：1，圆管状，乳白色，长 3、外径 0.9 厘米（图二，17）。　、

②小陶块　1 件。标本西 T2③：7，断面梯形，中部两侧有内凹指窝，似为陶窑或炼炉上封塞某处之用，残长 5.8 厘米（图二，14）。

此外，还有兽骨、鱼骨和粘有窑渣、铜渣的红烧土块等。

四、结论

蜀山遗址主要为印纹陶文化堆积，现就几点肤浅看法，提供大家讨论研究：

根据蜀山遗址各层的文化内涵分析，我们初步分成三期。第一期，可以 M1、M2 为代表，其中的鱼鳍形足的鼎和黑皮陶中的豆、贯耳壶等，均为典型的良渚文化遗物。形制奇特的澄滤器，在余杭的良渚墓葬中也有出土，显然，第一期的年代应是良渚文化时期。

第二期；从生产工具（包括兵器）看，此时已出现了青铜器，有刀、矛、镞等。石器中有凿、镰、镞；陶器即有网坠和纺轮等。其中的青铜刀和陶网坠与江西清江吴城商代遗址（《文物》1975 年第 7 期；图一四：11、12）所出相同，而石镰、石镞等，在江苏宁镇地区的"湖熟文化"诸遗址和上海马桥遗址第四层中均有出土。再从生活用器而言，蜀山遗址的主要炊器是鼎、甗、釜等，同时，还发现一件鬲的袋足片。除釜外，各类炊器往往附有角状把手，这与"湖熟文化"的特征相仿，尤其是那造型别致的甗（东 T1④：6；图一，9）作束腰双腹，扁圆足，腰部设流，口沿外安角状把手，简直与南京安怀村所出如出一辙。盛贮器的质料以泥质陶为主，其次是印纹硬陶，原始青瓷很少。泥质陶的器形有瓮、罐、澄滤器、豆、三足盘、盆等，花纹装饰以席纹、方格纹、长格纹居多，也有少量云雷纹、叶脉纹、圈点纹等。泥质黑陶器很少，器形有罍、瓠、钵、三足盘，并出现了仿铜器花纹的勾连雷纹、重菱格纹，印纹硬陶的主要器形是瓮、罐、澄滤器等，多作圜底或凹底。瓮、罐类往往作翻沿口，长颈，颈部有弦纹，广弧肩，有的肩附扁薄而上卷的錾饰。花纹以席纹、云雷纹居多，方格纹、梯格纹较少。本期器物与江苏江宁湖熟、南京北阴阳营、安怀村、锁金村及上海马桥四层等遗址所出同类器多有相同或相近之处。因此，本期年代相当于中原地区的商代至西周早期。

　　第三期：炊器中的甗占有一定的数量，一般多作敛口宽沿，上腹深而下腹浅，内壁有搁档，底附三扁圆状矮足。印纹硬陶和原始青瓷增多，印纹陶花纹出现了折线纹、回纹和组合纹，原始青瓷花纹有波浪纹和 S 纹装饰，具有晚期特征。本期中的豆和三足盘与上海寺前村遗址中层所出全同。印纹硬陶罐（T13③：10；图三，4）和原始青瓷罐（T13③：11；图四，12）在浙江和苏南地区均常有出土。因此，第三期年代应相当于中原地区的西周前、后期。

　　据方志记载，蜀山古代地处钱塘江北岸，属海宁盐官辖境，元代以前，钱塘江入海口走南大门，明代至清早期钱塘江北移，雍正以后，才固定在今日的北大门，故蜀山便地处江之南岸，为肖山县所辖。通过发掘表明，蜀山遗址自良渚文化开始，就有人类活动于此。从大量的印纹陶堆积可以看出，商周时期浙北地区的文化面貌同宁镇地区的"湖熟文化"较为接近。尽管蜀山遗址保存程度较差，但是各个文化层间的迭压关系还是较清楚的，这对浙江省"高祭台"类型的研究，仍占有重要地位。同时，也为我国江南地区"印纹陶文化"的研究提供了新的资料，具有一定的研究价值。

　　说明：

　　1．1977 年 9 月至 1986 年 2 月，笔者先后供职于浙江省博物馆和浙江省文物考古研究所，从事考古工作。1982 年受命主持蜀山遗址的考古发掘。1985 年 1 月写好本简报，因故未能得以发表，现为保持原貌，发表时未作修改。

　　2．参加蜀山遗址考古发掘者有：倪秉章、姚桂芳、张玉兰、王海明、芮国耀、费国平、王小丁、李康。

　　3．器物绘图：李永加。

萧山越国史迹刍议

（林华东　浙江省社科院）

越国是建立在浙江大地的第一个古代王朝，从古史传说中的伟大治水英雄大禹，到秦将王翦灭越君，越国大约历经近二千年的发展历程。其国力强盛之时，曾先后灭吴，兼并莒、滕，亡郯、缯、邾，威慑齐、晋，并与楚国抗衡，平分南方半壁江山。势力范围北抵山东、江苏，南入闽台，东濒海，西达皖南、赣东，雄踞东南，取得了霸主地位，在中国尤其是东南地区先秦史上，占有极其重要的地位。

名冠古今的越王句践卧薪尝胆，改革图强的精神彪炳史册，激励着中华民族艰苦创业、奋发向上；足智多谋的范蠡，在越国建立功勋后，弃官经商，三致千金，被后人尊为"中华商祖"！位列我国古代四大美女之首的西施，忍辱负重，更是传为千古佳话！而考古新发现表明：根植于跨湖桥、河姆渡和良渚文化基础上的越族先民不仅是中国原始青瓷的发明者，而且其造船技术与稻作农业也均领先于世，独领风骚！举世闻名的越王句践青铜宝剑，至今仍锋利无比，令人赞不绝口。越国辉煌灿烂的文化不仅光耀大江南北，甚至影响远及朝鲜半岛、日本与台湾及东南亚等地区。因之，研究探索越国史，宣传越文化，弘扬越文化，是贯彻落实浙江省委、省政府关于推动浙江文化大发展、大繁荣，为文化大省建设增辉的一项实际行动，对于一名史学工作者来讲，是义不容辞的职责。

现就萧山有关的越国史迹，谈谈个人想法，供大家参考。

一、萧山是越国津渡要地

按方志记载，历史上的钱塘江曾先后出现过三条入海口，其一，元代以前钱塘江入海口大致在今萧山坎山（龛山，即南岸）与赭山（即北岸）之间，也就是史书所说的南大亹，此两山夹锁着钱塘江，类同于"大门"，故人称"海门"；又因为江中有座"鳖子山"，所以又被俗称"鳖子门"。其二，明朝至清初，钱塘江入海口在赭山（或称左山，即南岸）与河庄山（即北岸，此也即方志所称的中小亹、中小门）和河庄山（南岸）与盐官（北岸，即北大亹、北大门）之间徘徊。其三，清朝雍正以后，钱塘江入海口才稳定在今日所见的北大堡，即海宁的盐官（北岸）至萧山的河庄山、蜀山（南岸）一带，约阔三十余里。

越国之时的钱塘江入海口流经南大堡，这在《越绝书·记地传》中也可找到确凿的证据。如"防坞者，越所以遏吴军也，去县四十里"，"杭坞者，句践杭也。二百石长，买卒七士人，度之会夷。去县四十里。"文中的"会夷"即指"会稽"，而"防坞"或"杭坞"实即"航坞山"，又名龛山、坎山、王步山，当为今日萧山城厢东约15公里的航坞山（王步山）下附近一带，这里既是越国的津渡码头所在，而且也是吴越交战的重要战场。东周时的钱塘江北岸大致在萧山的南阳镇至河庄镇的红山、赭山、白虎山和河庄山、蜀山一带；而钱塘江南岸则大致从闻堰镇东北的回龙山、冠山、老虎洞山至城山（固陵城），再沿着北干山、长山至坎山镇的坎（龛）山（航坞山、王步山）、党山，直至绍兴的马鞍山一带。其时的江口已具喇叭口雏形，按《越绝书》所载句践与计倪对话时，说越"西则迫江，东则薄海，水属苍天……波涛浚流，沉而复起，因复相还。浩浩之水，朝夕既有时，动作若惊骇，声音若雷霆"；以及句践自吴获释归国后，曾计划伐吴，但又"恐津梁之不通"，"时返不知何在"等史料分析，当时已可能出现了钱塘江潮，也就是说钱塘江潮的出现，很可能可以追溯到越国之时。

此外，从萧山跨湖桥遗址和1979年河庄蜀山遗址的发掘，也可推知史前至商周时杭州湾南面的海岸线大致在北干山、长山至绍兴马鞍山、壶瓶山一带，而萧山河庄蜀山则属北岸，为良渚文化主要分布区域。

春秋晚期，越王允常"拓土始大，称王"（《国语》、《左传》），从而进一步点燃了吴越争霸的烽火。越国与楚国结盟，触怒了吴国，吴王阖闾便兴兵伐越。越王允常带兵渡过钱塘江迎敌。结果吴王阖闾获胜，占领了越国在今湖州、嘉兴的部分领土。周敬王二十三年（公元前497年），越王允常去世，后由其子句践继位。公元前496年，吴王阖闾乘越国丧乱之机，驱兵攻打越国。句践立即率军跨过钱塘江，在吴越边境线上的檇李（今桐乡卜院）摆开阵势，以诈术将吴军打败，越将"灵姑浮以戈击王"，阖闾败退逃跑死于途中（嘉兴王江泾），这便是有名的"檇李之战"。当时越国的行军津渡要地就在萧山西隅的城山北面的古钱塘江边。

周敬王二十六年（公元前494年），吴越之间发生的"夫椒大战"，其主战场就在古钱塘江两岸（详后）。此战役，越国惨败。根据盟约，句践偕夫人和范蠡入臣于吴。公元前492年5月，群臣送至钱塘江边，"临水祖道，军阵（陈）

固陵"（《吴越春秋》）。这就表明今萧山湘湖城山北面的古钱塘江南岸边，也即当时固陵城下北隅，正是越国的津渡要地。再从《吴越春秋》所载周敬王三十年（公元前490年），句践自吴获释归国，"至浙江之上，望见大越山川重秀，天地再清"等史料，也可得到佐证。

从以上吴越交战时越军的进军路线，越王句践往返于吴越国都，以及美女西施入吴所走的路线，都经过萧山古钱塘江南岸的越国固陵城山下的渡口，至江北岸（即后来所称的杭州凤凰山南的柳浦），足见其时的萧山应是越国的津渡要地。据说上世纪七八十年代，湘湖和闻堰镇王家村都发现过越国之时独木舟和木筏残骸，或可为此佐证。

二、萧山钱塘江沿岸是夫椒之战的古战场

周敬王二十四年（公元前496年），吴王阖闾死后，由其子夫差继位为吴王。史载夫差为报父仇，日夜训练军队，越王句践闻讯后，想先发制人，故于公元前494年发兵，再度跨过钱塘江进攻，直逼吴都。吴王夫差立即调集全国精兵迎战。两军大战于太湖（有人说在洞庭西山），越军败退，后又在萧山与杭州间的古钱塘江两岸进行了决战，这便是著名的"夫椒之战"。史载夫椒之战时，句践以石买为将，"与吴战于浙江之上"。然因石买是个"贪而好利"的小人，治军无方，且"斩杀无罪，欲专威服军中"，"独专其权"，大失军心；而吴国的统领伍子胥则"变为奇谋，或北或南，夜举火击鼓，昼陈诈兵"，致使"越师溃坠，政令不行，背叛乖离"，越国因之惨败。吴军乘胜追击，困句践于会稽山上，越王句践不得已而屈辱求和，与吴王立城下之盟，入吴为人质，越国也沦为吴之属国。

《越绝书》、《吴越春秋》所载的固陵城、夫山、浦阳、查浦、防坞山等越国史迹大多与此有关。如"夫山者，句践绝粮，困也"；"浦阳者，句践军败失众，懑于此"；"吴伐越，次查浦"；"防坞者，越所以遏吴军也"。此外，萧山与绍兴交界处的越王峥，以及临浦的城山上，本人以前也均发现过越国文物史迹及遗存。尤其是越国的固陵城，史载为上将军范蠡的大船军所建，因"陵固可守，故谓之固陵，"是越国屯兵抗吴的军事城堡。公元前494年吴越夫椒大战时，越王句践被吴军困在城中，夫差以为山上无水，且又缺粮，不日便可不攻自破，遂派人赠送给句践"盐鱼"，暗示越王句践如不及早投降，将会变成咸鱼干。句践当然明白吴王用意，遂命人从城中的"洗马池"抓出两条新鲜的活鲤鱼回赠给夫

差。吴王因之深知城中有粮有水，加上此城确实十分险要，易守难攻，遂退兵而去。

此固陵城，或称西城，则《越绝书》所载"浙江南路西城者，范蠡敦兵城也。"地处萧山湘湖的瓦窑村（今已拆迁）后城山上，系利用山脊走向依山而建，城址布局略呈东西向的梯形，城垣为泥土夯筑，基本保存完好，周长1091.2米。本人于1979年率先发现，其后于1984、1987和1988年分别发表文章，考证为越国的固陵城（见《杭州研究》2004：2），是越国唯一保存至今且有明确记载的军事城堡。现已得到大家的公认，其价值意义难以衡量。2002年钱塘江挖沙船在钱塘江大桥至复兴大桥之间，曾挖出过越国时的铜剑、铜戈、铜削各一件，以及多件铜镞；在西湖的历年疏浚中也多次发现过青铜镞、青铜剑和青铜戈及铜带钩数件；余杭区仓前镇土桥湾（东苕溪中）也有青铜剑出土，杭州半山石塘和余杭崇贤等地，都有越国墓地发现。尤其是萧山湘湖中，以前也曾出土过一件越国青铜剑和独木舟残骸，这都与吴越争霸密切相关，确应引起足够的重视。

除此之外，萧山还是越国原始青瓷的主要生产基地，在中国陶瓷史上占有重要地位，此从略。

近年，萧山区委宣传部、闻堰镇政府和湘湖管委会，尤其是闻堰镇政府为发掘历史文化资源，弘扬与传承越王句践卧薪尝胆精神，以激励萧山人不断开拓进取、勇立时代潮头的秉性，曾专门举办了"越王句践与卧薪尝胆论坛"，令人欢欣鼓舞，实为可喜可贺之盛事！鉴于萧山湘湖及闻堰镇附近一带山上有越国的土墩石室墓，临浦有众多东周原始青瓷窑址，以及有关西施的民间故事，尤其是湘湖跨湖桥遗址，发现有距今7000—8000年的独木舟实物，湘湖不仅是范蠡操练水军之地，而其城山上的越王城（固陵城）又曾演绎出越王句践与吴王夫差斗智斗勇的故事传说。文化底蕴丰厚，历史题材和越国史迹众多，既有实物，又有传说，且周边景色优美，具有丰富多彩的历史文化旅游资源，既是一份不可再生的宝贵文化遗产，又是一处开发前景很好的景观。因之，建议有关主管部门本着保护第一，合理利用的原则，为了填补浙江省旅游景区中没有越国史迹展示的空白，应有大气魄，大举措，以跨湖桥和固陵城为依托，整合萧山历史文化资源，创建成一座动态式的，寓教于学，寓教于乐，以越国文化为主题的历史文化公园（可称为"越苑"），让游客参观访古，发思古之幽情，宣传越文化，弘扬越文化，为萧山增辉，为文化大省建设贡献力量。

责任编辑:邵永忠

图书在版编目(CIP)数据

跨湖桥文化论集/林华东　任关甫 主编. −北京:人民出版社,2009.9
ISBN 978 − 7 − 01 − 008276 − 9

Ⅰ. 跨…　Ⅱ.①林…②任…　Ⅲ. 新石器时代文化−中国−文集
Ⅳ. K871. 13 − 53

中国版本图书馆 CIP 数据核字(2009)第 168099 号

跨湖桥文化论集
KUAHUQIAO WENHUA LUNJI

林华东　任关甫　主编

人民出版社 出版发行
(100706　北京朝阳门内大街 166 号)

北京瑞古冠中印刷厂印刷　新华书店经销

2009 年 9 月第 1 版　2009 年 9 月北京第 1 次印刷
开本:710 毫米×1000 毫米 1/16　印张:18.25
字数:316 千字

ISBN 978 − 7 − 01 − 008276 − 9　　定价:35.00 元

邮购地址 100706　北京朝阳门内大街 166 号
人民东方图书销售中心　电话 (010)65250042　65289539